Saggistica 25

The Mediterranean
Dreamed and Lived
by Insiders and Outsiders

The Mediterranean
Dreamed and Lived
by Insiders and Outsiders

Edited by
Antonio C. Vitti
Anthony Julian Tamburri

BORDIGHERA PRESS

Library of Congress Control Number: 2017940061

© 2017 by the Authors

All rights reserved. Parts of this book may be reprinted only by written permission from the author, and may not be reproduced for publication in book, magazine, or electronic media of any kind, except for purposes of literary reviews by critics.

Printed in the United States.

Published by
BORDIGHERA PRESS
John D. Calandra Italian American Institute
25 West 43rd Street, 17th Floor
New York, NY 10036

SAGGISTICA 25
ISBN 978-1-59954-115-0

Table of Contents

Antonio C. Vitti & Anthony Julian Tamburri • "Prefazione" (ix)

Daniela Bombara • "Grecia e Italia nazioni 'sorelle'*:* l'Eptaneso crocevia di culture nell'esperienza letteraria e politica di Dyonisios Solomòs e Pietro Quartano" (1)

Lucilla Bonavita • "Il "pellegrinaggio" di Dante nel Mediterraneo" (24)

Maria Làudani • "La ricerca dell'identità mediterranea agli albori dell'Umanesimo: Giovanni Aurispa—tra Oriente ed Occidente" (32)

Cinzia Marongiu • "Negotiating the Distance: African and Sicilian bonds in Ragusa's *The Skin Between Us*" (50)

Luisa A. Messina Fajardo • "La cultura del dialogo come percorso verso la pace nei 'Mediterranei'" (60)

Trinis A. Messina Fajardo • "Favola amara di María Teresa León: *Menesteos, marinero de abril,* metafora contemporanea dell'esilio" (69)

Carlos Frühbeck Moreno • "*Germania odia a Roma:* La imagen de Italia en las crónicas de los corresponsales españoles durante la Primera Guerra Mundial" (81)

Ilaria Parini • "When Benny the Groin and Tommy the Tongue whacked Lou the Wrench: Cultural and Linguistic Representation of Italians in Mafia comedies" (103)

Daniela Privitera • "Igiaba Scego. *Adua*: esilio e ad asilo, passato e presente tra il Mediterraneo e l'Italia " (128)

Maria Elena Rodolico • "Dante e la cultura araba" (141)

Alessia A. S. Ruggeri • "Dall'esemplarità di Esopo alle *Novelle esemplari* di Cervantes" (158)

Roberto Sottile • "Arabismi di ambito agricolo e alimentare in Sicilia e nel Mediterraneo" (169)

Giuseppe Spathis e Fabio Prestipino • "La città di Messina luogo di accoglienza, terra di incontri, scambi di culture ed esperienza umana" (186)

Anthony Julian Tamburri • "The Strange Case of Italian Diaspora Articulations: Rethinking the Italian Writer" (203)

Antonio C. Vitti • "Appunti sul cinema italiano e il Mezzogiorno dal dopoguerra ad alcuni film del nuovo millennio" (215)

Mario Inglese • "Metafore della *sicilitudine* nella scrittura *autofinzionale* di Gesualdo Bufalino" (233)

Index of Names (249)

Prefazione

Questa raccolta di saggi nasce dalla quarta conferenza organizzata dal Mediterranean Center for Intercultural Studies (MCIS) che ha avuto luogo a Erice, in Sicilia, nel maggio 2016. MCIS—fondata nel 2012—è situata a Erice, con l'obiettivo specifico di creare un dialogo tra gli studiosi che si dedicano agli argomenti e ai temi relativi a qualsiasi aspetto della cultura mediterranea nel senso più ampio del termine.

Come nel caso dei volumi precedenti, questa raccolta di saggi mette in risalto anche il nostro desiderio che si traduce nella necessità di costruire un dialogo attraverso il pensiero meridiano, pertanto gli argomenti dei saggi sono vari ed eterogenei; si occupano della delicata condizione di un'Italia non più quella del ventesimo secolo, consideratasi per la maggior parte una nazione monocromatica se non pure monoculturale. E di conseguenza, alcuni saggi qui inclusi indagano ulteriormente pure la diaspora italiana e analogamente quella visibile all'interno del Mediterraneo.

L'attenzione dei saggi raccolti in questo volume è focalizzata in parte anche sull'immigrazione verso l'Italia che a sua volta ha dato vita a un nuovo e diverso volto della nazione, ormai diventata una terra d'arrivo immigratorio in contrasto con la sua posizione storica come paese di partenza emigratoria. Un altro risultato di questo percorso di migrazione inversa è quello che potremmo considerare una colorazione dell'Italia contemporanea, fenomeno non tanto diverso dalla storica percezione statunitense dell'immigrante italiano all'inizio del ventesimo secolo. Altri saggi, a loro volta, esaminano l'eredità culturale meridiana che si estende entro e fuori i confini geografici che conosciamo come Mediterraneo, includendo il discorso cinematografico e documentarista che si è sviluppato nel corso degli ultimi cinquant'anni.

Nel suo insieme, questo nuovo volume ha anche lo scopo di sottolineare la nostra continua speranza che i saggi scelti e pubblicati susciteranno nuove e ulteriori riflessioni nei nostri lettori e faranno nascere il desiderio di unirsi a noi in uno dei nostri futuri convegni che organizzeremo a Erice in Sicilia, terra che ispira il dialogo, la conversazione, e l'indagine per un confronto meridiano.

Questo quarto volume segnala il nostro impegno nel dialogo per un futuro sostenibile e più equo.

Antonio C. Vitti,
Bloomington, aprile 2017

Anthony Julian Tamburri
Manhattan, aprile 2017

Grecia e Italia nazioni "sorelle"
l'Eptaneso crocevia di culture nell'esperienza letteraria e politica di Dyonisios Solomòs e Pietro Quartano

Daniela Bombara

Nei nostri tempi di pluralismo culturale si enfatizza l'incontro con *l'altro* come formatore e stabilizzatore dell'identità, individuale e collettiva, ma il fenomeno ha radici antiche: non è un caso che il massimo esponente del Risorgimento greco e autore dell'inno nazionale, Dionisios Solomòs, sia nato nella realtà complessa dell'Eptaneso, crogiolo di culture—italiana, greca, inglese—differenti ma anche affini, armonicamente integrate in un territorio che vede un'imponente fioritura letteraria, unita allo sviluppo di ideologie democratiche e azioni rivoluzionarie.

L'arcipelago delle isole Ionie, che comprende Corfù, Zacinto, Itaca, Lefkada, Paxos, Cefalonia e la più distante Citera, mantiene la sua autonomia dal soffocante governo turco costituendo per quattro secoli, dalla metà del XIV secolo, un dominio veneziano; ciò fino al 1797, data in cui Napoleone, con il trattato di Campoformio, cede Venezia all'Austria. L'Eptaneso di questo periodo è luogo di un attivo bilinguismo italo/greco; l'italiano—parlato nella variante del veneziano—è anzi la lingua del prestigio, della distinzione, di una tradizione letteraria (Dante, Ariosto, Machiavelli) ricchissima, che i greci delle isole sentono propria.[1] Annesso alla Francia rivoluzionaria, l'arcipelago gode poi di un breve periodo di indipendenza, col nome di Repubblica delle Sette Isole Unite; ad esso si alternano fugaci prese di possesso francesi, mal tollerate dalle popolazioni locali, ancora fedeli alla Serenissima. Nel 1815 il territorio diventa protettorato inglese con il nome di Stati Uniti delle isole Ionie fino al 1864, quando sarà incorporato al nuovo regno di Grecia.

---

[1] "Durante la venetocrazia [...] il veneziano era 'la' lingua e [...] la nobiltà si distingueva dal popolo perché sapeva (e voleva) parlare veneziano, ritenendo il dialetto neogreco (eptanesico) locale lingua di cui vergognarsi... Chi studiava andava in Italia, soprattutto a Padova" (Banfi 32). Le due Costituzioni, del 1803 e del 1817, vengono redatte prima in italiano e poi tradotte in greco. Le lingue ufficiali sono greco e italiano, fino ad una legge del 1851 che imporrà l'uso del greco.

> È l'ambiente in cui si formarono, tra i molti altri, due campioni delle sacre lettere rispettivamente italiane e neogreche: Ugo Foscolo e Dionisios Solomos, esempi interessanti e quanto mai autorevoli di tale clima: il Foscolo, zantiota, grecofono e venezianofono (e dalmatofono), scrive notoriamente in toscano illustre; il Solomos, corfiota, vate della Grecia moderna, scrive pure in toscano illustre e, paradossalmente, poi tradurrà in greco i suoi componimenti 'italiani', cosicché il suo Se gnorizo apo tin kopsi, divenuto poi l'inno nazionale greco, fu, all'inizio, poesia tutta italiana (Banfi 32)

Scambi culturali e soggiorni incrociati sono favoriti anche dalla situazione politica: nel libero Eptaneso trovano rifugio i perseguitati italiani, che mettono a disposizione degli ionici non solo gli autori della tradizione letteraria nostrana, ma anche i contemporanei, quali Manzoni e Leopardi. L'attività traduttiva è intensissima, tale da trasmettere agli scrittori greci non solo i contenuti ma anche i modelli stilistici di prosatori e poeti italiani. Queste terre non sono solo incrocio di culture, ma di mondi, di ideologie, di una comune progettualità insieme politica e sociale.[2]

In questo quadro non stupisce che Dionysios Solomòs, nato a Zante nel 1798 da famiglia nobile—è figlio illegittimo del conte Nikolaos Solomòs –, studi in Italia al seguito del suo precettore, l'abate Rossi: il giovane compie studi liceali a Venezia e Cremona, per lau-

---

[2] Bisogna però considerare che la situazione si modifica dopo il 1850, come osserva Caterina Carpinato: "Si svilupparono sentimenti contrastanti e contraddittori: gli esuli erano visti con benevolenza e simpatia in quanto rifugiati a causa delle loro idee libertarie, ma erano nello stesso tempo disprezzati e osservati con sospetto in quanto membri di quella comunità linguistica e religiosa che per secoli aveva dominato con il leone di Venezia nell'area dell'Eptaneso. Tra la fine del 1851 e l'inizio del 1852 si era celebrata a Corfù l'instaurazione legale della lingua greca e la conseguente 'morte della barbara lingua italiana', come si leggeva nelle affissioni per le vie illuminate a festa secondo la testimonianza di Tommaseo che assisteva in prima persona a quest'evento" (279). Tommaseo, coinvolto nei moti veneziani del 1848, si era rifugiato a Corfù l'anno seguente e vi rimane sino al 1854; lo scrittore ricorda quegli anni ne *Il secondo esilio* e ne *Il supplizio di un italiano in Corfù*, pubblicato a Firenze nel 1855, testo su cui verte l'articolo di Carpinato. Il racconto è testimonianza di un episodio di intolleranza etnica, almeno dal punto di vista di Tommaseo: in una rissa fra italiani e greci, i primi accusati di appoggiare i turchi, un certo Francesco Ricci uccide un greco, Nicolò Zalappa, e viene condannato per omicidio volontario. È possibile comunque che l'ostilità dei greci fosse fomentata dai governatori inglesi, i quali accettavano con difficoltà la presenza degli italiani, il più delle volte esuli per motivi politici, come si è detto, e quindi potenziali autori di disordini; il coinvolgimento politico nelle azioni risorgimentali italo- greche dei due protagonisti di questo articolo si inscrive nel contesto appena delineato

rearsi poi in giurisprudenza a Pavia. Com'è noto, Solomòs scrive prima in italiano e poi in greco; le sue rime, pubblicate a Corfù nel 1822 col titolo *Rime improvvisate* ottengono in Italia un lusinghiero successo; una volta tornato in patria lo scrittore non prosegue sistematicamente questa esperienza, anche se continua a commentare a margine in italiano le sue opere greche.[3]

Gli scritti italiani di Solòmos sono stati considerati per molto tempo dalla critica mere esercitazioni giovanili di gusto neoclassico e arcadico, o anche mediocri imitazioni dei grandi autori della nostra letteratura, da Dante ad Alfieri a Foscolo.[4] In tempi recenti, invece, l'italiano di Solomos ha ricevuto una maggiore attenzione critica, ed è oggi considerato la tappa significativa di un preciso percorso culturale: il giovane autore esplora le possibilità di una lingua al tempo stesso lontana, perché non materna, ma vicina, poiché si tratta del mezzo di comunicazione degli anni di formazione; ne tenta tutte le gamme, dagli estremi aulicismi alla più spinta trivialità, alle soluzioni dei contemporanei, costruendo "un' ampia e vasta produzione lirica in italiano, in cui gli accenti montiani e foscoliani si mescolano con le più recenti suggestioni leopardiane, [mentre nella poesia] satirica non mancano originali coniazioni lessicali e varie sperimentazioni stilistiche e metriche (Brugnolo, "Questa è lingua di cui si vanta Amore" 333). Solomòs riscrive le opere della tradizione italiana e in qualche caso ne

---

[3] Abbiamo comunque alcuni testi lirici e abbozzi in prosa scritti nella tarda maturità, importanti perché rivelatori del saldo legame emotivo e culturale fra il poeta greco e l'Italia, legame connotato dal "rimpianto e l'esaltazione per un paese e per una cultura che ha sempre ammirato e di cui si è sentito in qualche modo parte" (Fallerini, "La formazione italiana di Dionysios Solomós" 213). Per quanto riguarda le edizioni delle opere italiane, a parte quelle più volte citate in questo lavoro, la pubblicazione del 1859 con proemio di Pietro Quartano, e del 1955 a cura di Lino Politis, si ricordano due edizioni di ιταλικά ποιήματα [opere italiane], del 1921 e del 1984. Non sarà solo Solomòs a scrivere prima in italiano che nella sua lingua madre, ma anche autori di minore rilevanza, quali Andreas Mustoxìdis (1785- 1860), Andreas Calvos (1792- 1869) e Giulio Tipàldos (1814- 1883), in un fitto intreccio di elementi locali e 'importati' analizzato da Gherasimos G. Zoras nel volume *Risonanze italiane nel Mar Ionio*.

[4] Un esempio di questa linea è, a metà '900, il saggio pionieristico di Filippo Maria Pontani. In tempi più recenti i critici hanno invece sottolineato, nella produzione di Solomòs, le influenze italiane (Rotolo 87-110) e soprattutto individuato la pratica dell'italiano come "premessa essenziale a successivi sviluppi della propria produzione nella lingua madre: dunque come un'esperienza anche formativamente e creativamente importante" (Brugnolo, *La lingua di cui si vanta Amore* 29); ma anche Brugnolo, "L'italiano degli scrittori stranieri" 358; Massimo Peri, "L'italiano di Solomòs". Il recente lavoro di Gaia Zaccagni relativo comunque agli autografi di Solomòs, nei quali italiano e greco si alternano continuamente, osserva come due lingue "si completano a vicenda, si richiamano l'una con l'altra, nel laboratorio sempre *in fieri* e nella prassi poetica di Solomos" (184).

forza i limiti, anche dal punto di vista stilistico e delle strutture metriche, per costruirsi un sistema di espressione letteraria *esportabile*, nel quale colto e popolare convivano in una veste formale di alto livello.

Un'esperienza che sarà fondamentale per fondare anche linguisticamente la letteratura della Grecia moderna, evitando le tentazioni arcaizzanti della *Katharevousa*, versione modernizzata del greco antico ormai adottata come lingua ufficiale della comunicazione scritta nella Grecia continentale, ma anche l'impoverimento formale del parlato popolare.[5] Quando il giovane scrittore, dopo il periodo di formazione in Italia, torna a Zante per motivi legati all'ideologia risorgimentale—fornire al proprio popolo un mezzo per esprimersi -, utilizza quindi proprio la sua esperienza italiana, unita nella sua scrittura al vivo parlato della gente, per costruire la lingua nazionale greca.[6]

Dai moduli stilnovisti *popolarizzati* ("Chi è costei che muove il piede allegra", *Peza kai Italika* 102) Solomòs passa ad esplorare il complesso stile dantesco, nel quale i suoni aspri ed espressivi, fortemente allitteranti, si alternano a termini del linguaggio comune, nella volontà di unire precisione e poeticità:

Fiamma infinita perpetua balestra,
e n'è pieno ogni piano ed ogni soglia,
là nella casa dell'eterna doglia
in alto, in basso, ed a sinistra, e a destra.

Dalla bocca dei rei si fa fenestra
E degli occhi, e penetra entro la spoglia,
e fremendo feroce vi gorgoglia

---

[5] La questione della lingua da usarsi nella nuova nazione greca vede contrapporsi tre posizioni: la via mediana di Adiamantios Korais (1748- 1833), che intende purificare il greco parlato correntemente richiamandosi a grammatica e lessico del greco antico; la soluzione arcaizzante di autori quali Panagiotis Soutsos (1806- 1868), per il quale il greco moderno deve essere il più possibile vicino all'antico, e sarà la vincente; la scelta di utilizzare anche per la comunicazione letteraria il greco parlato, discussa da Ioànnis Vilaràs (1771- 1823) nel saggio *Romeiki glossa* [*La lingua greca moderna*], del 1814. La scelta modernizzante di Solomòs, vicina alle posizioni di Vilaràs, è favorita anche da condizioni ambientali: nell'Eptaneso si parlava infatti una *dimotikì* più *colta* e regolare rispetto al resto della Grecia, poiché la lingua si era mantenuta immune da influenze turche.

[6] Utilizziamo per le citazioni delle opere italiane l'edizione del 1955, a cura di Lino Politis, che comprende *Peza kai Italika*, cioè scritti brevi e italiani; essa fa parte di un progetto complessivo che vede la pubblicazione di tutte le opere (*Apanta*) di Solomòs.

l'alto sdegno di Dio che li sequestra (113- 114)

In altri momenti lo scrittore ripercorre la linea petrarchesca, contaminata però con stilemi preromantici di matrice alfieriana, che sono oltretutto estremizzati, come nell'immagine degli *occhi gelati* dalla morte:

> In questi di sciagura orridi, e bui
> Sentieri, ove per sé l'uom non iscorge,
> solo il diletto mio nel cuor mi sorge,
> e non vedo, e non sento altro che lui.
>
> Tieni, o mondo, per te, tienili i tui
> Piaceri, egli è che all'anima mi porge
> Tal contento che d'altro non s'accorge
> Ragionando con meco, et io con lui
> [...]
> Ed io lo so, che sua diletta io sono.
> Finchè morte questi occhi abbia gelati
> Non fia ch'io mai lo lasci in abbandono (99)

Più significative comunque le escursioni nell'ambito satirico e burlesco, con sorprendenti aperture al parlato e al basso-mimetico: volgarità e violenze verbali richiedono la cooperazione del lettore, che deve completare la rima e quindi il termine lasciato in sospeso. Sonetti e capitoli sbeffeggiano personaggi che appartengono al vissuto quotidiano dell'autore, come quelli rivolti ad un certo Dionisio Roidis, medico di Zante:

> Tu che ti se' co' tuoi versacci, o manzo,
> sera e mattin di pingermi impegnato
> (Di mezzogiorno no, chè se' occupato
> A trovar gente che ti doni il pranzo),
>
> leggi in questi che arguti oggi t'avanzo
> carmi d'estro ripieni esasperato,
> leggi in questi chi sei, vate smerdato,

> mentre al pensier della tua rabbia io danzo.
> [...]
> Ho dettati 'sti versi ad un ragazzo
> Che è tuo concittadino, e per pagarlo
> Ti raccomando di menargli il c* (162- 163)

In ambito satirico Solomòs arriva a valicare i confini del poetabile, portando alle ultime conseguenze i modelli italiani, anche a livello delle strutture formali. Si ricorda il curioso "sonetto colla coda", rivolto al conte Paolo Mercati (170-173): il poeta finge di non riuscire a concludere e si affida all'"estro pindarico", prolungando all'infinito il componimento con un racconto squinternato, nel quale si alternano giocosamente italiano e greco.

Le opere italiane di Solomòs costituiscono quindi un'interessante riscrittura dei principali generi della tradizione letteraria italiana, dallo stilnovo a Leopardi, incentrandosi su Dante, Petrarca, ma anche Berni e la rimeria burlesca; la finalità non è però astrattamente culturale quanto concreta, perché derivata dalla pressante istanza risorgimentale di fondare l'identità nazionale greca, come si è detto, e ciò viene attuato percorrendo e riformulando la cultura italiana, o almeno alcune fra le sue opere più significative. Il problema di Solomòs era individuare un correttivo alla piatta espressione popolare, evitando la soluzione "comoda" ma inefficace dei puristi, che nobilitavano la lingua arcaicizzandola; la lingua parlata dalla gente, e l'ispirazione genuina e spontanea sono infatti beni preziosi e imprescindibili, "arma a disposizione del popolo greco nella lotta contro la dominazione turca» (Fallerini 10).[7]

---

[7] Nel suo saggio Fallerini cita il film di Theodōros Angelopoulos, *L'eternità e un giorno,* del 1998, nel quale Solomòs, interpretato da Fabrizio Bentivoglio, ricompra dalla sua gente parole dimenticate, ricostruendo in tal modo l'identità del popolo greco. L'autrice opportunamente osserva che Angelopoulos, trascurando la produzione in italiano di Solomòs, nega alla sua opera "una prospettiva più ampia" (14) che includerebbe il rapporto sinergico fra grecità e civiltà italiana. La stessa linea di valorizzazione della cultura popolare è seguita da Solomòs a livello della speculazione teorica: nel Διάλογο"[*Dialogo sulla questione della lingua*] , scritto a Zante nel 1824, l'autore propone come idea vincente, incarnata nel personaggio del poeta, la *demotiki,* lingua del popolo, mentre la *katarevousa,* nata a tavolino dalla semplificazione del greco antico, è ridicolizzata nella figura del pedante. Ed il riferimento è Dante, che ha utilizzato termini del quotidiano per creare alta poesia nel canto del conte Ugolino; allo stesso modo lo scrittore greco si è servito di tasselli della tradizione letteraria italiana per forgiare una lingua nuova che possa, secondo il pensiero risorgimentale, esprimere il *Volksgeist*, ma sia al tempo stesso nutrita di cultura.

Pensiero greco e forma italiana si confrontano e si compenetrano: dall'incontro fra cultura italiana e situazione politica greca nasce l'idea di una letteratura di ottimo livello ma per il popolo, comprensibile e accattivante, per dar luogo ad un movimento ascensionale di tipo educativo che possa finalmente ricongiungere la massa e gli intellettuali. [8]

Nell'edizione del 1859 il curatore della sezione italiana, il corfiota Pietro Quartano, volendo spiegare perché Solomòs abbia scritto in una lingua diversa dalla propria, e anche visibilmente differente dall'italiano della tradizione letteraria, fornisce delle motivazioni che confermano l'ipotesi fin qui delineata.[9] Quartano si preoccupa del "senso critico degli Italiani. Troppo nuova e forse troppo strana potranno trovar essi per avventura qualche metafora; troppo deviato 'l senso di qualche parola; troppo risentito il contorno di qualche immagine; troppo calda qualche tinta del colorito. Ma quando vogliano far le ragioni del vero e considerino come 'l Poeta non aveva intenzione di fare prosa né poesia Italiana, ma invece immaginasse e mandasse fuori questi argomenti dalla sorgente più viva dell'arte Greca moderna com'Egli l'aveva creata, ogni appunto vorrà fermarsi al primo passo" (Quartano, "Proemio" 358).[10] Solomòs, sembra dire Quar-

---

[8] "La premura di Solomòs è quella di trovare le soluzioni adeguate al suo scopo di elevare "perpendicolarmente" i mezzi espressivi del popolo. E' la medesima istanza che egli fa presente all'amico Gheorghios Tertsetis, scrivendogli in italiano [lettera del 1 giugno 1833]: Io godo, che si prendano le mosse dalle canzoni popolari; ma vorrei che chi si usa della lingua clefta lo facesse Virtualmente, non Formalmente, m'intendi? E quanto al poetare, poni mente, Giorgio mio, che è bene sì piantarsi su quelle orme, ma non è bene fermarvisi: conviene alzarsi perpendicolarmente. (Vitti 147).

[9] Il cognome presenta in alfabeto latino un'oscillazione ortografica: può essere scritto Quartano o Quartanos, se si segue l'ortografia italiana o greca del nome di battesimo; quindi entrambe le forme, Pietro Quartano o Petros Quartanos, sono corrette.

[10] Quartano è consapevole del fatto che il confronto fra testi italiani e riscritture solomiane è certamente a favore dei primi; se si accostano ad esempio i due sonetti a Zacinto di Foscolo e di Solomòs è agevole notare l'assenza nel secondo di tensione ideologica, mentre i riferimenti mitologici e la stessa descrizione dell'isola hanno un valore puramente esornativo. Forniamo come esempio le prime due quartine: "Rise natura e surta ecco Zacinto,/Dal bel seno dell'onde; ecco di mirti/Il crine incoronato eterei spirti/Scendon fuggiti dal venereo cinto/Par di bellezza ogni suo loco avvinto;/Che non sursero qua squallidi ed irti/Colli a quel bel sorriso anche le sirti/D' erbe l' arduo dirupo hanno dipinto" *Peza kai Italika* 121. Sono presenti arcaismi immotivati e forzature stilistiche, quali le "sirti d'erbe"; anche la frequenza di *enjambement*, stilema foscoliano, non crea quell'addensarsi di immagini e significazioni che costituisce la cifra compositiva del sonetto italiano. In *Squarcio di un'ode,* della luna leopardiana resta solo una coppia di aggettivi e l'immagine luminosa, iterata e avvolgente, dell'astro, che si presta ad un facile gioco allitterante: "La luna più lucente/ Dentro l'onde rincrespasi,/che della Dea nascente/alle forme virginee/ iterati

tano, ha composto in italiano per scrivere in realtà nel più vitale greco moderno; l'ispirazione 'nostrana' è stata modellata tramite l'uso di una lingua straniera, più difficile, che ha costretto il poeta a curare al massimo grado la forma, evitando l'improvvisazione; inoltre le esagerazioni, le tensioni e forzature dello stile sono derivate dalla volontà di acquisire un alto grado di elaborazione formale, per convogliare il pensiero in una struttura armonica. Non si tratta solo di un fatto individuale, anzi l'esperienza di Solomòs è di esempio per tutta la nazione: la letteratura greca moderna è ancora in *fieri*, avverte Quartano, non può appoggiarsi soltanto alla "spontanea e primitiva Poesia del nostro popolo, sempre ricco di fantasia e sentimento [che] a pena sfugge alla taccia di volgarità" (359); per compiere il salto di qualità è necessario un esercizio continuo, "una faticosa cura della forma: ed ecco perché [Solomòs] si valeva d'una lingua straniera sì, ma che lingua! Doviziosa, ferma su nobilissimo aspetto, pieghevole e forte come tutto ciò ch'è sano, e poco dissimile alla moderna del suo paese natio." (360)

Pietro Quartano di Calogerà firma dunque il *Proemio* alle poesie italiane di Solomòs e sceglie i testi da inserire nel volume. Si tratta di una curatela particolarmente complessa, di opere *liminari* perché situate fra due mondi e realtà culturali; sono richieste specifiche competenze che Quartano, come vedremo, possiede poiché anche lui al pari di Solòmos vive fra Italia e la Grecia dell'Eptaneso, ed elabora la propria personalità intellettuale alla confluenza fra le due culture.[11] L'attività critica di Quartano è conosciuta dagli studiosi greci, anche se quasi unicamente in relazione alla curatela citata; molto meno noto il suo soggiorno ed operato italiano, dal quale quindi si partirà per definire i dati biografici e la produzione di questo studioso di età risor-

---

animando avvolgimenti/di purissimo lume uscir lucenti, che rugiadoso e tremulo/all'alternar de' bei passi divini/ lambìa degli occhi il cerulo/ L'aureo lambìa dei crini, /e della gioia il fremito correa/per tutto il mare a salutar la Dea" (156)

[11] Sulla prefazione ai testi italiani di Solomos, a parte qualche cenno in Pontani, bisogna citare il fondamentale articolo in lingua greca di Theodor Makris su "Nea Hestia" *Petros Quartanos Kalogheras*. Un accenno ai limiti della curatela di Quartano il quale include, nella sua edizione, solo parte di un'*Ode* in italiano di Solomos (*Ode per prima messa*), troviamo nel recente lavoro di Katerina Tiktopulu, *L'edizione veneta dell'Ode per prima messa di Dionysios Solomos*; la studiosa riporta anche le critiche successive, ad opera di Spiridione De Biasi, editore delle *Opere complete* di Solomos a Zante nel 1880.

gimentale—ma anche attivo promotore di una società migliore—, oggi pressoché dimenticato.

Nel contesto italiano troviamo citato Quartano in nota ad una ballata romantica di uno scrittore messinese, Felice Bisazza (1809-1863). Il componimento, dal titolo *Le tre vipere,* riprende una leggenda greca, e il poeta dice di aver ottenuto alcune informazioni sulle tradizioni popolari greche dall'"amico Pietro Quartano corcirese che all'onestà e alla forza del pensiero unisce l'amore e la coltura dei buoni studi" (22).[12] Lo stesso nome compare, in ambito non letterario ma politico, sempre legato alla figura di Felice Bisazza: Quartano risulta infatti affiliato alla "Legione italica", un gruppo rivoluzionario scisso dalla "Giovine Italia" nel 1839 e fondato a Malta dal modenese Nicola Fabrizi con l'intento di costituire un movimento insurrezionale che comprendesse tutto il Meridione. Egli collabora alle attività di tale associazione segreta insieme ai messinesi non esuli: fra questi Bisazza, Giuseppe La Farina, Giuseppe Morelli, e vari scrittori o professionisti di diversa estrazione sociale.[13] Da uno scritto di Giuseppe Regaldi (1809-1883), letterato piemontese di fede liberale, apprendiamo qualcosa in più su questo greco che viveva fra Italia e Grecia, sostiene l'autore, per fornire aiuti agli insorti dei due paesi, e soprattutto 'smistare' i perseguitati politici italiani facendoli rifugiare in una villetta di Corfù dal nome evocativo: *Exorìa*/esilio.

> Pietro Quartano era un fedele amico di *Exoria*, e voglio che i miei pochi lettori lo conoscano, prima di condurli meco in quel romito santuario della fede italiana. Avvocato corcirese, educato in Italia, egli percorse per sette anni dall'Alpi al mare la nostra penisola, mescolandosi alle politiche vicende, e portando nel cuore due patrie—Grecia e Italia,—le quali avevano il medesimo significato ed una medesima inspirazione per la sua mente. Nobile e vigorosa gli tra-

---

[12] Quartano riferisce all'amico l'esistenza di una leggenda corcirese che Bisazza inserisce, in forma di ballata, nella raccolta *Leggende e ispirazioni* (1841). Sulla figura di Felice Bisazza vedi Bombara 2012.
[13] In un saggio di Antonino Checco ed Ernesto Consolo che illustra le attività della mazziniana "Legione Italica" si fa riferimento a Pietro Quartano, incluso nel gruppo dei cospiratori siciliani: a questo movimento, che si stacca dalla Giovine Italia nel 1839, "si legò il gruppo di messinesi non esuli, comprendente Gaetano Grano, Giuseppe La Farina, Giuseppe Morelli, Felice Bisazza, Domenico Piccichè, Pietro Quartano, Stellonio Pompeiano e Domenico Piraino (Checco e Consolo 29).

spare l'anima nell'ampia fronte, nello sguardo vivace ed eloquente, e in ogni atto della gentile persona. Onde non è meraviglia ch'egli in Corfù siasi mostrato amico officioso ed efficace degl'Italiani, e, con singolare liberalità, dei fratelli Bandiera. Pietro Quartano, il dì 16 settembre del 1851, conduceva in Exoria il conte Giacomo Manzoni di Lugo, ex ministro delle finanze della Repubblica Romana, Giuseppe Camillo Mattioli di Bologna, ex preside d'Ancona, Diego Giorgetti di Savignano, e me pellegrino, lieto di essere quinto in così onoranda compagnia. Guidataci alla casetta, ci fece entrare in un salotto del pianterreno: dove sulla parete erano dipinte bandiere tricolori, e nel mezzo del soffitto si leggeva: *Libertà, eguaglianza, umanità, unità, indipendenza*" (Regaldi 178-179).[14]

Il 'rivoluzionario' Pietro Quartano (1810- 1881) appartiene in effetti a una delle più antiche famiglie nobili di Corfù, iscritta al "Libro d'oro" della citta dal 1440. Il cognome "Quartano" non è di origine greca ma occidentale e trae origine dallo stemma della famiglia costituito da tre campi (no quattro, cioè Quartano). Come Solomòs, studia in Italia, terra della *cultura* per le famiglie aristocratiche dell'Eptaneso, e si iscrive alla facoltà di Giurisprudenza di Padova, ma abbandona ben presto gli studi legali per dedicarsi ai classici greci, e soprattutto ai grandi scrittori italiani del XIX secolo. Negli anni '30 lo troviamo a Messina; qui partecipa alle attività dell'Accademia Peloritana dei Pericolanti con numerose dissertazioni di ambito umanistico; è fra i pochi stranieri ammessi, per meriti culturali, fra i soci della prestigiosa istituzione.[15] Al tempo stesso svolge un'intensa attività cospi-

---

[14] In questo clima viene progettata la sfortunata impresa dei fratelli Bandiera, dall'esito tragico. Prosegue Regaldi: "Di questi orribili fatti ragionammo in Exoria. Pietro Quartano narrò essergli stata dal Governo Ionio ascritta a colpa la familiarità coi Bandiera. Perseguitato dalla polizia venne poi dai tribunali condannato ad una multa da convertirsi, non pagata, in quattro mesi di prigionia" (185). La narrazione delle vicende di Exoria è poi riportata in Ricciardi e Lattari. Sul ruolo svolto da Quartano nella progettazione della spedizione dei Bandiera qualche accenno più recente in un saggio di Emilia Morelli, 553- 555.

[15] I dati sino ad ora esposti sono tratti da un profilo biografico di Pietro Quartano ad opera di Giannis Petsalis, scritto per il Museo di Corfù; bisogna dire che la biografia di Petsalis è basata quasi interamente sulle notizie fornite da un necrologio di Quartano scritto da un suo allievo, il prete cattolico Francesco di Mento: "Alla chiara memoria di Pietro Quartano di Calogera" (Corfù, 1881). Il testo del necrologio è riportato integralmente nel saggio di Nasos Martinos, Ο Πέτρος Κουαρτάνος-Καλογεράς ανάμεσα σε Σολωμό—Μάντζαρο—Πολυλά. Non è stato possibile verificare l'esistenza o meno delle dissertazioni menzionate da Petsalis, poiché nella biblioteca dell'Accademia Peloritana dei Pericolanti è presente una

rativa: lo troviamo affiliato, si è già visto, alla sezione messinese della "Legione Italica",[16] e nei primi anni '40 tra i fondatori, a Corfù, insieme a Stefano Valjanos e Antonio De Filippi una società segreta, "La Santa Fratellanza".[17] Nell'ambito dei progetti rivoluzionari dell'associazione costituisce, il 12 settembre 1841, la banda filarmonica "Santo Spiridone",—ancora esistente—urtando gli interessi inglesi: il governo britannico infatti aveva proibito l'accompagnamento musicale dei riti ortodossi pasquali nel 1827, mentre Quartano ripristina l'usanza facendo vestire i musicisti con i colori della bandiera greca, blu e bianco. Si tratta di una vera e propria provocazione: nel 1849 l'alto Commissario George Ward, nel contesto di una azione tesa ad eliminare le associazioni illegali presenti nell'Eptaneso, fra cui la Santa Fratellanza, arresta Quartano; questi è liberato solo per intercessione proprio di quel Dionisios Solomòs con cui in seguito collaborerà.[18]

---

raccolta a stampa degli Atti solo dal 1878 (vol. I di "Atti della Reale Accademia Peloritana"); lo stesso materiale si trova nella Biblioteca dei Frati Cappuccini, sempre a Messina, e nella Biblioteca Regionale, sezione Periodici. La biblioteca del Museo conserva in forma manoscritta varie dissertazioni degli accademici peloritani, ma esse riguardano un periodo storico (1737- 1803, vol I; 1803- 1808, vol. II) antecedente al decennio '30/ '40 che ci interessa. Non fa comunque cenno a Quartano lo storico di Messina Gaetano Oliva nel suo "Memorie storiche e letterarie della Reale Accademia Peloritana di Messina".

[16] Oltre al saggio di Checco e Consolo menziona ancora il corciorese Franco della Peruta: "particolarmente operoso si dimostrò a Messina il nucleo [della Legione Italica] di cui facevano parte Domenico Picchè, Stellonio Pompeiano e Pietro Quartano, che dalla metà del '39 intrattenne regolari rapporti con Malta, cercando di estendere sue propaggini in Calabria" (24). Attivissimo quindi Quartano nel tessere le fila di una trama cospirativa che si estende nel Mediterraneo, con al centro il triangolo Messina-Corfù-Malta, terre che condividono una medesima condizione di 'isola', e di perifericità rispetto allo scenario rivoluzionario consueto, ed attenzionato dalle forze repressive; luoghi ideali per progettare la trasformazione, anche violenta, di una società non democratica.

[17] Vi accenna Kōstas Kairophylas: "Risulta che esiste a Corfù una società segreta "La Grande Fratellanza", di cui sono capi: Stefano Valianos, Antonio De Filippi, il dottor Pietro Quartanos e un Albano Latino (52). L'organizzazione era legata anche ai moti rivoluzionari siciliani, sempre secondo Kairophylas: "Quando la Sicilia si sollevò, un accordo intervenne fra Melhussi Albanese di Kroja e Ruggero Settimo, capo degli insorti di Sicilia (53). Il dato è confermato da Francesco Guida, il quale indica come capi de "La Grande Fratellanza" Valianos, de Filippi, Quartanos e "l'albanese di Kroja Melhussi, già in contatto con Ruggero Settimo" (65).

[18] Cfr. Michel 339- 340. La lettera è citata da Nasos Martinos per sottolineare la stima che Dionisios Solomos nutriva nei confronti di Quartano. ("Ο Κόμης Διονύσιος Σολωμός έρχεται στην πόρτα της Εξοχότητάς Σας και οδηγεί έναν προικισμένο νέο, που κράτησε πάντα ανοικτές, καθαρές και σταθερές τις σχέσεις της αλήθειας με την Ηθική, με τη Φιλολογία και με την Πολιτική. Το όνομά του είναι Πέτρος Κουαρτάνος" [Il Conte Dionisios Solomos viene alla porta della Vostra Eccellenza e conduce un giovane intelligente, che tenne sempre aperti, chiari e fermi i rapporti della verità con la morale, con la filologia e la politica. Il suo nome è P. Quartano, trad. mia]). Il documento è però datato al 1851, e individuato come semplice lettera di raccomandazione che il più noto poeta invia all'influente uomo politico per mettere in buona luce il più giovane amico; allo stesso testo accenna Dimitris N. Ma-

Ma non è questa la sola ragione dell'arresto: come si è già detto Quartano è coinvolto nell'impresa dei fratelli Bandiera ed è uno degli organizzatori di *Exorìa*.

Sia a Messina che a Corfù Pietro Quartano svolge quindi un'attività che è insieme politica e di alta divulgazione culturale: in Sicilia, fra l'altro, è in contatto con Diego Arancio, avvocato, prima carbonaro, poi mazziniano, che fa insorgere Pachino contro i Borboni nel 1837, riparando in esilio a Malta.[19] A Corfù Quartano consolida l'amicizia con intellettuali di respiro europeo: il compositore Nikolaos Mantzaros,[20] che mette in musica *l'Imnos tin eleuteria* di Solòmos, destinato, com'è noto, a diventare l'inno nazionale greco; Solòmos stesso, conosciuto probabilmente proprio tramite Mantzaros.

La curatela degli *Apanta ta Euriskomena* nasce quindi da un insieme di circostanze: l'amicizia e la comunanza di interessi e idealità risorgimentali con un poeta che a questa data era diventato anche il portavoce delle aspirazioni patriottiche e dell'identità di una *nazione greca* che si è appena costituita; la duplice competenza in ambiti culturali affini ma comunque differenti per lingua e tradizioni; la conoscenza anche politica di due realtà, Italia e Grecia, che avevano vissuto percorsi diversi ma tendevano ad obiettivi comuni.

In Grecia Quartano compone alcuni lavori teatrali, ma uno solo di essi ci è noto, "La meta " (*O proorismos*), che fu allestito a Corfù nel teatro S. Giacomo il 19 gennaio 1867, con l'aiuto dei profughi della rivoluzione cretese del 1866.[21] Grazie ai suoi studi su Dante ed

---

ronitis nel saggio *L'usignolo e lo sparviere. Un segno distintivo della poetica di Solomòs* (88) e l'anno di riferimento è sempre il 1851. Bisogna dire che Giannis Petsalis nel suo profilo biografico cita uno scritto autografo di Quartano, vergato il 7 febbraio 1878, in cui questi chiede ai figli di non mettere alcuna iscrizione sulla sua tomba, a parte le parole di raccomandazione di Solomòs già citate, che considera riferite alla lettera del 1849.

[19] Morelli, *Giuseppe Mazzini* 41, dove è riportata una lettera di Quartano a Diego Arancio del 16 settembre 1839. Un ulteriore conferma del coinvolgimento di Quartano nei moti insurrezionali siciliani è data da un oggetto; la casa d'aste britannica Bonhams mette in vendita un revolver corredato dalla seguente didascalia: "Pistol given to Don Pietro Quartano di Calogerras by Garibaldi. Given by Pietro Quartano (Irma Bailey's great-grandfather) to his son Nico who later gave it to his brother-in-law, Col. Sir Wm. Everett. The silver cartouche box belongs to it. The pistol is said to have been given to Garibaldi by the King of Italy, Umberto". https://www.bonhams.com/auctions/23565/lot/208/

[20] Quartano scriverà un elogio di Manzaro per commemorarne la morte: *Per le esequie del cavaliere Nicolò Calichiopulo Manzaro;* contemporaneamente viene pubblicata la versione greca.

[21] Francesco Di Mento nel suo necrologio riporta invece come data il 1868 ed un titolo più esteso del dramma: *Οι Λαθρέμποροι της Καλαβρίας και ο Προορισμός* (*I contrabbandieri di Calabria e la meta*).

alla conoscenza perfetta della lingua italiana sarà nominato professore di lingua e letteratura italiana al Liceo di Corfù.[22]

Per tutta la vita Quartano svolge attività di ricerca in ambito letterario, è anche poeta e, si è visto, scrittore di teatro; abbiamo però di lui pochissime pubblicazioni, forse per l'indole riservata che non gli consente di diffondere adeguatamente il suo lavoro. Scrive prevalentemente in italiano; per i testi in lingua greca usa, afferma Petsalis, la *dimotikì*, seguendo in ciò le idee e l'operato di Solomòs.

Di Mento, nel suo necrologio, riporta un lusinghiero giudizio di Tommaseo sullo scrittore e critico corfiota, che viene definito, nel *Dizionario di estetica*, "uno fra i più ricchi e dotati spiriti della Grecia".[23] Dotato ma fin troppo umile, o forse severo con se stesso, se si considera che di lui ci sono rimasti ben pochi lavori pubblicati a stampa. D'altra parte anche nella prefazione alle opere italiane di Dionysios Solomòs, del 1859, Quartano attribuisce il principale me-

---

La data di rappresentazione che riporto nel testo è presente invece nella *Ionikì Bibliografia* di Thomas Papadopoulos, II, n. 5143. Il riferimento e la conseguente rettifica della data mi sono stati comunicati da Kostas Kardamis, musicologo e autore di un importante articolo sulle attività del Teatro San Giacomo di Corfù. Kardamis ritiene che il titolo riportato da Di Mento debba essere scisso in due elementi, da riferirsi a due diverse rappresentazioni: Οι Λαθρεμποροι της Καλαβρίας; Ο Προορισμός; il και sarebbe dunque una congiunzione fra due titoli e non parte integrante degli stessi. Del secondo, come si è detto, abbiamo attestazione nella *Ionikì Bibliografia;* sappiamo anche che il dramma era diviso in cinque atti e fu scritto espressamente per la rappresentazione del 19 gennaio 1867. Un titolo quale Οι Λαθρεμποροι της Καλαβρίας è comunque suggestivo e porta a pensare che Quartano non avesse dimenticato il suo passato messinese, e forse la sua attività rivoluzionaria, condotta fra lo Stretto di Messina (la "Legione Italica" operava fra le coste di Sicilia e Calabria), Malta e Corfù.

[22] Fra gli incarichi affidati a Quartano per il suo eccellente livello culturale abbiamo anche la direzione della Biblioteca Ionica, dal 1862, dove subentra a Iacovos Polylas, con il quale aveva collaborato agli *Apanta ta Euriskomena* del 1859.

[23] La citazione completa (467), poi confluita in un'altra opera di Tommaseo, *Il secondo esilio* 233, è la seguente: "Giuseppe Quartano, amico del Solomos, e uno dei più ornati ingegni di Grecia". Come si può vedere, i termini elogiativi non sono in parte differenti, più generici, e soprattutto Tommaseo non ricorda il nome di battesimo di Quartano. Sempre nel necrologio Di Mento afferma che Tommaseo apprezzava Quartano anche come dantista, ed effettivamente quest'ultimo aveva elaborato per tutta la sua esistenza un imponente e puntuale commento della *Commedia* dantesca, oggi perduto. I due scrittori certamente si frequentano quando Tommaseo è esiliato a Corfù nel 1849, ma probabilmente erano già in contatto: Solomòs invia a Tommaseo una raccolta di canti popolari della Grecia con una lettera dai toni affettuosi ("Signor mio riverito e caramente amato"), datata 12 giugno 1841, lettera che Quartano inserisce come epigrafe nel *Proemio* all'edizione delle poesie italiane di Solomòs del 1859. I rapporti con Tommaseo non dovevano comunque essere dei migliori: come vedremo nell'analisi dell'antologia di letteratura italiana scritta da Quartano, quest'ultimo giudica gli scritti di Tommaseo con qualche riserva.

rito dell'edizione all'amico e collaboratore Iakovos Polylas,[24] ed afferma di adeguarsi interamente a questo studioso da un punto di vista metodologico, attribuendogli un ruolo di assoluto protagonista nell'esegesi dei lavori di Solomòs.

Una decina di anni dopo il gruppo di intellettuali che si raccolgono intorno a Polylas sembra accentuare l'immagine di un Quartano intellettuale senza talento, in grado di svolgere una, seppur minima, attività critica ma del tutto incapace di produrre qualcosa di originale; il periodico satirico diretto da Polylas, *Kodona,* attacca ripetutamente Quartano, che risponde per le rime dalle pagine della sua rivista *Kathrepti*; ma probabilmente la rivalità fra i due gruppi e la conseguente disistima degli intellettuali corfioti nei confronti di Quartano ha origini politiche, prima che culturali.[25]

La figura di questo intellettuale, vissuto all'ombra di Solomòs, risulta quindi sfuggente: se si riesce a ricostruirne la fisionomia a livello politico, la produzione critica e letteraria resta indubbiamente lacunosa; per averne notizia dobbiamo utilizzare, il più delle volte, fonti di seconda mano.

Egli giunge negli anni maturi ad occuparsi con competenza di opere 'di confine', quali possono essere le poesie e le prose in lingua italiana di Dionisios Solomòs, e questo aspetto è stato già affrontato dagli studiosi; è importante però focalizzare altri aspetti del suo ruolo di 'mediatore culturale', quali l'opera di divulgazione e conoscenza della cultura greca in terra italiana—per la quale abbiamo, fino ad ora, solo la testimonianza di Felice Bisazza relativa alle tradizioni popolari corciresi, e forse la menzione della collaborazione all'Accademia Peloritana—ed anche la parallela proposta di opere italiane in terra greca. A questo riguardo risulta indubbiamente utile prendere in analisi una delle poche opere di Quartano arrivata sino a noi, il *Saggio sui prosatori italiani ad uso dei licei ionii,* testo didattico che lo scrittore

---

[24] Su questa interessante figura di scrittore e critico, traduttore di Omero e Shakespeare, vedi almeno la voce di Angelo Nosei in *Enciclopedia Italiana*.
[25] Notevole ad esempio un poema satirico di Stylianos Chrisomallis (1836-1918), nel quale avviene un dialogo fantastico fra un poeta arrivista e senza talento, chiamato Don Pepo (Pietro Quartano), ed il suo figlio Niko, in lingua mista fra greco, dialetto di Corfù ed italiano; nel poemetto si evidenzia l'incapacità di Don Pepo di produrre un poema di un certo livello. Cfr. Ειρήνης Α. Δευτρινού 71-84.

elabora nel contesto del suo lavoro di insegnante.²⁶ Non si tratta, avverte l'autore, di una vera e propria storia della letteratura italiana: "egli è una specie di Vade-Mecum per chi volesse formarsi un concetto su' migliori che scrissero Prosa in Italia, e quindi trar argomento da formarsi una, non numerosa, ma utile Libreria da studente" (*Saggio* 2). Ma in realtà l'opera rivela immediatamente più vaste ambizioni:

> Io voglio far conoscere ad un popolo che sotto novelle condizioni è chiamato a sedere al Convito della Civiltà, quale s'è il nostro, i vari tentativi, i vari passi più o meno riusciti di una grande nazione che possiede un organo vivo e maraviglioso di manifestazione [...]. Con essa abbiam noi e quotidiane relazioni, e propinquità di confini, e sodalizio di antichi fatti, e affinità intellettive, e identità, m'è dolce sperarlo, di venturi destini. (2)

Lo studio della letteratura e della lingua italiana, quindi, come conoscenza di un'altra, già matura civiltà. Una ricerca non fine a se stessa, ma necessaria per configurare l'identità culturale e politica della nazione greca appena formata; e se l'aspetto legato alle contemporanee vicende risorgimentali è solo accennato nel discorso introduttivo, la conclusione non lascia dubbi: "scopo principale dello studio dev'essere il desiderio di giovare alla Patria col rendere se stessi ottimi cittadini" (76).²⁷ Il lavoro di Quartano, nonostante gli innegabili limiti derivati in primo luogo dalla destinazione d'uso e dalla configurazione manualistica, poi dalla definizione di campo—l'autore prende

---

²⁶ Dell'opera, pubblicata nel 1863 a Corfù dalla tipografia Mercurio di Antonio Terzachi, vi sono, a mia conoscenza, due esemplari: uno conservato nella British Library, collocazione 11864.a.34; l'altro nella Εθνική Βιβλιοθήκη της Ελλάδος (Biblioteca Nazionale Greca), con la collocazione ΝΦ-4763-L Σχήμα 80. Il testo è citato da Angelo De Gubernatis nel suo *Dizionario biografico*, che contiene un sintetico profilo dello scrittore corfiota:"Quartano (pietro di Calogerà) scrittore corcirese, professore di lingua italiana nel Collegio di Corfù, oltre parecchie dissertazioni e discorsi pubblicò un "Saggio sui prosatori italiani ad uso dei Licei Ionii", Corfù, 1863. Scrisse sempre in italiano" (846).

²⁷ Cittadini d'Europa, sembra suggerire Quartano, seguendo i principi di solidarietà fra popoli e l'immagine delle 'nazioni sorelle' usuali nel corso del Risorgimento (Banti) ; la conoscenza delle vicende letterarie di altri Stati permette di ristabilire antichi legami, e riposizionare la Grecia nel contesto culturale europeo, coniugando modernità e recupero del passato: "mi duole il vedere come poca opera si dia studio delle moderne letterature, e mi dolgo perché questo inceppa ogni progressivo sviluppo della nazione, ci tiene isolati e stranieri in mezzo ai popoli per civiltà celebrati, e ci toglie la speranza, che pur non sarebbe folle per noi, di poter un giorno offrire di nuovo al mondo il meraviglioso ed unico spettacolo del nostro lontano passato" (Quartano, *Saggio* 77).

in considerazione la prosa, non la poesia né il teatro –, mortificante in sé per una letteratura come quella italiana, rappresenta comunque un esempio interessante di storiografia letteraria moderna, che tende a superare la disomogenea trattazione monografica per organizzarsi a partire da concetti fondanti; in questo caso la relazione sinergica letteratura/ politica, che già troviamo, ad un livello ben più alto, nella *Storia della letteratura italiana* di Paolo Emiliani Giudici, al quale il 'Vademecum' di Quartano deve molto.[28] Entrambi gli autori stigmatizzano l'erudizione fine a se stessa e soprattutto l'accettazione acritica della tradizione: per l'autore greco è "perniciosa la imitazione quando per imitazione non s'intende, e da molti, e per secoli non s'intese altro, che quella meschina e servile sollecitudine di ricalcare le orme altrui" (Quartano *Saggio* 5);[29] per Emiliani Giudici è ancora Foscolo che si emancipa dal "servaggio" nei confronti di forme letterarie ormai devitalizzate (53).[30] Nel discorso di Quartano è significativa la sottolineatura della lingua come organismo che si modella e trasforma secondo le esigenze del contesto sociale—"Finalmente ogni lingua che sia parlata segue il fato di tutte le altre umane bisogne, si piega cioè e si modula a seconda che il popolo e la nazione istessa si va tramutan-

---

[28] Pubblicata a Firenze nel 1855, la *Storia della letteratura* di Paolo Emiliani Giudici ha un'ampia diffusione anche all'estero. Nel capitolo introduttivo alla prima versione dell'opera, dal titolo *Storia delle belle lettere in Italia*, è affermata l'idea della "fusione della dottrina politica e della letteraria" (54), su modello foscoliano. La ricezione delle storie della letteratura italiana all'estero e la conseguente elaborazione di prospetti tematici-cronologici della letteratura italiana nel contesto europeo costituisce un campo d'indagine ancora poco esplorato. Si segnalano al riguardo il Convegno di Roma del 2002, *L'Italia fuori d'Italia. Tradizione e presenza della lingua e della cultura italiana nel mondo*, i cui atti sono stati pubblicati nel 2003 e *La letteratura italiana fuori d'Italia* a cura di Luciano Formisano. Per un inquadramento del volumetto di Quartano nel contesto della storiografia letteraria italiana, almeno fino ad Emiliani Giudici, è inevitabile il riferimento alla *Storia delle storie letterarie* di Giovanni Getto, del quale nel 2010 è uscita una recente edizione a cura di Clara Allasia.
[29] E più oltre: "Studiamo dunque, e fortemente, i nostri padri; studiamo tutto ciò che di bello, di grande, di eletto si manifesta presso gli altri popoli, ma studiamo anche e prima, e dopo, e non men fortemente noi stessi" (*Saggio* 6).
[30] L'opposizione fra 'poesia dei morti e dei vivi' è d'altra parte un *topos* dei primi manifesti del Romanticismo, ed era già nello scritto di Madame de Staël che origina la disputa classici/ romantici—qui riportato nella traduzione di Pietro Giordani -, in riferimento allo strumento linguistico usato: "Laonde i dotti d'Italia venivano ad usare una lingua che era morta, e non antica." (332). Il discorso sarà ripreso, com'è noto, da Giovanni Berchet nella *Lettera semiseria*: "Chi trovasse a ridire a questi vocaboli [classico e romantico] può cambiarli a posta sua. Però lo stimo di poter nominare con tutta ragione poesia de' morti la prima, e poesia de' vivi la seconda" (Berchet 20).

do" (9) ³¹—, e soprattutto la necessità di uno studio comparato fra lingua italiana e dialetti, diretta espressione della vitalità e della cultura del popolo:

> E deesi ancora por mente che la lingua di una popolosa nazione, poniamo l'Italia dalle cento città, non può essere proprietà esclusiva d'una sola provincia anche se questa meglio, e di gran lunga, di tutte le altri la parli; e dicendo questo intendo che anche le altre parti tutte della nazione, quale più o quale meno, possono contribuire a far più ricca o svariata la lingua, per cui non credo sia fatica gettata al vento lo studio de' vari dialetti d'un popolo, per chi volga l'animo ad aver nome di non servile scrittore (9)³²

Fin qui le dieci paginette di introduzione, che costituiscono la parte più interessante del lavoro; il resto della trattazione è limitato da un'ottica purista, che considera i testi soprattutto come esempi di lingua scorrevole e sobria, dotata di "chiarezza ed efficacia" (68). Domina l'autorità indiscussa dell'Accademia della Crusca—"quanto que' Signori sentenziano in favore, uopo è che ognuno si pieghi" (30)—ed ampio spazio è dedicato a Pietro Giordani e all'abate Antonio Cesari, critici di punta della linea "cruscante". Un punto di vista molto limitato, che esalta il Trecento ed esclude dall'analisi un vasto arco storico che si estende dall'Umanesimo al Barocco. Nel generale appiattimento prospettico sono messi sullo stesso piano grammatici, linguisti, prosatori minori dal 'bello stile', e grandi autori quali Petrarca, criticato poiché preferiva il latino quale strumento di comunicazione scritta,

---

³¹ Rientra sempre nel paradigma interpretativo vita/ morte, modernità/ tradizione, la seguente immagine particolarmente espressiva: "Minacciato è di grave sciagura nel suo spirituale progresso quel popolo che non ha vita propria da far palpitare nelle vene de' scritti suoi, e si trova incatenato allo scoglio dell'immutabile passato, come Prometeo alla rupe del Caucaso – e come Prometeo vi perderà il cuore". (9)

³² Si tratta di idee già presentate e discusse in Italia, che Quartano rielabora nel suo volumetto. Si confronti ad esempio Pietro Borsieri, che nelle *Avventure letterarie di un giorno o consigli di un galantuomo a vari scrittori* (Milano, preso Gio. Pietro Giegler, Libraio sulla Corsia de' Servi, n. 603, 1816) esalta la forza espressiva dei dialetti e ne evidenzia il valore storico e documentario: "Io stimo che un acuto osservatore potrebbe dai vari dialetti scritti d'Italia desumere una verissima storia delle parziali costumanze ed indoli italiane; presentarci comparativamente la somma totale delle idee, dei pregiudizi, e delle passioni popolari; ed insegnarci a conoscere noi stessi più profondamente ch'ora non ci conosciamo" (292).

o Ariosto, sicuramente maggior poeta piuttosto che prosatore; ma Quartano include solo il secondo nel suo discorso che esclude poesia e teatro, forse per ragioni didattiche. L'autore dedica lo stesso spazio al minore Francesco Maria Zanotti (1692- 1777), autore di cinque *Ragionamenti sull'arte poetica* (1768) apprezzati dai classicisti dell'Ottocento, e ad Alfieri o Foscolo, suoi contemporanei. Significativo però l'interesse per testi extraletterari, ad esempio di tipo economico, anche come documenti dei costumi dell'epoca:

> [Agnolo Pandolfini, "Del Governo della Famiglia"] può dirsi abbia dato l'iniziativa ai tanti libri de' secoli successivi sull'Educazione e la Domestica Economia [...]; vi prego un giorno, se vi giungessero sotto mano, di prestare attenzione a due libri da nulla, il *Quaderno de' conti de' Bardi*, e 'l *Quaderno de' conti* di Giuliano Davanzati, affinchè veggiate che lingua e che modi si usassero in Toscana fin da quel tempo (19).

Altrettando importante la focalizzazione della prosa scientifica, i giudizi entusiasti su Galilei—"E' in vero maravigliosa la destrezza, l'agevolezza e disinvoltura con la quale egli in lingua chiarissima traduce le più ardue speculazioni del suo alto intelletto [e la] spontanea eleganza nel vestire con abito poetico le aride cose delle scienze dette Naturali "(29)—, e l'attenta menzione di minori quali Lorenzo Magalotti, e Francesco Redi, di cui raccomanda le prose mediche "affinchè col suo esempio, e con quello di qualcun' altro, s'apprenda a vestire di forma leggiadra qualunque manifestazione del pensiero" (49)

Riguardo all'Ottocento, al di là dell'ovvia esaltazione di Manzoni—"l'Italia non ha che un solo Romanzo, i Promessi Sposi" (68) –, considerato sempre e comunque sotto l'aspetto linguistico, e di Leopardi, del quale si loda comunque solo la purezza dello stile affermando che non ci si arrischia ad affrontarne il pensiero, colpisce l'impaccio di Quartano nel parlare di autori a lui contemporanei. Di Niccolò Tommaseo l'autore ricorda solo gli articoli per i giornali, e accenna ambiguamente ai romanzi:

Io non posso non incoraggiarvi a leggere i libri del Tommaseo. E qui non provo veruna trepidanza a dirvi che in quel suo libro al quale non per primi avremmo fervidamente desiderato non fosse mai stata data occasione, si trovano delle pagine che io non esito affatto di chiamare eccellenti (75)

Si tratta forse dello 'scandaloso' *Fede e Bellezza,* pubblicato a Venezia nel 1840. La risposta del ben più noto scrittore italiano, sussiegosa e lievemente infastidita[33], ci conferma comunque che il manualetto di Quartano era apprezzato come opera di divulgazione della letteratura italiana.

Le figure di Pietro Quartano e Dionysios Solomós si inscrivono quindi nella vivace realtà sociale dell'Eptaneso, e l'opera dei due scrittori certamente funge da *trait d'union* fra Italia e Grecia, nazioni diverse ma *sorelle* nella comune matrice culturale—l'antichità classica— e nelle presenti aspirazioni ad una società più giusta e democratica. Soprattutto nel personaggio meno noto di Quartano attività politica e letteraria sono strettamente intrecciate e veramente, nella sua esistenza, sono presenti due patrie: ciascuna con la stessa rilevanza, ognuna degna di attenzione, di studio, persino di sacrificio della propria libertà.

BIBLIOGRAFIA

Banfi, Emanuele. "L'influsso dello spazio linguistico italiano sull'area balcanica: diacronia e sincronia". *L'italiano di fronte. Italicità e media nei Paesi dell'Europa SudOrientale, Tirana, 2008.* Atti del Seminario della Comunità radiotelevisiva italofona. A cura di Loredana Cornero. Roma: RAI-ERI, 2009. 25-33.

---

[33] Questo il testo della lettera, conservata nella Biblioteca Nazionale di Firenze, sezione Carteggi, 117, 77. "Preg.mo Sig. Quartano, Al contrario di que' tanti che, lodati, rimeritano il lodatore di lodi abbondanti, io mi sento impacciato a dire quel bene che vorrei del suo libro, appunto perché troppo indulgentemente amorevole a me, e alle mie povere cose. In segno di riconoscenza e di stima, le dirò quel ch'Ella sa bene e ha con delicatezza notato, che non tutte le mie posso essere conformi alle opinioni di Lei: ma poi debbo aggiungere che chiunque ami l'Italia non può non apprezzare in questo lavoro la conoscenza delle cose italiane, e costanza d'un nobile affetto. All'Italia Ella chiese, o Signore, la madre de' figli suoi; l'Italia è pur sempre la sposa del suo pensiero. E io similmente, che in terra greca cercai la compagna della mia vita, amo e amerò sempre la Grecia, e mie terrò le sue gioje, miei i suoi dolori. Mi rammenti al S. Manzaro; e accetti , co' suoi cari, gli auguri del suo N. Tommaseo 27 Dic. 1863" .

Banti, Alberto Mario. *La nazione del Risorgimento. Parentela, sanità ed onore alle origini dell'Italia unita.* Torino: Einaudi, 2000

Berchet, Giovanni. "Sul 'Cacciatore feroce' e sulla 'Eleonora' di Goffredo Augusto Bürger. Lettera semiseria di Grisostomo al suo figliuolo". *Opere. Scritti critici letterari.* Vol. 2. A cura di Egidio Bellorini. Bari: Laterza, 1912. 17- 30.

Bisazza, Felice. "Le tre vipere". *Opere di Felice Bisazza pubblicate per cura del Municipio.* Vol. II. Messina:Tip. Ribera, 1874. 19-25.

Bombara, Daniela. *Rompe il raggio di tremula aurora ... Felice Bisazza fra tradizione e modernità.* Reggio Calabria: Città del Sole, 2012

Borsieri, Paolo. "Avventure letterarie di un giorno o consigli di un galantuomo a vari scrittori". (Milano: preso Gio. Pietro Giegler, Libraio sulla Corsia de' Servi n. 603, 1816). *Manifesti romantici del 1816 e gli scritti principali del Conciliatore sul* Romanticismo. A cura di Carlo Calcaterra, Mario Scotti. Torino: Unione Tipografico-Editrice Torinese, 1979. 255- 387.

Brugnolo, Furio. "'Questa è lingua di cui si vanta Amore' Per una storia degli usi letterari eteroglotti dell'italiano". *Italiano: lingua di cultura europea.* Atti del simposio internazionale in memoria di Gianfranco Folena. A cura di Harro Stammerjohann. Weimar 11-13 aprile 1996. Gunter Narr Verlag, 1997. 313-336.

Brugnolo, Furio. *La lingua di cui si vanta Amore. Scrittori stranieri in lingua italiana dal Medioevo al Novecento.* Roma: Carocci, 2009.

Brugnolo, Furio. Voce "L'italiano degli scrittori stranieri". *Enciclopedia dell'italiano, Treccani,* 2011

Carpinato, Caterina. "Il supplizio d'un italiano in Corfù: un caso di intolleranza etnica nell'Eptaneso della seconda metà dell'Ottocento e la fallita mediazione di Dionisios Solomos". *Integrazione, assimilazione, esclusione e reazione etnica.* A cura di Adriano Pavan e Gianfranco Giraudo. V. II. Editura Muzeului Țării Crişurilor, 2012. 272. 293.

Checco, Antonino e Consolo, Ernesto. "Messina nei moti del 1847-48". *Rassegna storica del Risorgimento,* .LXXXIX, fasc. 1, gennaio- marzo 2002: 3- 42.

Della Peruta, Franco. "Mazzinianesimo e democrazia nel Mezzogiorno (1831-1847)" *Democrazia e mazzinianesimo nel Mezzogiorno d'Italia.* Atti del Convegno, Napoli-Capua, 21-23 Ottobre 1972. Genève: Librairie Droz, 1975. 6- 27.

Δεντρινού Ειρήνης Α. [Dentrinou, Eirini] "Κερκυραϊκή σχολή". Προλεγόμενα Κ. Δαφνη, *Κερκυραϊκά Χρονικά,* II ed. Κέρκυρα 1971. 71-84.
De Gubernatis, Antonio. *Dizionario biografico degli scrittori contemporanei.* Firenze: Le Monnier, 1879.
Di Mento, Francesco. *Alla chiara memoria di Pietro Quartano di Calogera".* Corfù: G. Nacamulli, 1881
Emiliani Giudici, Paolo. *Storia delle belle lettere in Italia.* Firenze: Società Editrice Fiorentina, 1844
Fallerini, Paola "La formazione italiana di Dionysios Solomos". *L'Italia vista dagli altri.* Atti del 1. Convegno internazionale (Banja Luka 12-13 giugno 2009). A cura di Roberto Russi Firenze : Cesati, 2010. 199- 214.
Fallerini, Paola. "Dionysios Solomos: dall'isola di Zante la formazione del linguaggio poetico neogreco". *Beetwen* , I, 1, maggio 2011. http://www.between-journal.it/
Formisano, Luciano (a cura di). *La letteratura italiana fuori d'Italia.* Vol. 12 di *Storia della letteratura italiana* diretta da Enrico Malato. Roma: Salerno, 2002
Getto, Giovanni. *Storia delle storie letterarie* di Giovanni Getto. A cura di Clara Allasia. Napoli: Liguori, 2010.
Guida, Francesco. *L'Italia e il Risorgimento balcanico: Marco Antonio Canini.* Roma: Edizioni dell'Ateneo, 1984.
L'Italia fuori d'Italia. Tradizione e presenza della lingua e della cultura italiana nel mondo. A cura del Centro Pio Rajna. Atti del Convegno di Roma, 7- 10 ottobre 2002. Roma: Salerno editrice, 2003
Kairophylas,_Kōstas. *La Grecia e l'Italia nel Risorgimento italiano.* Firenze: Libreria della voce, 1919.
Makris , Theodoros. "Petros Quartanos Kalogheras, o ekdotis ton italikon tou Solomou". *Nea Hestia* fasc. 838, 1 giugno 1962: 843-850.
Kardamis, Kostas. "Nobile Teatro di San Giacomo di Corfù; an overview of its significance for the Greek *ottocento*". *XI Convegno Annuale della Società Italiana di Musicologia,* Lecce, 22-24/ 10/2004. *Donizetti Society Newsletter* 99 , October 2006: 23-25.
Maronitis, Dimitris N. "L'usignolo e lo sparviere. Un segno distintivo della poetica di Solomòs". *Del tradurre. Dal greco moderno alle altre lingue.* A cura di Anna Zimbone. Soveria Mannelli: Rubbettino Editore, 2003. 83- 93

Martinos, Nasos. "Ο Πέτρος Κουαρτάνος-Καλογεράς ανάμεσα σε Σολωμό—Μάντζαρο-Πολυλά". Kerkyraika Xronika 2010

Michel, Ersilio. "Esuli italiani nelle isole Ionie (1849)". *Rassegna storica del Risorgimento,* XXXVII, 1950: 323-352

Morelli, Emilia. "L'archivio di Nicola Fabrizi". *Rassegna storica del Risorgimento,* XXV, 1938: 553- 555.

Morelli, Emilia. *Giuseppe Mazzini: saggi e ricerche,* Roma: Edizioni dell'Ateneo, 1950.

Nosei, Angelo. Voce "Polilas, Giacomo". *Enciclopedia Italiana.* I Appendice. 1938. http: //www.treccani.it

Oliva, Gaetano. "Memorie storiche e letterarie della Reale Accademia Peloritana di Messina. Dal tempo della sua fondazione fino al presente". *Atti della R. Accademia Peloritana,* a. V e VI (1884-1888), Messina, 1888: 1- 254

Papadopoulos, Thomas. *Ionikì Bibliografia,* Atene, 1998, vol. II, n. 5143.

Peri, Massimo "L'italiano di Solomòs", *Scrittori stranieri in lingua italiana dal Cinquecento ad oggi.* Atti del Convegno internazionale di studi. A cura di Furio Brugnolo. Padova: Unipress, 2009. 275-296.

Petsalis, Giannis. Πέτρος Κουαρτάνος Καλογεράς. www.corfu-museum. gr.

Pontani, Filippo Maria. "Le poesie italiane di Dionisio Solomos". *Giornale storico della letteratura italiana,* 59, 1941: 93- 108.

Quartano, Pietro, "Proemio". Dionisios Solomos, *Apanta ta Euriskomena.* Prolegomena I. Polylàs [in greco] kai Pietro Quartano di Calogerà [in italiano]. Corfù: Terzachi, 1859: 353-361

Quartano, Pietro. *Per le esequie del cavaliere Nicolò Calichiopulo Manzaro. Discorso scritto dal D. P. Quartano di Calogerà primitivo Presidente della Società Filarmonica e pronunziato in lingua greca il 1/13 aprile dal S. Pericle Politi membro del comitato della suddetta Società* [Λόγος επί του νεκρού του αοίδιμου ιππότου Νικολάου Χαλκιόπουλου Μαντζάρου : Εκφωνηθείς υπό Π. Πολίτη, Κέρκυρα: Αθηνά, 1872]. Corfù: Tipografia "Cadmo" di Neofito Carajanni, 1872.

Quartano, Pietro. *Saggio sui prosatori italiani ad uso dei licei ionii.* Corfù: Terzachi, 1863..

Regaldi, Giuseppe. "Exoria". *Canti e prose.* V. 2. Torino: Tip. Scolastica di S. Franco e figli, 1861, pp. 177- 190.

Ricciardi Giuseppe e Francesco Lattari. *Storia dei fratelli Bandiera e consorti , narrata da Giuseppe Ricciardi, deputato al Parlamento italiano, e correda-*

ta d'una introduzione, d'illustrazioni e di una appendice da Francesco Lattari, direttore del Grande Archivio di Napoli. Firenze: Le Monnier, 1863

Rotolo, Vincenzo. "Dionisios Solomòs fra la cultura italiana e la cultura greca". *Italoelleniki, Rivista di cultura greco-moderna*, 1, 1998: 87- 110.

Rotolo, Vincenzo. "Dionysios Solomòs fra cultura italiana e cultura greca". *Da Malebolge alla Senna: studi letterari in onore di Giorgio Santangelo*. Palermo: Palumbo, 1993. 575-599. 87-110 perché?

Solomos, Dionysios. *Rime improvvisate dal nobil signore Dionisio Conte Salamon Lacintio*. Corfu: Stamp del Governo, 1822.

Solomos, Dionysios. *Apanta*. Vol. II. *Peza kai Italika*. Lino Politis ed. Atene: Ikaros, 1955.

Solomos, Dionysios. Τα ιταλικά ποιήματα: πρόλογος και μετάφραση Γεωργίου Καλοσγούρου. Εν Αθήναις: Ελευθερουδάκη, 1921.

Solomos, Dionysios. Τά ἰταλικά ποιήματα Διονυσίου Σολωμοῦ ; πρόλογος καί μετάφραση Γεωργίου Καλοσγούρου. Ἀθήνα: Κείμενα, 1984.

Staël (Madame de) [Anne-Louise Germaine Necker, baronessa di Staël-Holstein] Pietro Giordani. "De l'esprit des traductions/ Sulla maniera e la utilità delle traduzioni". Pietro Giordani, *Scritti editi e postumi*. Milano: Borroni e Scotti, 1856. 332-338

Tiktopulu, Katerina *L'edizione veneta dell'* Ode per prima messa *di Dionysios Solomos*, in *"Alle gentili arti ammaestra". Studi in onore di Alkistis Proiou*, a cura di Angela Armati, Marco Cerasoli, Cristiano Luciani, XVIII, Dipartimento di filologia greca e latina, sezione bizantino-neoellenica, Università di Roma La Sapienza, Roma, 2010.

Tommaseo, Niccolò. *Dizionario di estetica*. vol. 2. Milano: Perelli, 1860.

Tommaseo, Niccolò. *Il secondo esilio; scritti di Niccolò Tommaseo concernenti le cose d'Italia e d'Europa dal 1849 in poi*. Milano: F. Sanvito, 1862.

Vitti, Mario. *Storia della letteratura neogreca*. Roma: Carocci, 2001

Zaccagni, Gaia. "Sulle tracce dei versi mascherati: osservazioni sul variantismo e sul bilinguismo di Dionísios Solomòs". *Autografi letterari romanzi e neogreci*. A cura di Kostis Pavlou e Giorgio Pilidis, S.A.R.G.O.N.: Padova 2015. 177-191

Zoras *Gherasimos* G. *Risonanze italiane nel Mar Ionio*, Roma, Vecchiarelli, 2001.

Il "pellegrinaggio" di Dante nel Mediterraneo

Lucilla Bonavita

Durante il Medio Evo, il Mediterraneo è sempre stato un crocevia di popoli, ideologie ed anche pratiche di devozione che consistono nel recarsi in un luogo sacro per fare penitenza o per venerare qualche santo o per tener fede a un voto. Nella religione cristiana, tra le pratiche di devozione, rientra il pellegrinaggio che si diffuse quasi subito, in particolare a partire dal IV secolo in poi, soprattutto in Terrasanta, dove Cristo visse e operò, e a Roma, luogo reso sacro dalle tombe dei Santi Apostoli Pietro e Paolo. Dal punto di vista metodologico, si cercherà di considerare le origini di tale pratica religiosa partendo dal canto XXIII del Purgatorio e di individuare l'accezione dei termini *peregrino*, *calmiere* e *romeo* attraverso rispettivamente le informazioni contenute in *Vita nuova*, 40, 6, in *Purgatorio*, XXXIII, v. 78, in *Paradiso*, XXXI, vv. 103-104. Contemporaneamente si tenterà di delineare il cammino di coloro che si recavano a Santiago di Compostella, cioè dei peregrini; dei palmieri, cioè di coloro che si recavano in Terrasanta; dei romei, coloro che si recavano a visitare le tombe dei santi apostoli Pietro e Paolo a Roma che giungevano da terre lontane, magari per vedere il sudario su cui era impresso il volto di Cristo.

Nel canto XXIII del *Purgatorio*, vengono espiate le colpe dei golosi che, assetati ed affamati, percorrono a passo veloce la cornice, impossibilitati però a soddisfare le loro necessità. È mezzogiorno del 12 aprile 1300. Dante, con Virgilio, il «dolce padre» (Alighieri 1983: 257), incontra le anime che «vanno forse di lor dover solvendo il modo» (257) e superano Dante, Virgilio e Stazio, con il loro passo sostenuto, rivolgendo loro, senza fermarsi, un fugace sguardo, proprio come fanno i «peregrin pensosi» (257) quando raggiungono qualche sconosciuto (vv. 16-21):

> Sì come i peregrin pensosi fanno / giungendo per cammin gente non nota, / che si volgono ad essa e non restano / così di retro a noi, più tosto mota, / venendo e trapassando ci ammirava / d'anime turba tacita e devota. (257-258)

La similitudine riproduce l'immagine di un tipico aspetto della vita medievale, quello dei pellegrini che si dirigono verso un luogo di culto, devotamente assorti nelle loro preghiere. Il dinamismo dell'immagine è costituito dal susseguirsi di verbi al gerundio «giugnendo» (257), «venendo e trapassando» (258) e dell'imperfetto «ammirava» (258) e dalla loro predominanza sulle altre parti del discorso. La concentrazione verbale espressa al gerundio, permette alla scena di rappresentare un'azione senza stabilirne una conclusione e l'allitterazione al ventesimo verso della sillaba *ta* evoca i passi cadenzati e martellanti dei pellegrini. La condizione del pellegrino è maggiormente sottolineata dalla magrezza eccessiva di quei corpi con i volti scavati e gli occhi incassati nelle cavità orbitali: «Ne li occhi era ciascuna oscura e cava, / pallida ne la faccia, e tanto scema, / che dall'ossa la pelle s'informava» (vv. 22-24). La posizione chiastica dei termini dei vv. 22-23, sembra incorniciare quei volti la cui magrezza è tale che la pelle prende forma delle ossa, come commenta il Benvenuto: «super quibus erat pensa sine carne» (253) e che rinvia al salmo CI, 6: «adhaesit os meum carni meae» (253); a Giobbe, XIX, 20 «Pelli meae, consumptis carnibus, adhaesit os meum» (253).

Ma, già nella prima cantica vi era una allusione al pellegrinaggio, proposto sempre attraverso la similitudine come nei versi 25-33 del canto XVIII dell'*Inferno* nel quale viene rappresentata l'immagine famosa del Giubileo:

> Nel fondo erano ignudi i peccatori: / dal mezzo in qua ci venien verso 'l volto, /di là con noi, ma con passi maggiori, / come i Roman per l'essercito molto, / l'anno del giubileo, su per lo ponte / hanno a passar la gente modo colto, / che da l'un lato tutti hanno la fronte / verso 'l castello e vanno a Santo Pietro; /dall'altra sponda vanno verso 'l monte. (Alighieri 1983: 206)

In questo caso Dante riferisce un avvenimento al quale aveva assistito di persona relativo all'afflusso enorme di gente che era accorsa a Roma in occasione del Giubileo del 1300, come testimoniato anche dal Villani (Villani, *Cron.*, VIII, 36): «Al continuo in tutto l'anno durante avea in Roma, oltre al popolo romano, duecentomila pellegrini, senza quegli ch'erano per gli cammini andando e tornando». (206). È il Purgatorio, però, che si profila come la cantica nella quale la connotazione semantica del pellegrinaggio e del pellegrino ad essa correlata è caratterizzante a tal punto che nel secondo canto, i versi 61-63 mettono in luce la condizione comune alle anime che, spaesate a causa del loro ingresso nell'Inferno, chiedono informazioni sul luogo dove si trovano e Virgilio risponde : «Voi credete / forse che siamo esperti d'esto loco; / ma noi siam peregrin come voi siete» (18). In questo caso, secondo Natalino Sapegno, il termine «peregrin» equivale a forestieri poiché riprende la lezione dantesca secondo la quale, in base alla «larga significazione del vocabulo, [...] è peregrino chiunque è fuori de la sua patria» (18).

Ma chi erano i pellegrini? Dante lo spiega nella Vita nuova, 40,6: «E dissi peregrini secondo la larga significazione del vocabulo; ché peregrini si possono intendere in due modi, in uno largo e in uno stretto: in largo, in quanto è peregrino chiunque è fuori de la sua patria; in modo stretto non s'intende peregrino se non chi va verso la casa di sa' Iacopo o ride. E però è da sapere che in tre modi si chiamano propriamente le genti che vanno al servigio de l'Altissimo: chiamarsi palmieri in quanto vanno oltremare, là onde molte volte recano la palma; chiamarsi peregrini in quanto vanno a la casa di Galizia, però che la sepultura di sa' Iacopo due più lontana de la sua patria che d'alcuno altro apostolo; chiamarsi romei in quanto vanno a Roma, là ove questi cu' io chiamo peregrini andavano»,[1] parole dalle quali è chiaramente espresso che il pellegrinaggio in terra trova la sua giustificazione nella escatologia cristologica poiché «molta gente va per vedere quella immagine benedetta la quale Iesu Cristo lasciò a noi per esempio de la sua bellissima figura».[2]

Anche l'abbigliamento del pellegrino era espressione della afflizione contrita del cuore, infatti, solitamente, era vestito di una stoffa grossolana, di una borsa detta scarsella e di un bastone o bordone;

---

[1] Dante Alighieri, *Vita Nova*, ed. di riferimento a cura di M. Barbi, Bemporad, Firenze, 1932, in www.letteraturaitaliana.net.
[2] *Ibidem*.

prima di partire, in genere, il pellegrino doveva chiedere al proprio parroco il permesso di confessarsi in un territorio straniero. Una volta arrivato al luogo destinato, se il pellegrinaggio aveva assunto la forma di *peregrinatio poenitentialis,* cioè fatto per penitenza, l'arcivescovo locale doveva consegnare al pellegrino un documento attestante la visita che poi, di ritorno, avrebbe consegnato alle proprie autorità ecclesiastiche.

In epoca medievale, come constatato da Dante nel quarantesimo capitolo della Vita Nova, il termine *peregrino* indicava le persone che si recavano a Santiago di Compostella: Iago è la variante spagnola del latino medievale Jacobus che in italiano ha prodotto sia Jacopo che Giacomo. Il santo, infatti, è Giacomo il Maggiore, uno dei discepoli di Gesù che, nel 62 d.C., morì martire a Gerusalemme e venne sepolto lì dove sorge oggi il santuario. Dante lo ricorda nel canto XXV del *Paradiso* vv. 17-18: «Mira, mira: ecco il barone / per cui là giù si visita Galizia» (305). Nel Canto XXIV del *Paradiso* al verso 115, appare il termine «baron» che si riferisce a San Pietro. Secondo Natalino Sapegno, *baroni* (cfr. *Par.,* XXV, 17) e *conti* (*Par.,* , XXV, 42) sono i santi più insigni, come tutto il Paradiso è una *corte* (v. 112) di cui Dio è il *sire* (Inf., XXIX, 56; Purg., XV, 112; XIX, 125; Par., XIII, 54; XXIX, 28, ecc.) e l'*imperatore* (*Inf.,* I, 124; *Par.,* XII, 40; XXV, 41)» (301). Il viaggio era lungo e rischioso, perciò prima di iniziarlo bisognava prendere le dovute precauzioni, come ad esempio fare testamento alla vigilia della partenza poiché erano frequenti i casi di furti da parte di falsi compagni di viaggio.

Un'altra categoria di pellegrini è costituita dai *palmieri,* coloro che si recavano in Terrasanta, definiti così perché, prima di iniziare il cammino di ritorno, avevano l'abitudine di abbellire il bastone con foglie di palma. I disagi, gli imprevisti e le sofferenze affrontate durante i viaggi assimilavano i *palmieri* a dei martiri: a tale proposito Dante, nel canto XXXIII del *Purgatorio* fa riferimento, nel verso 78, al «bordon di palma cinto» (367) che simboleggia la pace interiore raggiunta o la vittoria conquistata a prezzo di grandi sacrifici.

Ai *palmieri* si aggiungono i *romei,* coloro che si recavano a Roma per visitare le tombe dei santi apostoli Pietro e Paolo ed anche per vedere il sudario sul quale era impresso il volto di Cristo, la Veronica detta anche "vera icona", cioè vera immagine. I romei arrivavano da terre lontane e lo stesso Dante, giunto nel Paradiso terrestre, nel canto XXXI del *Paradiso* ci ricorda questa tradizione dei pellegrini che arrivavano a Roma per venerare la reliquia, come espresso nei versi 103-104: «Qual è colui che forse di Croazia / viene a veder la Veronica nostra» (389), ma già presente nella Vita Nova, 40, 6, i romei erano i pellegrini che arrivavano a Roma da terre lontane, «di Croazia» (389) appunto come sostiene Dante e *Romea* era definita la strada che dall'Occidente arrivava fino a Gerusalemme. La via *Romea* era anche detta *Francesca* o *Francigena* ed attraversava le città francesi di Arras, Reims, Chaumont, Besançon, le città svizzere di Losanna e Martigny, le città italiane di Aosta, Vercelli, Pavia, Fidenza, Berceto. Da Berceto attraverso l'Appennino si passava in Toscana per Pontremoli, Lucca, Altopascio, Castelfiorentino, Siena e Buonconvento per poi arrivare nel Lazio attraverso Acquapendente e Viterbo per giungere infine a Roma. Solitamente si seguivano i tracciati delle strade romane che, però, dopo la caduta dell'Impero romano d'Occidente presentavano carenze nella manutenzione e se per i poveri il percorso veniva compiuto a piedi come per gli altri pellegrinaggi, i viaggiatori che appartenevano ad una condizione sociale più alta usavano asini, muli e cavalli.

Il pellegrinaggio a Roma ricevette un grande impulso dall'indizione del Giubileo da parte di Bonifacio VIII nel 1300 ed in tale occasione vi si recò anche Dante per il quale la vita appare metaforicamente un cammino, un pellegrinaggio, infatti non si deve dimenticare che la Divina Commedia inizia proprio con i celebri versi presenti nel primo canto dell'*Inferno* ai versi 1-2: «Nel mezzo del cammin di nostra vita / mi ritrovai per una selva oscura / ché la diritta via era smarrita». (Alighieri 1983: 1) A tale proposito, come notato da Giuseppe Ledda, «rispetto al versetto biblico cui questo incipit allude, *In dimidio dierum meorum vadam ad portas inferi* (Is 38, 10), Dante aggiunge due elementi: inserisce proprio l'immagine della vita come un cammino e sostituisce l'aggettivo possessivo singolare mio («dierum meorum») con il plurale nostra. […]» (Ledda 2012: 295). Giuseppe Ledda, ricorda che secondo la lezione di Singleton e Contini, ciò avviene perché Dante vuole ampliare la sua vicenda personale a quella di tutta l'umanità, poiché «come uomo in esilio da Dio nella vita terrena, è un uomo qualunque, è un rappresentante dell'umanità. E, come un uomo qualunque, è impegnato nel viaggio di ritorno a casa» (295). Il viaggio in questo caso è interpretato come il cammino che Dante intraprende nei tre regni e compare nel primo canto dell'*Inferno* al verso 91: «A te convien tener altro vïaggio, / rispuose, poi che lagrimar mi vide, / se vuo' campar d'esto loco selvaggio» e ai versi 91-92 del secondo canto del Purgatorio «Casella mio, per tornar altra volta / là dov'io son, fo io questo vïaggio» (Alighieri: 20) Il termine assume poi un significato simbolico al verso 132 del decimo canto dell'*Inferno* «quando sarai dinanzi al dolce raggio / di quella il cui bell'occhio tutto vede, / da lei saprai di tua vita il vïaggio» (123-124), diventando in tal modo la parola rappresentativa di tutta la Commedia, viaggio di un personaggio storicamente vissuto. A Dante personaggio storico è collegata anche l'immagine cristiana del peregrinus in itinere che effettua un viaggio di ritorno dalla Gerusalemme terrena, espresso già nei versi 91-92 rivolti a Casella[3], a quella celeste, realizzando attraverso il viaggio, la peregrinatio dall'homo viator all'homo comprehensor. Nel *Convivio* (IV, XII, 14-20) appare una grande metafora di questa parola, densa di valori semantici polisemici secondo i quali il viaggio inteso come cammino diventa metafora della vita umana: «ne la vita umana sono diversi cammini, de li quali uno è veracissimo e un altro è fallacissimo, e certi meno fallaci e certi meno veraci. E sì come vedremo che quello che dirittissimo vae a la cittade, e compie lo desiderio e dà posa dopo la fatica, e quello che va in contrario mai nol compie e mai posa dare non può, così ne la nostra vita avviene: lo buono camminatore giugne a termine e a posa; lo erroneo mai non l'aggiugne, ma con molta fatica del suo animo sempre con li occhi gulosi si mira innanzi». (Alighieri 2013: 85).

La visione simbolica di cui sono cariche le immagini dantesche appartiene al concetto di *itinerarium* elaborato dalla filosofia e dalla

---

[3] Osserva il Buti: «Questo Casella fu fiorentino, e fu buono cantore e intonassero di canti, sì che alcuno de' sonetti ovvero canzoni dell'autore intonò...; e fu omo di diletti, e tardò a venire allo stato della penitenza quando fu nel mondo, occupato da vani diletti in fine all'ultimo», cfr: Dante Alighieri, *La Divina Commedia*, a cura di Natalino Sapegno, La Nuova Italia, Firenze, 1983, vol. II., p. 19.

mistica medievale e trova le sue radici in primo luogo nei testi biblici di Is. 38, 10: «a metà dei miei giorni me ne vado, / sono trattenuto alle porte degli inferi / per il resto dei miei anni» (La sacra Bibbia 2009: 1782) ; Sap. 5, 6: «Abbiamo dunque abbandonato la via della verità, / la luce della giustizia non ci ha illuminati / e il sole non è sorto per noi» (1509); Prov. 2, 11-13: «La riflessione ti custodirà / e la prudenza veglierà su di te, / per salvarti dalla via del male, dall'uomo che parla di propositi perversi, da coloro che abbandonano i retti pensieri» (1398) e 4, 19: «La via degli empi è come l'oscurità: / non sanno dove saranno spinti a cadere» (1402); Ierem. Proph. 6, 16: «Fermatevi nelle strade e guardate, / informatevi dei sentieri del passato, / dove sta la strada buona percorretela, / così troverete pace per la vostra vita» (1867); II Petr. Epist. 2, 15: «Abbandonata la retta via, si sono smarriti seguendo la via di Salaam figlio di Bosor, al quale piacevano ingiusti guadagni» (2904).

Alla visione simbolica ed etica del cammino, Dante sovrappone la dimensione metafisica della dialettica esodo-ritorno come si legge nel Convivio (II, I 2-3), a proposito della lettura allegorica del salmo 113 A (In exitu Israël de Aegypto)[4], nell'epistola a Cangrande (Ep XIII 21 ss.) e nella corrispondente citazione contenuta nel verso 46 del secondo canto del Purgatorio, testi nei quali Dante svela quale sia la città meta escatologica dell'uomo-Dante e di tutta l'umanità.

Bibliografia

D. Alighieri, *La Divina Commedia*, a cura di Natalino Sapegno, Firenze: La Nuova Italia, 1983, voll. I, II, III.

R. Dragonetti, *Dante pélerin de la Sainte Face*, Gand: Romanica Gandensia, 1968.

---

[4] «Quando Israele uscì d'Egitto, / la casa di Giacobbe da un popolo barbaro, / Giuda divenne il suo santurio, / Israele il suo dominio. / Il mare vide e si ritrasse, / il Giordano si volse indietro, / le montagne saltellarono come arieti, / le colline come agnelli di un gregge. / Che hai tu, mare, per fuggire, / e tu, Giordano, per volgerti indietro? / Perché voi, montagne, saltellate come arieti / e voi, colline, come agnelli di un gregge? / Trema, o terra, davanti al Signore, / davanti al Dio di Giacobbe, / che muta la rupe in un lago, /la roccia in sorgenti d'acqua.» Cfr.: *La Sacra Bibbia* , Centro editoriale dehoniano, Bologna, 2009, p. 1350.

E. Raimondi, *Metafora e Storia. Studi su Dante e Petrarca*, Torino: G. Einaudi, 1970.

C. S. Singleton, "In exitu Israel de Ageypto" in *Annual Report of the Dante Society*, LXXVIII [1960].

D. J. Tucker, "In exitu Israel de Aegypto. The Divine Comedy in the Light of Eastern Liturgy", in *American Benedectine Review*, XI, 1960.

G. Sarolli, "Dantes' Katabasis and Mission" in *The Word of Dante*, Toronto: University of Toronto Press, 1966.

F. Mazzoni, *Saggio di un nuovo commento alla Divina Commedia - Inferno. Canti I-III,* Firenze: Sansoni, 1967.

G.B. Ladner, "Homo viator. Medieval Ideas on Alienation and Order" in *Speculum*, XLII [1967].

La Sacra Bibbia, Bologna: Centro editoriale dehoniano, 2009.

La ricerca dell'identità mediterranea agli albori dell'Umanesimo
Giovanni Aurispa—tra Oriente ed Occidente

Maria Làudani

1. La "rottura" dell'identità mediterranea

La corrente impostazione storiografica che individua nell'Alto Medioevo un'epoca di sostanziale cesura tra il "mondo classico" e le successive età è retaggio evidente della ricerca, tutta romantica, di una identità nord-europea e, quindi, di una connotazione che prescinda dalla tradizione greco-romana.

Ciò su cui, viceversa, desidero insistere è il dato storico-letterario che dimostra esattamente il contrario: l'identità del Mediterraneo sul piano politico è certamente compromessa da una serie di eventi bellici, storici, etc.; sul piano culturale non si è mai sfaldata veramente e gravita comunque intorno ad elementi culturali importanti che vedono come cardine la lingua latina e, soprattutto, il Greco.

La "riscoperta" dei testi antichi e la loro diffusione, non fu mai interrotta, dalla tarda antichità al Medioevo, al periodo umanistico.

Tramite essenziale ne sono stati intellettuali e uomini di cultura del Sud Italia e della Sicilia[1], come spiegherò nel mio intervento.

Quindi le cosiddette fratture epocali nell'unità mediterranea, identificate di volta in volta con le invasioni barbariche, con la discesa dei Longobardi, dei Franchi, oppure con l'Islàm, incisero certamente sull'aspetto sociale, sull'economia e la politica dei territori un tempo afferenti all'Impero romano. Tuttavia non intaccarono in maniera

---

[1] In relazione a ciò si veda M. Làudani, *Persistenze culturali greco-classiche e bizantine nell'Italia meridionale tra l'VIII ed il XIV sec.: il "pre-umanesimo degli italo-greci"*, in Porphyra n.6 = "Bisanzio, narrazione di una civiltà colta", Anno 2005 Dicembre numero 6, pp. 85-97, ivi ampia bibliografia. Sull'argomento relativo ai monasteri di culto bizantino in Italia meridionale e Sicilia vedasi: A. Pertusi, *Aspetti organizzativi e culturali dell'ambiente monacale greco dell'Italia meridionale*, in «Scritti sulla Calabria greca medievale», (Soveria Mannelli 1994:145) nota 27 da cui in particolare ricordiamo: M. Scaduto, *Il monachesimo basiliano nella Sicilia medievale. Rinascita e decadenza, sec.XI –XIV*, (Roma, 1947: VII-XVII). G. Mercati, *L'eucologio di S. Maria del Patir*, in Opere minori, IV, (Città del Vaticano 1937: 469-486); A. Fortescue, *The uniate Eastern Churches. The byzantine rite in Italy, Sicily, Syria and Egypt*, (London 1923); nei quali si dimostra appunto la particolarità del rito greco dell'Italia meridionale che aderisce a quello greco-orientale.

tanto netta e profonda i territori che erano stati maggiormente coinvolti dal paesaggio intellettuale greco-romano.

Vengo immediatamente, anche se per sommi capi, a fornire alcuni elementi che supportano la mia asserzione.

Innanzi tutto proprio nei secoli tra il V e il VI d.C., nella bufera della discesa dei Goti, in periodo teodoriciano, in Italia e in quella del Sud in particolare—grazie alla presenza di personaggi come Aurelio Cassiodoro e alla politica di evergetismo del *Rex Italiae* Teodorico[2] -, assistiamo all'affermazione di Cenobi e Monasteri di culto sia Latino che Basiliano (Greco) in cui erano presenti *Scriptoria*.

Negli *Scriptoria* si ricopiavano e commentavano senza sosta i codici latini e greci che giungevano per vari tramiti nelle mani dei monaci. Tra i codici numerosi contenevano testi sacri, ma un numero notevolissimo consisteva nella trascrizione di testi antichi sia latini che greci.

Cito, tanto per fornire un esempio, i monasteri di Montecassino o Grottaferrata, dislocati nel centro della Penisola; di San Nicola di Casole per la Puglia; di Rosarno in Calabria; del Santissimo Salvatore in *Lingua Fari* per Messina[3].

---

[2] «Probabilmente nei circa cinquanta anni in cui la Sicilia fu sotto il dominio dei Goti e di Teodorico in particolare, non furono introdotte componenti nuove, "barbariche", ma i conquistatori si adattarono alle istituzioni precedenti senza apportarvi rilevanti modifiche. La Sicilia, inoltre, non subì massicce divisioni di terre tra i conquistatori che restarono quindi marginali come elemento etnico e culturale. Eppure qualcosa di importante dové accadere anche sull'Isola sotto il *Rex* Teodorico che scelse come proprio consigliere privilegiato quel Cassiodoro i cui avi si erano già prodigati nel ruolo di mediatori tra i barbari e Roma nel Sud Italia ed in Sicilia.» in M. Làudani, *La Sicilia in età ostrogota: ripristini, restauri urbanistici, manufatti*, Tesi sperimentale di Laurea, Università degli Studi di Catania, A.A. 2001-2002; Vedasi anche il riferimento di Procopio di Cesarea: Procopii Caesariensis, *De bello gotico*, ed. Wirth, II ,1963(ristampa ed. Haury 1905-1913), III, 14-22. Poi, in particolare vogliamo sottolineare come Aurelio Cassiodoro è una fonte privilegiata in rapporto all'azione di Teodorico anche in campo urbanistico e architettonico di cui fornisce testimonianza nelle sue opere, Vedasi: Aurelii Cassiodori, *Chronica*, ed. Mommsen, MGH, *Auct. Ant.* XI, pp.120-161; Citiamo solo un esempio che descrive il paesaggio rurale della Sicilia teodoriciana agli occhi dell'intellettuale di corte: «*Praetoria longe lateque lucentia in margaritarum species putes esse disposta, ut hinc appareat qualia fuerint illius provinciae maiorum iudicia, quam tantis fabricis constat ornatam.*», Aurelii Cassiodori, *Variarum libri XII*, 22, ed. FRIDH, CC, SL 96,1973. Sulla Sicilia sotto Teodorico vedasi almeno: B. Saitta, *La Sicilia fra incursioni vandaliche e dominazione ostrogota*, in "QS", (1987: 363-417). Id. *La civilitas di Teodorico. Rigore amministrativo, "tolleranza" religiosa e recupero dell'antico nell'Italia ostrogota*, (Roma :1993).

[3] Sull'argomento relativo ai monasteri di culto bizantino in Italia meridionale e Sicilia vedasi: A. Pertusi, *Aspetti organizzativi e culturali dell'ambiente monacale greco dell'Italia meridionale*, in «Scritti sulla Calabria greca medievale», (Soveria Mannelli, 1994 :145) nota 27 da cui in particolare ricordiamo: M. Scaduto, *Il monachesimo basiliano nella Sicilia medievale. Rinascita e decadenza, sec.XI –XIV*, (Roma, 1947:

Queste importantissime istituzioni proseguirono, senza soluzione alcuna, la propria attività attraversando la "riconquista" bizantina, la conquista araba, il periodo normanno-svevo.

Proprio nella corte palermitana di Federico II vediamo una straordinaria fioritura di Poesia in Greco, accanto alla più conosciuta in Volgare siciliano. Stesso fenomeno si manifesta nella "Scuola poetica salentina"[4].

Certo la fine grama della dinastia del Hohenstaufen che visse l'ultimo giovane erede, Corradino di Svevia, detronizzato e decapitato dall'usurpatore angioino, segnò un momento difficile per i monasteri e i centri di trasmissione del Greco.

Gli Angioini, intimamente legati al papato, portarono avanti una politica di terrore nei confronti dell'identità greca, assai forte nel Sud e in Sicilia. I Franco-Latini abolirono l'utilizzo della lingua greca persino dei monasteri e cercarono di sradicare in tutti i modi la continuità della tradizione bizantina.

Tuttavia ancora per tutto il XIV secolo, mentre il centro e il nord dell'Italia avevano del tutto dimenticato il Greco—anche perché lì non era radicato—, nel Sud si proseguiva con lo studio di questa lingua e i contatti con Costantinopoli, Atene, Trebisonda, di fatto non erano mai cessati.

VII-XVII). G. Mercati, *L'eucologio di S .Maria del Patir*, in Opere minori, IV, Città del Vaticano 1937, pp. 469-486; A. Fortescue, *The uniate Eastern Churches. The byzantine rite in Italy , Sicily, Syria and Egypt*, (London :1923); nei quali si dimostra appunto la particolarità del rito greco dell'Italia meridionale che aderisce a quello greco-orientale.

[4] Riguardo agli aspetti culturali e alla produzione letteraria in Lingua greca in Italia meridionale nel periodo Normanno-Svevo vedasi: P. Canart, *Aspetti materiali e sociali della produzione libraria italo-greca tra Normanni e Svevi*, in Libri e lettori nel mondo bizantino, a cura di G. Cavallo, (Bari:1990). G. Cavallo, *Libri greci e resistenza etnica in Terra d'Otranto*, in Libri e lettori nel mondo bizantino, a cura di G. Cavallo, Bari 1990. M. Gigante, *Poeti bizantini di Terra d'Otranto nel secolo XIII*, Napoli 1979. Id. , *La civiltà letteraria*, AA.VV. I Bizantini in Italia, 1986. Id., *Eugenii Panormitani versus jambici*, (Palermo, 1964) («Istituto siciliano di Studi bizantini e neoellenici. Testi», 10). A. Pertusi, *I Normanni e la rinascita del sec. XII*, in Archivio storico per la Calabria e la Lucania 60 (1993), B. Lavagnini, *Siracusa occupata dagli Arabi e l'epistola del monaco Teodosio*, in «Byzantion», 23-30 1959-1960. Id., *Filippo-Filagato e il romanzo di Eliodoro*, «Ἐπετηρίς Ἑταιρείας Βυζαντινῶν Σπουδῶν», XXXIX-XL, 1972-1973. Id., *Filippo-Filagato promotore degli studi di greco in Calabria*, «Bollettino della badia di Grottaferrata», n.s. XXVIII, 1974.

Dimostrazione di ciò, ad esempio, la figura di Barlaam Calabro[5], un monaco vissuto all'epoca di Dante e che rivestì incarichi diplomatici tra Occidente e Oriente anche nel tentativo di ricucire il Grande Scisma del 1054.

Un allievo "laico" di Barlaam fu Leonzio Pilato, di Seminara Calabra: grande intellettuale e primo docente di Greco nello *Studium* fiorentino, amico di Boccaccio e maestro di Greco senza successo di Petrarca. A lui si deve il recupero di alcuni Codici omerici importantissimi, nonché di codici Euripidei. Inoltre tradusse dal Greco in Latino, per Petrarca, alcuni libri dell'Odissea.

La presenza di Leonzio è stata additata, nel secolo scorso, da Agostino Pertusi[6] come il tramite della cultura umanistica di Boccaccio e Petrarca che fornirono un impulso autentico agli sviluppi successivi dell'Umanesimo italiano.

2. GIOVANNI AURISPA NEL SEGNO DELLA CONTINUITÀ

Proprio a tali presenze e a ciò che anticiparono si lega il mio tentativo di cercare un *Leit Motiv*, un filo rosso, che leghi Antichità, Medioevo,

> Già Barlaam e Leonzio, l'uno per ragioni di fede e di politica, l'altro per motivazioni culturali (perfezionarsi nel Greco e recuperare codici antichi) viaggiarono verso l'Ellade, vi si trattennero, intessettero rapporti con intellettuali e potenti bizantini. Umanesimo nel segno della mediterraneità.

---

[5] A. Huges, *Barlaam*, in Stanley Sadie (a cura di), *The New Grove Dictionary of Music and Musicians*, (Macmillan, Washington : 1980) , E. D'Agostino, *Barlaam di Seminara Vescovo di Gerace*, in AA. VV., *Barlaam Calabro. L'uomo L'opera Il pensiero*, a cura di A. Fyrigos- (Gangemi, 2001:73), S. Impellizzeri, *Bàrlaam Calabro*, in *Enciclopedia Treccani*, online, Chr. Kleinhenz,*Medieval Italy: An Encyclopedia. Volume 1, A to K*, (Routledge :2004) online, E. Garin, G.A. Pinton, *History of Italian Philosophy*, (Rodopi, Vol. I: 2008) , online.

[6] A. Pertusi, *La scoperta di Euripide nel primo Umanesimo*, in «Italia Medievale e Umanistica», III, 1960; Id., *Leonzio Pilato a Creta prima del 1358-59. Scuole e cultura a Creta durante il secolo XIV*, in «Κρητικά Χρονικά», 15-16, 1961-62, II. Id. , *Leonzio Pilato tra Petrarca e Boccaccio*, Venezia-Roma 1964. Id. *Le fonti greche del «De gestis moribus et nobilitate civitatis Venetiarum» di Lorenzo de Monacis cancelliere di Creta (1388-1428)*, in «Italia Medievale e Umanistica», VII, 1965. Id., *Leonzio Pilato e la tradizione di cultura itala-greca*, in *Byzantino -sicula*, Palermo 1966. Id., *Il ritorno alle fonti del teatro greco classico: Euripide nell'Umanesimo e nel Rinascimento*, Firenze 1966; Id., *I Normanni e la rinascita del sec. XII*, in Archivio storico per la Calabria e la Lucania, 60 (1993). Id., *Scritti sulla Calabria greca medievale*, (Soveria Mannelli 1994), che raccoglie una serie, anche inedita, di importanti studi.

La continuità della conoscenza e dello studio del Greco ne è una cifra importante.

Un'altra componente consiste nella "mobilità" degli intellettuali tra Italia, Mittell-Europa, Impero bizantino.

Tra la conclusione del XIV sec. e il XV sec. il legame si rafforza e la Sicilia diviene un tramite essenziale e un'autentica fucina di personalità di spicco.

La storiografia corrente, purtroppo, tende a svalutare la nostra Isola nel periodo indicato; addirittura si giunge ad affermare—lo fa il Mack Smith[7]—che la Sicilia rimase marginale nel paesaggio culturale dell'Umanesimo.

Nulla di più errato. Certamente l'Isola vive secoli di scuotimenti e sussulti politici e sociali gravi: dalla guerra del Vespro (1282), alle alterne vicende della successione Aragonese, alla costituzione del Vicereame dipendente dalla Spagna degli Aragona e dei Navarra—con Alfonso di Magnanimo -e senza un vero re che risiedesse in Sicilia per curarne gli interessi.

La Sicilia fu spesso intesa come terra di conquista, dalla quale trarre guadagni inestimabili grazie alla fertilità del suolo ed alle innumerevoli risorse di natura diversificata; non ultima la risorsa rappresentata da una posizione strategica di primordine: un ponte tra l'Africa, l'Impero bizantino, la Spagna, l'Italia.

Le baronie locali giocarono un ruolo poderoso nel mantenere i territori isolani sostanzialmente divisi in grandi feudi dominati di volta in volta dai d'Alagona, dai Peralta, dai Moncada, dai Ventimiglia, dai Chiaramonte.

Le autonomie cittadine, con agguerrite associazioni di mercanti, non riuscirono mai sino in fondo a condurre il potere reale ad una piena indipendenza dalle aristocrazie, in favore dei commerci e del fiorire delle città[8].

---

[7] D. Mack Smith, *Storia della Sicilia medievale e moderna*, (Roma- Bari, 1994: 120).
[8] F. Benigno e G. Giarrizzo (a cura di), *Storia della Sicilia*, Vol. 1, *Dalle origini al Seicento*, (Roma- Bari : 120-147) ove ampia bibliografia, in particolare vedasi per il momento di nostro interesse: F. Giunta, *Il Vespro e l'esperienza della "Communitas Siciliae"*, in Storia della Sicilia, III, (Napoli 1980); Id., *La società mediterranea all'Epoca del Vespro*, Atti dell'XI Congresso di Storia della corona d'Aragona (Palermo-

Tuttavia il substrato solido di una millenaria tradizione permise la presenza di numerosi uomini colti, di artisti ed intellettuali, come dimostrano ad esempio le fonti relative a studenti e docenti di origine siciliana nelle più prestigiose Università italiane o l'importanza dello *Studium* catanese – prima Università siciliana quanto a fondazione— voluto da Alfonso il Magnanimo[9].

In tale ricco contesto emerse appunto un personaggio originale ed intrigante, Giovanni Aurispa[10].

Trapani-Erice 1982), I-IV, Palermo 1983; S. Tramontana, *Gli anni del Vespro, L'immaginario, la cronaca, la Storia*, Bari, 1989, P. Corrao, *Governare un regno. Potere, società e istituzioni in Sicilia fra Trecento e Quattrocento*, (Napoli:1991), V D'Alessandro, *Politica e società nella Sicilia aragonese*, (Palermo: 1963).

[9] G. Pardi, *Titoli dottorali conferiti dallo Studio di Ferrara nei sec. XV e XVI*, A. Marchi, Lucca, 1901; M. Catalano Tirrito, *L'istruzione pubblica in Sicilia nel Rinascimento*, «Archivio storico per la Sicilia orientale» pp. 132-157 fascc. I e II, pp. 421 sgg.; N. Rodolico, *Siciliani nello Studio di Bologna nel Medioevo*, in «Archivio storico siciliano», 1895: 145-270; A. Romano, *Studenti e professori siciliani di diritto a Ferrara tra medioevo ed età moderna*, in A. Romano (a cura di), *Diritto e società in Sicilia*, (Rubbettino, Soveria Mannelli-Messina: 97-134); G. Lombardo Radice, *I Siciliani nello Studio di Pisa sino al 1600*, in «Annali delle Università Toscane», XXIV (1904), pp. 1-74; F. Marletta, *I Siciliani nello Studio di Padova nel Quattrocento*, in «Archivio storico per la Sicilia orientale», 2-3 (1936-7), pp. 147-212; E. Librino, *I siciliani allo studio di Roma dal XVI al XVIII secolo*, « Archivio storico siciliano», I, 1935, pp.175-240; V. Casagrandi, *I Siciliani agli Studia di Medicina di Salerno e di Catania nel secolo XVII e il dottor Tezzano*, in «Atti dell'Accademia Gioenia», 80 (1903), memoria XVIII; A. Romano, *Giuristi siciliani dell'età aragonese*, Giuffré, Milano, 1979. Per un lungo elenco di 'graduati' carmelitani tra 1345 e 1575 vedi E. Boaga, *Presenza di religiosi siciliani nelle Università medioevali fuori Sicilia: il caso dei carmelitani*, in G. Zito (a cura di), *Chiesa e società... (secoli XII-XVI)* cit., pp. 156 sgg. Sull'Università in Sicilia nei secoli XV-XVII vedasi: R. Sabbadini, *Storia documentata della R. Università di Catania. Parte I. L'Università di Catania nel secolo XV*, Crescenzio Galàtola, Catania, 1898; M. Catalano Tirrito, *L'Università di Catania nel Rinascimento (1430-1600)*, in AA. VV., *Storia dell'Università di Catania, dalle origini ai nostri giorni*, Catania, Tip. Zuccarello & Izzi, 1934; G. Zito, a cura di, *Insegnamenti e professioni. L'Università di Catania e le città di Sicilia*, Maimone Editore, Catania, 1990; G. Nicolosi Grassi, A. Longhitano, *Catania e la sua Università nei secoli XV-XVII. Il codice "Studiorum constitutiones ac privilegia" del Capitolo cattedrale*, Il Cigno, Roma, 1995; C. Dollo, *Cultura del Quattrocento in Sicilia alle origini del Siculorum Gimnasium*, in *Siciliae Studium Generale. Contributi per la storia dell'Università degli Studi di Catania*, (G. Maimone Editore, Catania: 1990); M. Bellomo, *Modelli di Università in trasformazione: lo "Studium Siciliae generale" di Catania tra medioevo ed età moderna*, in *Chiesa e società in Sicilia. I secoli XII-XVI* cit., pp. 103-122; G. Nicolosi Grassi, *Per rinnovare lo Studium di Catania: le "riforme" del Monteleone (1522)*, in Studi in memoria di Mario Condorelli, (Giuffrè, Milano : 1988), vol. IV, pp. 215-246; A. Coco, A. Longhitano, S. Raffaele, *La Facoltà di Medicina e l'Università di Catania*, a cura di Antonio Coco, (Giunti, Firenze, 2000).

[10] Su Giovanni Aurispa possediamo un numero piuttosto limitato di studi rispetto all'importanza del personaggio e alla mole di testi antichi che commerciò e che tradusse. Indispensabili riferimenti sono: R. Sabbadini: *Biografia documentata di Giovanni Aurispa*, (Noto: 1891), su cui vedasi la recensione di G. Salvo Cozzo e la risposta del Sabbadini, in *Giornale storiografico di Letteratura italiana*, XVIII (1891) : 303-12, e XIX (1892) : 357-66; *Un epigramma dell'A.*.ibid., XXVIII (1896), pp. 341 s.; *Un biennio umanistico (1425-1426) illustrato con nuovi documenti*, ibid., suppl. n. 6 (1903): 74-119; *G. A. scopritore di testi antichi*, in *Historia*, I (1927), pp. 77-84; la voce nell'*Enciclopedia Italiana*, V, pp. 375 8.; per ciò che concerne l'attività dell'A. come scopritore di testi: R. Sabbadini, *Le scoperte dei codici latini e greci*

La personalità dell'Aurispa non fu isolata, infatti accanto a lui troviamo altri eminenti umanisti, così: Giovanni Tamagnini, Giovanni Marrasio, Giovanni Campiano, Antonio Cassarino, Antonio Beccadelli detto il Panormita. La fonte principale sull'Aurispa è il ricchissimo Epistolario in latino[11] di cui si occuparono nel passato Rocco Pirri[12], il Mongitore,[13] il Tiraboschi[14], il Voigt[15].

Giovanni Aurispa nacque a Noto, probabilmente nel 1372, anche se le fonti sono in dubbio se spostare al 1376 l'anno della sua nascita[16].

In alcuni documenti egli è chiamato Piciunerio o Piciuneri[17].

Tra la fine dell'800 e primi del '900, durante il periodo di docenza universitaria a nell'Ateneo catanese, Remigio Sabbadini, illustre fi-

---

ne' secoli XIV e XV, 2 voll., (Firenze 1905 e 1914), passim; e Storia e critica di testi latini, (Catania 1914, passim. Id. Carteggio di Giovanni Aurispa (a cura di Remigio Sabbadini), «Istituto Storico Italiano», Fonti per la Storia d'Italia, (Roma, 1931). Si vedano inoltre: G. A. Cesareo, Un bibliofilo dei Quattrocento, in Natura e arte, I (1892), pp. 958-964; R. Cessi, La contesa fra Giorgio da Trebisonda, Poggio Bracciolini e G. A. durante il pontificato di Niccolò V, in Arch. stor. per la Sicilia orientale, IX (1912), pp. 211-32; F. Ferri, Un epigramma di G. A. a Francesco Ferretti, in Athenaeum, III (1915), pp. 148-51; C. Sgroi, Anecdota Netina. Giovanni Aurispa bibliofilo e umanista in uno scritto inedito di M. Raeli, Catania 1932; W. L. Grant, On Giovanni Aurispa's name, in Philological Quarterly, XXXII (1953) : 219.

[11] Già dell'Epistolario tra l'Aurispa e Ambrogio Traversari si occuparono Edmond Martène, Veterum Scriptorum e Monumentorum amplissima Collectio, vol. III, Parisiis 1724, e Lorenzo Mehus, Ambrosii Traversarii Camald. Latinae Epistulae a Petro Canneto in libros XXV tributae, Florentiae 1759 (citati in R. Sabbatini, Carteggio di G.A., cit., VII; ivi il Sabbadini fornisce alcune notizie relative al Codice che riporta la corrispondenza tra i due umanisti: trattasi di Ambrosii Travrsarii, Camaldulensis Epistulae, ricopiato dal monaco benedettino Giovanni Mabillon nel XVII sec. e nel sec. XVIII dal monaco camaldolese Pietro Canneto: Ambrosii Traversarii Camald. Latinae Epistulae a Petro Canneto in libros XXV tributae, Florentiae 1759.). Il Sabbadini integra le lettere dell'Aurispa al Travesari e raccolte da quest'ultimo, con quelle dell'Aurispa al Panormita: entrambi i corrispondenti dell'Aurispa conservavano sia le proprie epistole che le risposte. Abbiamo anche le epistole scambiate con un altro umanista, il Filelfo, il quale, tuttavia, conservava solo la copia delle proprie lettere e non le risposte. Il Sabbadini cita anche alcune lettere contenute in due Codici vaticani: R. Sabbatini, Carteggio di G.A., cit., IX. Pare che anche l'Aurispa avesse pubblicato un proprio epistolario oggi scomparso. Oltre al Traversari furono corrispondenti del Nostro Giovanni campiano, Francesco Barbaro, Bartolomeo Guasco, il Panormita, Guarino Guarini, Niccolò d'Ancona, il Toscanella, Giovan Francesco Gonzaga, Tommaso Fregoso, Andreuccio Petrucci, il Filelfo, Lorenzo Valla, ed altri intellettuali coevi.

[12] R. Pirri, Sicilia sacra, Panormi, 1733, I; ...Marini, Archiatri pontificii, II...

[13] A. Mongitore, Bibliotheca Sicula, I, Panormi 1707.

[14] G. Tiraboschi, Storia della letteratura italiana, III, Milano: 1833.

[15] G. Voigt, Il risorgimento dell'antichità classica ovvero il primo secolo dell'umanismo, I, Firenze :1888.

[16] R. Sabbadini: Biografia documentata di Giovanni Aurispa, cit. : 7-9.

[17] R. Sabbatini, Carteggio di G.A., cit., X, ove anche altro riferimento bibliografico: M. Catalano Tirrito, L'istruzione pubblica in Sicilia nel Rinascimento, Catania, Giannotta Ed., 1911: 64 che riporta i Decreti regi (del 1404 e del1406) con cui Martino II, re aragonese di Sicilia, conferiva all'A. sussidi economici per recarsi allo Studium di Bologna dove approfondire il Diritto e le Discipline giuridiche.

lologo classico, ha ripreso in mano le carte relative a questo personaggio. Purtroppo dopo il Sabbadini ben poco si è approfondito sia il personaggio che il contesto in cui egli operò.

Oggi sto cercando di recuperale materiali che spero di riesaminare e proporre in veste ufficiale nei prossimi mesi.

In questa sede mi limiterò a pochi spunti.

Giovanni Aurispa fu umanista nel senso più ampio del termine: fu scopritore di codici antichi che trasse da scaffali dimenticati delle biblioteche di mezza Europa, tradusse testi classici, fece commercio di preziosi manoscritti, svolse attività diplomatica, compose opere personali ed originali.

Una delle prime notizie sulla sua vita la fornisce un epitaffio del 1411, presso la Cattedrale di Noto che porta la sua firma ed è apposto in una lapide dell'altare maggiore per ricordare l'amico ed umanista Giovanni Tamagnini[18].

Le altre notizie dalle Epistole in parte edite dal Sabbadini, nel 1891 e 1931, in parte ancora inedite e contenute in archivi come quello della Biblioteca Vaticana e dell'Archivio di Stato di Modena.

Sappiamo che fu, da giovine, cantore della Cattedrale di Noto, poi visse alcuni anni—tra il 1390 e primi del 1400 a Napoli, ricca ed influentissima città nella quale in quegli anni si contendevano il potere i due rivali angioini Ladislao e Luigi II.

Quindi frequentò lo *Studium* bolognese, tra il 1404 e il 1410, grazie a sussidi concessigli dal re Martino II – che era salito al trono nel 1402—nel 1404 e ne 1406[19]; qui approfondì il Diritto civile e frequentò il concittadino Giovanni Tamagnini, professore di filosofia all'Università di Bologna e cui dedicò, nel 1411, l'epitaffio citato.

Di due anni successivo è il primo importante viaggio in Grecia, presso l'isola di Chio[20]: probabilmente vi si recò per approfondire lo studio del Greco e per acquistare codici antichi. Infatti, condusse in Italia un codice contenente opere di Sofocle ed Euripide (una miscellanea ora in *Laurenziana, 71*).

---

[18] Graevius, *Thesaurus antiquit. Siciliae*, VII, p. 1206, ove l'indicazione: «Neetum, In aede maiori. Conscripta a Io. Aurispa Neetino Laur. Vallae doctore».
[19] Vedasi Nota 14.
[20] R. Sabbatini, *Carteggio di G.A.*, cit., XII.

Ed anche un Tucidide, venduto all'Umanista Niccolò Niccoli[21], un Odissea, un Focilide, un Erodiano, un Lessico di Polluce, un'anabasi di Arriano, una Storia Romana di Cassio Dione, le Vite dei Filosofi di Diogene Laerzio, alcune opere di Aristotele e di Teofrasto; inoltre un preziosissimo codice contenente l'Iliade commentata da Aristarco, in due voll., ora Codici Marcino-Veneti 453-454[22].

Probabilmente si era recato in quell'isola su incarico dei Racanelli, una nobile famiglia genovese dei un cui rampollo era insegnate di Greco e cui dedica un Epigramma oggi alla Vaticana[23]. Anche l'umanista Guarino Guarini, era stato inviato a Chio dalla medesima famiglia per ragioni culturali e diplomatiche.

Quindi troviamo Aurispa a Savona ove tenne contatti con il fratello del Doge di Genova, Tommaso Fregoso.

Nel frattempo, nel 1419, papa Martino V, appena eletto a Costanza, scese in Italia e si trattenne a Firenze, ove accorsero vari intellettuali tra cui l'Aurispa. In questo frangente il nostro riuscì ad introdursi nella corte papale con ottima accoglienza tanto da seguire Martino V a Roma, ove rimase sino al 1421.

La permanenza dell'Aurispa a Roma è particolarmente significativa, infatti qui divenne maestro di Greco di Lorenzo Valla, come ci testimonia una sua Epistola[24] oltre che la diretta testimonianza del Valla in una lettera a Leonardo Bruni Umanista di Arezzo, cui il Valla racconta della frequentazione con l'Aurispa[25].

Nel 1421 l'Aurispa compie un nuovo viaggio in Oriente per recarsi a Costantinopoli con una missione di Francesco Gonzaga presso l'Imperatore Manuele Paleologo[26].

L'anno successivo diviene imperatore Giovanni Paleologo che nominò l'Aurispa proprio segretario. L'imperatore in quel frangente regalò all'Umanista alcuni preziosi codici antichi[27].

---

[21] R. Sabbadini: *Biografia documentata di Giovanni Aurispa*, :11.
[22] R. Sabbatini, *Carteggio cit.*, : XIV.
[23] Iv*i*, XII.
[24] Cod. Ottoboniano 1153 f. 39.
[25] L. Valla e, *Opera*, Basilea 1540, 42.
[26] R. Sabbatini, *Carteggio di G.A.*, cit., : 5 Epistola IIII. : 39 Ep. XXIII.

[27] Ivi, cit., p. 11, Ep. VII.

Giovanni Paleologo partì nel 1423 in missione diplomatica verso l'Europa, nel tentativo di rafforzare il proprio regno, soprattutto in vista dell'incombente minaccia turca. Portò con sé, in questa delicata missione, proprio l'Aurispa che certamente svolse il ruolo anche di interprete per l'imperatore. Successive tappe del nostro umanista, l'incarico di docente di Greco presso lo Studium di Bologna (1424-1425). Indi passò all'insegnamento del Greco presso l'Università di Firenze (1425-1426) e fu ospitato dai figli di Palla Strozzi.

Infatti questa era la sede cui mirava e che considerava ideale come leggiamo in una sua epistola al Travesari[28] : "Nulla civitas est, in qua libentius esse velim, quam apud vos istic Florentiae; et praecipuum animi mei desiderium diu est, ut honeste in ista civitate vivere possim".

Da Firenze si recò a Ferrara, presso gli Estensi (1427), ove risiedete sino alla morte, con varie parentesi per viaggi: a Roma, a Basilea, come segretario della Curia pontificia.

A Ferrara Guarino Guarini gli aveva fatto ottenere il posto, ambito anche dal Panormita di precettore di Meliaduce, uno dei figli naturali del marchese Niccolò III d'Este[29].

Nel 1433 accompagnò il suo allievo Meliaduce al Concilio di Basilea[30], e che di qui mosse per un viaggio lungo il Reno verso Magonza, Colonia e Aquisgrana, durante il quale ebbe la fortuna di scoprire importanti codici latini. Negli anni successivi visse tra Firenze e Ferrara, e in occasione del concilio tenuto in questa città nel 1438-39 poté rifornirsi, dai dotti bizantini ivi convenuti, di nuovi codici greci. Nell'ultimo periodo della sua vita soggiornò a lungo in Roma, donde si recò tre volte a Napoli, sia per curare di persona alcuni suoi interessi, sia per rivedere il Panormita, il suo amico forse più caro.

Chiuse la lunga vita, durante la quale aveva potuto vedere (come egli scriveva[31]) tredici papi, a Ferrara, nell'ultima decade di maggio del 1459[32].

---

[28] Ivi. 25 e sgg.
[29] Ivi, XVI, ed Ep. XXXIII : 51-55.
[30] Ivi : XVI, ed Ep. LVIII : 74.
[31] Cod. Ottoboniano 1153 f. 34, e Vaticano 8914, f. 156.
[32] R. Sabbatini, *Carteggio di G.A.*, cit., XXIII

3. Aurispa umanista e mercante di codici

La figura di questo intellettuale ad oggi è rimasta piuttosto in ombra forse solo per una serie di circostanze contingenti: innanzi tutto l'Italia meridionale e la Sicilia sono state solo di rado oggetto di approfondimenti specifici sul periodo pre-umanistico ed umanistico. Generalmente è consolidato il luogo comune per cui la "rinascita" della Letteratura e della cultura alla fine del Medioevo gravita intorno a dei centri polarizzatori specifici, Firenze, Roma, Venezia.

In secondo luogo è sempre presente lo stereotipo che vede nella caduta di Costantinopoli e la conseguente fuga di "cervelli" verso Occidente il momento in cui viene conferito impulso alla riscoperta dei classici greci.

Abbiamo cercato sopra di chiarire brevemente come le regioni del Sud Italia fossero ricche di interessi culturali e letterari rivolti all'Antichità greco-latina autonomamente e precedentemente all'imporsi della Turcocrazia a Bisanzio.

La concentrazione di personalità di spicco in Sicilia non è casuale anche se si tende a svalutare la portata del fenomeno.

Così l'Aurispa è stato considerato poco rilevante come scrittore ed intellettuale nonostante fosse profondo conoscitore del Greco e del Latino, abbia composto epigrammi in quest'ultima lingua, abbia redatto traduzioni di testi classici (soprattutto Luciano di Samosata e Plutarco), abbia composto opere in stile lucianeo come il Dialogo tra la Virtù e Mecurio[33], ed altro ancora.

Si è enfatizzato invece un episodio piuttosto dubbio ed increscioso di cui fu protagonista insieme ad un altro ben più noto umanista, Poggio Bracciolini[34].

---

[33] Cod. dell'Università di bologna 2649, c.116 B: Aurispae, *De conquestu Virtutis,* a tal riguardo vedasi R. Sabbatini, *Carteggio di G.A.*, cit., XXII-XXIII e nota 7.

[34] R. Cessi, *La contesa fra Giorgio da Trebisonda, Poggio Bracciolini e Giovanni Aurispa durante il pontificato di Niccolò V*, cit.: 211-32, ove: «Loschi intrighi insieme con il Bracciolini, egli macchinò in Roma, negli ultimi anni della sua vita, contro il Trapezunzio, cercando per esempio di far credere scritte da questo due fittizie e oltraggiose lettere di Maometto II a Niccolò V, che invece erano state composte da Poggio».

L'Epistolario è di incredibile interesse storico, oltre che letterario visto che ci fornisce la corrispondenza pluriennale con personaggi in vista nella vita culturale e politica dell'epoca.

L'attività del Nostro che ha lasciato una traccia straordinaria è, però, quella di "filologo-mercante". Anche in questo caso si è svalutata l'immagine dell'Aurispa per il fatto che la ricerca di antichi codici non prescindeva dal loro commercio[35]: questo dato è presente lungo tutto l'Epistolario e non incide minimamente in senso negativo sulla valutazione dei meriti dell'Aurispa, anzi è esattamente il contrario.

Le sue stesse parole ci confermano con quanta passione si dedicasse al recupero dei manoscritti e alla loro disamina, sino al punto di barattare gli stessi indumenti, quando aveva esaurito il danaro:

"Fuit mihi iam a puero voluptuosum" egli dichiara in una epistola a Niccolò Speciale [36]"varia multaque legere. Quae res tantam. mihi cupiditatem habendi codices intulit, ut librorum, possessionem rebus omnibus praetulerim. Quo factum est, ut nihil aliud habeam. praeter codices, quorum tanta mihi multitudo est, ut nulla in Italia hodie bibliotheca sit quam. mea non superet: nec principum quidem excipio, nec praelatorum. Qua in re tantum aurum expendi, ut privatum hominem tantum aut potuisse aut ausum fuisse non credatur. Alii equos, multi domos, alii res alias sibi auro compararunt. Ego omnem industriam, omne argentum, vestimenta etiam saepe pro libris dedi. Nam memini Constantinopoli graeculis illis vestimenta dedisse, ut codices acciperem, cuius rei nec pudet nec poenitet".

Senza alcun dubbio Giovanni Aurispa fu eguale solo a Poggio Bracciolini nell'attività di scopritore di antichi manoscritti come indica l'Inventario dei testi che lasciò in eredità.[37]

Ma l'attestazione più rilevante è l'elenco dei manoscritti che egli scoprì e portò in Italia. Nel primo viaggio in Oriente del 1413; egli

---

[35] Così scriveva al Filelfo: "Totus es in librorum mercatura, sed in lectura mallem"; "Es tu sane librorum officina; sed ex ista tua taberna libraria nullus unquam prodit codex nisi cum quaestu".
[36] R. Sabbatini, *Carteggio di G.A.*, cit., XVI, ed Ep. LXXI, p. 91.
[37] INVENTARIO DEI LIBRI DI GIOVANNI AURISPA: *Descriptio Bonorum hereditatis quondam domini Johannis Aurispae*, Notaio Libanorio Corli, Matricola 81, Pacco 1, Schede 1459, c Ir.

recuperò in quell'occasione una *Iliade* in due volumi (i codici Marc. Ven. 453 e 454), un'*Odissea*, un manoscritto miscellaneo di Sofocle e di Euripide (Laur., Conv. soppr., 71), un Focilide, un Tucidide, alcune opere di Aristotele e di Teofrasto, l'*Anabasi* di Arriano, la Storia romana di Cassio Dione e le Vite dei filosofi di Diogene Laerzio. I manoscritti riportati dal secondo viaggio del 1421-1423 furono ben 238[38].

Vanno poi ricordati ancora un'*Iliade* e un'*Odissea* e inoltre un codice, ora perduto, degli *Inni* omerici; un manoscritto, anch'esso purtroppo perduto, dei Καθαρμοί di Empedocle; un Eschilo (Laur. 32, 9) e un Sofocle, congiunto col precedente; "multae κομῳδίαι" di Aristofane; "quani plurimae odae" di Pindaro; di Demostene "ferme onmia quaecumque scripsit"; le Orazioni e le *Lettere* di Eschine unite alle Epistole di Isocrate (*Helmst.* 902); tutte le opere di Senofonte; di Platone "quidquid scripsit"; di Aristotele l'Etica Εὐδήμια, i tre libri della *Rhetorica*, l'*Opus rhetoricum ad Alexandrum*, *De vaticinio in somniis*, *De his quae in orbe mira dicuntur*, *De machinis* e "plura alia"; molte opere di Teofrasto; l'*Argonautica* di Apollonio Rodio (*Laur.*32, 9) e gli *Inni* di Callimaco; i *Moralia* e i *Parallela omnia* di Plutarco; di Luciano "risus et seria omnia"; tutte le opere di Plotino e di Proclo; l'*Antologia Palatina* e l'*Antologia Planudea*; e infine parecchi testi sacri, fra cui due centinaia di lettere di Gregorio Nazianzeno e alcune orazioni di Giovanni Grisostomo[39].

L'interesse dell'Aurispa non era limitato ai soli autori greci infatti già dagli anni in cui si trovava a Costantinopoli recuperò opere di Cicerone, Sallustio, Virgilio, Plinio, Catullo, Tibullo, Properzio, Cornelio Celso, Livio, Marziale[40].

Inoltre egli stesso, nel suo viaggio in Germania, ebbe la fortuna di scoprire il *Panegirico* di Plinio a Traiano e il commento di Donato a Terenzio[41].

---

[38] R. Sabbatini, *Carteggio di G.A.*, cit.,
[39] R. Sabbatini, cit., XIX-XX.
[40] R. Sabbatini, cit., XX.
[41] R. Sabbatini, cit., XXI, ed Ep. LXVI, p. 81 sgg. ed Ep. LXXXXVI, p. 118-119.

Questa mia sintesi estrema dell'attività e dell'opera dell'Aurispa vuole solo porre l'accento sul personaggio e sul contesto in cui operò: l'ambiente siciliano ed italiano agli albori dell'Umanesimo.

Un ambiente in cui non furono pochi i personaggi rilevanti della cultura che impressero un'impronta indelebile nel recupero della classicità e nella creazione di nuovi stilemi artistici, comunque tributari dei un'imprescindibile e redità e continuità, quella del Mondo greco-romano.

BIBLIOGRAFIA

Benigno, Francesco e Giarrizzo Giuseppe (a cura di), *Storia della Sicilia*, Vol.1, Dalle origini al Seicento, Roma- Bari.

Boaga, Emanuele *Presenza di religiosi siciliani nelle Università medioevali fuori Sicilia: il caso dei carmelitani*, in G. Zito (a cura di), *Chiesa e società... (secoli XII-XVI)*.

Canart ,Paul, *Aspetti materiali e sociali della produzione libraria italo-greca tra Normanni e Svevi*, in Libri e lettori nel mondo bizantino, a cura di G. Cavallo, Bari 1990.

Canneto, Pietro, *Ambrosii Traversarii Camald. Latinae Epistulae a Petro Canneto in libros XXV tributae*, Florentiae 1759.

Casagrandi, Vincenzo, *I Siciliani agli Studia di Medicina di Salerno e di Catania nel secolo XVII e il dottor Tezzano*, in «Atti dell'Accademia Gioenia», 80 (1903), memoria XVIII.

Cassiodori, Aurelii, *Chronica*, ed. Mommsen, MGH, *Auct. Ant.* XI, pp.120-161.

Cassiodori, Aurelii, *Variarum libri XII*, 22, ed.FRIDH ,CC ,SL 96,1973.

M. Catalano Tirrito, *L'istruzione pubblica in Sicilia nel Rinascimento*, Catania, Giannotta Ed., 1911.

Id., *L'Università di Catania nel Rinascimento (1430-1600)*, in AA. VV., *Storia dell'Università di Catania, dalle origini ai nostri giorni*, Catania, Tip. Zuccarello & Izzi, 1934.

Cavallo, Guglielmo, *Libri greci e resistenza etnica in Terra d'Otranto*, in Libri e lettori nel mondo bizantino, a cura di G. Cavallo, Bari 1990.

Cesareo, Giovanni Alfredo, *Un bibliofilo dei Quattrocento*, in *Natura e arte*, I (1892), pp. 958-964.

Cessi, Roberto, *La contesa fra Giorgio da Trebisonda, Poggio Bracciolini e G. A. durante il pontificato di Niccolò V*, in *Arch. stor. per la Sicilia orientale*, IX (1912), pp. 211-32;

Coco, Antonio, Longhitano, A. S. Raffaele, *La Facoltà di Medicina e l'Università di Catania*, a cura di Antonio Coco, Giunti, Firenze, 2000.

Corrao, Pietro, *Governare un regno. Potere, società e istituzioni in Sicilia fra Trecento e Quattrocento*, Napoli 1991.

D'Alessandro, Vincenzo, *Politica e società nella Sicilia aragonese*, Palermo 1963.

Dollo, Corrado, *Cultura del Quattrocento in Sicilia alle origini del Siculorum Gimnasium, in Siciliae Studium Generale. Contributi per la storia dell'Università degli Studi di Catania*, G. Maimone Editore, Catania, 1990.

Fortescue, Adrian, *The uniate Eastern Churches. The byzantine rite in Italy, Sicily, Syria and Egypt*, London 1923.

Garin, Eugenio, Giorgio A Pinton, *History of Italian Philosophy*, Rodopi, Vol. I, 2008, online.

Gigante, Marcello, *Poeti bizantini di Terra d'Otranto nel secolo XIII*, Napoli 1979.

Id., *La civiltà letteraria, AA.VV. I Bizantini in Italia*, 1986.

Id., *Eugenii Panormitani versus jambici*, Palermo 1964 («Istituto siciliano di Studi bizantini e neoellenici. Testi», 10).

Giunta, Francesco, *Il Vespro e l'esperienza della "Communitas Siciliae"*, in Storia della Sicilia, III, Napoli 1980.

Id., *La società mediterranea all'Epoca del Vespro*, Atti dell'XI Congresso di Storia della corona d'Aragnona (Palermo-Trapani-Erice 1982), I-IV, Palermo 1983.

Wiliam Lawson, *On Giovanni Aurispa's name*, in *Philological Quarterly*, XXXII (1953), pp. 219.

Huges, Andrew, *Barlaam*, in Stanley Sadie (a cura di), *The New Grove Dictionary of Music and Musicians*, Macmillan, Washington, 1980.

Impellizzeri, Salvatore, *Bàrlaam Calabro*, in *Enciclopedia Treccani*, online, Chr. Kleinhenz,*Medieval Italy: An Encyclopedia. Volume 1, A to K*, Routledge, 2004, online.

Inventario Dei Libri Di Giovanni Aurispa: *Descriptio Bonorum hereditatis quondam domini Johannis Aurispae*, Notaio Libanorio Corli, Matricola 81, Pacco 1, Schede 1459, c Ir.

Làudani, Maria, *La Sicilia in età ostrogota: ripristini, restauri urbanistici, manufatti*, Tesi sperimentale di Laurea, Università degli Studi di Catania, A.A. 2001-2002.

Ead., *Persistenze culturali greco-classiche e bizantine nell'Italia meridionale tra l'VIII ed il XIV sec.: il "pre-umanesimo degli italo-greci"*, in Porphyra n.6: "Bisanzio, narrazione di una civiltà colta", Anno 2005 Dicembre numero 6, pp. 85-97.

Lavagnini, Bruno, *Siracusa occupata dagli Arabi e l'epistola del monaco Teodosio*, in «Byzantion», 23-30 1959-1960.

Id., *Filippo-Filagato e il romanzo di Eliodoro,«Επετηρίς Εταιρείας Βυζαντινων Σπουδων»*, XXXIX-XL, 1972-1973.

Id., *Filippo-Filagato promotore degli studi di greco in Calabria*, «Bollettino della badia di Grottaferrata», n.s. XXVIII, 1974.

Librino, E.nrico, *I siciliani allo studio di Roma dal XVI al XVIII secolo*, « Archivio storico siciliano», I, 1935, pp.175-240.

Lombardo Radice, Giuseppe, *I Siciliani nello Studio di Pisa sino al 1600*, in «Annali delle Università Toscane», XXIV (1904), pp. 1-74;

Mack Smith, Denis, *Storia della Sicilia medievale e moderna*, Roma- Bari, 1994.

Marletta, Francesco, *I Siciliani nello Studio di Padova nel Quattrocento*, in «Archivio storico per la Sicilia orientale», 2-3 (1936-7), pp. 147-212;

Martène, Edmond, *Veterum Scriptorum e Monumentorum amplissima Collectio*, vol. III, Parisiis 1724.

Mercati, Giovanni, *L'eucologio di S. Maria del Patir*, in Opere minori, IV, Città del Vaticano 1937, pp. 469-486.

Mehus, Lorenzo, *Ambrosii Traversarii Camald. Latinae Epistulae a Petro Canneto in libros XXV tributae*, Florentiae 1759.

Mongitore, Antonio, *Bibliotheca Sicula*, I, Panormi 1707.

Nicolosi Grassi, Giuseppina, *Per rinnovare lo Studium di Catania: le "riforme" del Monteleone (1522)*, in Studi in memoria di Mario Condorelli, Giuffrè, Milano, 1988, vol. IV, pp. 215-246.

Nicolosi Grassi, Giuseppina e Longhitano, Adolfo, *Catania e la sua Università nei secoli XV-XVII. Il codice "Studiorum constitutiones ac privilegia" del Capitolo cattedrale*, Il Cigno, Roma, 1995.

Pardi, Giuseppe, *Titoli dottorali conferiti dallo Studio di Ferrara nei sec. XV e XVI*, A. Marchi, Lucca, 1901.

Pertusi, Agostino, *Aspetti organizzativi e culturali dell'ambiente monacale greco dell'Italia meridionale*, in «Scritti sulla Calabria greca medievale», Soveria Mannelli, 1994.

Id., *I Normanni e la rinascita del sec. XII*, in Archivio storico per la Calabria e la Lucania, 60 (1993).

Id., *Leonzio Pilato e la tradizione di cultura itala-greca*, in Byzantino -sicula, Palermo 1966.

Id., *Il ritorno alle fonti del teatro greco classico: Euripide nell'Umanesimo e nel Rinascimento*, Firenze 1966.

Id. *Le fonti greche del «De gestis moribus et nobilitate civitatis Venetiarum» di Lorenzo de Monacis cancelliere di Creta (1388-1428)*, in «Italia Medievale e Umanistica», VII, 1965.

Id., *Leonzio Pilato tra Petrarca e Boccaccio*, Venezia-Roma 1964.

Id., *Leonzio Pilato a Creta prima del 1358-59. Scuole e cultura a Creta durante il secolo XIV*, in «Κρητικά Χρονικά», 15-16, 1961-62, II.

Id., *La scoperta di Euripide nel primo Umanesimo*, in «Italia Medievale e Umanistica», III, 1960;

Piri, Rocco, *Sicilia sacra*, Panormi, 1733.

Procopii Caesariensis, *De bello gotico*, ed. Wirth, II ,1963(ristampa ed. Haury 1905-1913), III, 14-22.

Rodolico, Niccolò, *Siciliani nello Studio di Bologna nel Medioevo*, in «Archivio storico siciliano», 1895, pp. 145-270.

Romano, Andrea, *Giuristi siciliani dell'età aragonese*, Giuffré, Milano, 1979.

Id., *Studenti e professori siciliani di diritto a Ferrara tra medioevo ed età moderna*, in A. Romano (a cura di), *Diritto e società in Sicilia*, Rubbettino, Soveria Mannelli-Messina, 1987.

Sabbadini, Remigio, *Storia documentata della R. Università di Catania. Parte I. L'Università di Catania nel secolo XV*, Crescenzio Galàtola, Catania, 1898.

Id., *Biografia documentata di Giovanni Aurispa*, Noto 1891.

Id. *Giornale storiografico di Letteratura italiana*, XVIII (1891), pp. 303-12, e XIX (1892), pp. 357-66.

Id.,*Un epigramma dell'A.*.ibid., XXVIII (1896), pp. 341 sgg.

Id., *Un biennio umanistico (1425-1426) illustrato con nuovi documenti*, ibid., suppl. n. 6 (1903), pp. 74-119.

Id., *G. A. scopritore di testi antichi*, in *Historia*, I (1927).

Id., *Le scoperte dei codici latini e greci ne' secoli XIV e XV*, 2 voll., Firenze 1905 e 1914, *passim*.

Id., *Storia e critica di testi latini*, Catania 1914, *passim*.

Id. *Carteggio di Giovanni Aurispa* (a cura di Remigio Sabbadini), «Istituto Storico Italiano», *Fonti per la Storia d'Italia*, Roma, 1931.

Saitta, Biagio, *La Sicilia fra incursioni vandaliche e dominazione ostrogota*, in "QS", 1987 pp. 363-417. Id. *La civilitas di Teodorico. Rigore amministrativo, "tolleranza" religiosa e recupero dell'antico nell'Italia ostrogota*, Roma 1993.

Scaduto, Marcello, *Il monachesimo basiliano nella Sicilia medievale. Rinascita e decadenza, sec.XI –XIV*, Roma 1947, pp. VII-XVII.

Sgroi, Carmelo, *Anecdota Netina. Giovanni Aurispa bibliofilo e umanista in uno scritto inedito di M. Raeli*, Catania 1932.

Tiraboschi,Girolamo, *Storia della letteratura italiana*, III, Milano 1833.

Tramontana, Salvatore, *Gli anni del Vespro, L'immaginario, la cronaca, la Storia*, Bari, 1989.

Voigt, Georg, *Il risorgimento dell'antichità classica ovvero il primo secolo dell'umanismo*, I, Firenze 1888.

Zito, Gaetano, a cura di, *Insegnamenti e professioni. L'Università di Catania e le città di Sicilia*, Maimone Editore, Catania, 1990.

Negotiating the Distance
African and Sicilian bonds in Ragusa's *The Skin Between Us*

Cinzia Marongiu
JOHANNES GUTENBER UNIVERSITÄT IN MAINZ

Mary Jo Bona, addressing the situation of Italian American literature, describes female American writers of Italian descent, "critiquing and recreating their relationship to the Italian culture in their novels" (7). Kym Ragusa is an example of this "recreation" of Italian American literature. Through her memoir *The Skin Between Us*, Ragusa moves banks, rethinks the limits previously considered fixed and impassable and also puts in discussion the concept of color and race.

Kym Ragusa, the daughter of an Italian American man of Sicilian and Calabrian ancestry and a African American woman, was born in 1966 when being a biracial child was still a big challenge. At the time, the process of mixing itself was still ruled by racial laws that prohibited marriage between races in many States of America. As Peggy Pascoe argues:

> The right to marry across racial lines rarely seemed as important as challenging racial discrimination in jobs, housing or political rights. Consciously or unconsciously, most Blacks preferred to marry among themselves. (168)

The same can be said of the *in-between* groups seeking "white" rights and privileges (like the Italians, Poles, Jews, Irish, and Russians), mixing would have damaged their social position (Matthew Frye Jacobson, 1999; Jennifer Guglielmo and Salvatore Salerno, 2004; David R. Roediger, 2005). In other words, the ability of these racial minorities to be defined as white depended on the racial exclusion of the others. For this reason, it was important distancing themselves from the blacks and showing their racial superiority (Romano, 50-53).

Interracial relationships was a taboo mostly because the line between black and white was unstable, and if having an affair with a black woman could be scandalous and shameful, having a child could lead to a loss of the white status. Therefore, as Kym Ragusa reveals in *The Skin Between Us*, her "birth was not met with the usual fanfare" (31).

Ragusa's biracial background put her at huge disadvantage since early childhood. Belonging to two antipodal Harlem communities: the West Harlem where her grandmother Miriam lives and the East Harlem where her grandmother Gilda emigrated from Italy, Kym Ragusa has to cross every day the borderline of the white and black world. She feels literally in her own skin the endless contradictions of color hierarchy.

But Kym's problems started even before she was born, when her parents had to face the hostility of their own communities:

> When my parents walked together in Harlem, black men would sometimes threaten my father, and yell at my mother, "*What's the matter, you too good for a black?*" When they walked together down town white men would spit on them. (28)

Ragusa's parents lacked of support even from their families. Gilda seemed very preoccupied about people talking and for *la vergogna*, the shame. She didn't want her son to have a relationship with a *moulignan*, an insult Italian American used to indicate Black people. Also Luigi, her grandfather, had a very racist and sexist opinion about this relationship, he sees his son transgression as an affirmation of his manhood.

> Luigi was philosophical. His son was an American, after all, and a man. Let him have a little fun. But if my father's sister ever brought a black man home, he would kill her. (29-30)

The young couple countered the same racism at Ragusa's the maternal house, in fact her grandmother Miriam racialized Ragusa's father for his origins in a similar way.

> She hadn't known what to expect when my mother first told her she was dating a white man. Face to face with my father, she could barely hide her disappointment. She believed, as many other black

people did, that Italian Americans were nothing but Mafiosi, racists, and republicans. If my mother was going to aim for a white man why not something better? My father was barely white. [...] Finally, Miriam got up and told my father to leave, told him that he couldn't see my mother again. *You're going to ruin my only daughter*, she called out behind him as she shut the door. *You're nothing but poor white trash!* (28-29)

The "fluctuating sense of racial identification" between the almost whiteness of her Italian American family and the *quasi* blackness of her African American family (Giunta: 2003, 225) triggers a reflection on color and the significance of race. Ragusa suggests that race is actually a social construct rather than a biological feature (Romeo: 2006).

The title itself, *The Skin Between Us*, embodies an ambivalence that suggests the ambiguity of the color and the race. The skin folds or unfolds our identity; it means both separation and belonging. The skin is a site of exposure and connectedness or a sealed container. Ragusa makes her skin the starting point of her identity quest, the site where her two ethnic sides meet each other. In fact, while the memoir illustrates the differences between the two cultures through a series of juxtapositions of ethnical identifiers, (soul food, conservative women, tightly knit patriarchal family on the one hand, tenacious independent women and matriarchal families on the other) it also creates many interconnections to show the many affinities her two community of belonging share: the skin is the first one.

As Graziella Parati points out in *Migration Italy*, Italians, because their darker complexion, "have experienced on their own skin the slippery nature and the ambiguity involved in assigning a color to a cultural identity" (27). Ragusa describes very well the "slippery nature" of the color when she talks of the physical characteristics of her family members. For instance her African American grandmother, Miriam, could pass for white. She was born in Philadelphia in a district where Germans, Native Americans and African Americans mixed together; as a result she had white skin and light eyes (Ragusa: 2006). On the contrary Ragusa's father had dark skin and curly hair; paradoxically, he was even darker than her African American family, as she underlines: "My father was barely white. Sitting in this room in Harlem with Miriam and my mother, in fact he was the darkest one there" (29). Ironically, because this switch of physical ethnic traits, Miriam complains about Kym's inheriting some African characters from her father side: "Miriam railed against my father, whose hair is also tightly curled, for ruining mine, for tainting it, those damned Sicilians with their African blood" (56).

In the memoir, Italian American and African American often compensate each other, as if they were two side of the same coin. For example, Ragusa reveals that her first acknowledgments *italianità*, her Italian identity, were given to her by her African American grandmother that used to read her a book of Greek Mythology, Ragusa affirms: "Miriam would remind me again and again that the myth took place in Sicily, long, long ago: "This is your story, this is where your father's people come from" (105-106). On the other hand, she was first exposed to jazz music thanks to her father who would play the records for her and tell her about the music of his favorite African American musicians when she was a child.

At other times, Ragusa describes her two ethnic sides as mirror images of one another or reconciles them into a single image where all the dichotomies disappear, like in the passage of the Madonna of Mount Carmel procession in Harlem. Here, Ragusa draws a suggestive similitude of Italian and African women:

> Italian women would carry huge tiers of lighted candles on their heads as they walked in the procession, almost as though they were returning home from well or the field. [...] It's such an African image to me, a woman carrying what is most precious on her head: water, grain, fire. (143)

This ancestral image transcends geographic and mental borders and suggests that African Americans and Italian Americans interconnection is as old as time.

A similar parallelism is also suggested when Ragusa compares the journey of her African and Italian ancestors "one forced, one barely voluntary[,] [t]wo homelands left far behind." (18) The history of discrimination against Italian American in the United States certainly does not approach the level that African Americans have experienced. Yet, both of them didn't know where they were going, "[a]ll that existed for the Italians was a vast map of inhabitable space in the other hemispheres" (Viscusi, 69). Analogously, the captive Africans "knew for certain only that they were been removed farther and farther from their homes." (Schneider and Schneider, 28-29) Kym Ragusa suggests that both African and Italian Americans endure a painful and arduous journey that brought them to the end of the(ir) world where, inevitably, they had to give up their original identities and re-create new ones.

WHERE ITALY IS KICKED BACK TO AFRICA

With writing *The Skin Between us*, Ragusa reconciles her Italian and African identities and finds a crossroad where her ancestral backgrounds can meet. The connector of her mix heritage is Sicily. As recently Gardaphè has written in *Re-Inventing Sicily in Italian American Writing and Film*,

"Sicily serves as a source from which writers can create artistic antidotes to what they perceive as socio-cultural ills spawned in and by the United States. American writers go to Sicily, actually or through their imagination, in search of what they cannot find in the United States" (56).

Sicily, the land of myth and history, evokes to the author memories and trajectory lost in time, in a sense, it is the place where the mixing and the negotiation of the cultural and social traits of Africans and Italians have started:

> My paternal grandfather migrated from Sicily to Calabria. By the beginning of the twentieth century most of my family had left Calabria for New York. But I have another connection to this part of the world: Sicily is the cross roads between Europe and Africa, the continent from which my maternal ancestor were stolen and brought to slavery in Maryland. (18)

The journey to Sicily really serves Ragusa as "an antidote" to her identity dilemma. In fact, not only this island embodies and connects the many themes of the memoir but also, in the end of the book, it helps Ragusa to revalue her *in-between-ness*.

Kym's strong connection to the Mediterranean Island is stressed in her description of its landscape; Sicily is portrayed as feminine body that almost reflects her physiognomy:

> the island's body unfolding like a woman's, all curves and undulation as far as the eyes can see. The earth itself is variegated, patches of green fields and brown fields, and black fields where the soil has been turned, dark wrinkled outgrowths of rock, and gray snaking roads. It looks like skin. (234)

But it is in the diverse people of this island and its history that she recognizes herself and she finds the linking point with her ancestors.

> [T]he site of thousands of years invasion and violation, accommodation and amalgamation. It had been claimed by the Greeks, Romans, Phoenicians, Arabs, Normans, Spanish, and French. […] My Italian ancestor those who came from this island […] were a mingled people whose disputed bloodlines had found their way to me. (234)

The memoir has a circular structure it opens and it closes with the author's journey to Sicily. She goes inwards the island from Messina to Palermo, and proceeds like in an inverted funnel from big, wide places (the sea, the island, the mountain and countryside) to a smaller place (the city of Palermo) and then a much smaller site (a suburb). The re-sizing of the landscape around her reflects the deepening introspection of her journey. The more she discovers the island the better understands her identity. Moreover, her self-discovery leads to reflect on the politics of color inherent the new cultural contest in Italy.

Once she reaches the island from Stretto di Messina, Kym goes to the top of Rocca di Cecere, the "mountain on which Enna clings"

(233), where she can contemplate the all islands. From Enna she heads to Palermo. In Palermo, she visits La Kalsa, once an Arab neighborhood, now the home of the immigrants from Asia and Africa, it is the place where she remaps and her ethnic background blends and reconciles, but also a liminal space where she reflects on the new cultural contest in Italy.

This neighborhood of Palermo is a social and racial variegate microcosm, where native-born Italians rub shoulders in daily life with refugees and immigrants from widely different origins. It seems that many South of the world converge and mingle here: Bengali girls speaking in Sicilian, boys listening to rap music, Sicilian women sitting outside in their chair and a young prostitute trying look whiter to attract Sicilian men.

La Kalsa, getting rough at night resemble to the Harlem of her childhood, as Ragusa's Sicilian friend suggests: "Palermo is like your Harlem, we are the blacks of Italy. And La Kalsa is the Harlem of Palermo" (235).

These words not only bridge the two geographic areas around which this memoir is built, Harlem to Palermo, America and Sicily, and consequently her two communities of belonging, but also "black of Italy" evokes the initial image of her dark skinned father, the mass emigration of southern Italian and the legacies of the racialized Southern Italian. Moreover, as Caterina Romeo aptly put it, talking about La Kalsa, Ragusa also reflects on the many changes Italian society is going through and on the fact that the race and racism is a complex discourse that still needs to be articulated (Romeo: 2006).

As a result Sicily is not simply the connection point of her family and her story, but also is the border where the global South meets. This connection is vividly illustrate in the passages of the Epilogue when Kym encounters Amelia, a young woman from Portugal whose mother was from Angola she meets in La Kalsa, she reveals to be "excited to have found each other, two biracial women from different ends of Africa diaspora, each of us with a strong emotional connection to Sicily."

In Sicily, and in the liminal space of La Kalsa, Kym completes her quest. Here, where many worlds contaminate, she finally bridges the gap between her cultures and ethnicities. Eventually she discovers that her multi-ethnicity is a valuable quality she has to protect.

The memoir ends with the evocative image of Kym emerging from the narrow funnel street of La Kalsa and seating in a wide lawn near the harbor, where she contemplates a group of boys playing soccer: "Some of the boys were African, their skin black obsidian against the olive and light brown skin of the Sicilians"(237). For a moment she feels displaced "was it Palermo, or Cairo, or Lagos, or Harlem?" (237). Eventually, this city can be everywhere since it is the paradigm of every border in the world. Hence, at this border, where the white meets the black, where the North meet the South, she feels reborn and she can choose to be whatever she wants.

Ragusa's memoir attempts to represent an articulation of race and nation that underwent a rapid and irreversible transformation in Europe and in America, and it illustrates an ongoing interrogation of Italian racial and national identity formation. Sicily's proximity to Africa rendered it a space of permeability, an area where the borders, figuratively and literally dissolve, Ragusa interpreted it very well when she portraits La Kalsa, in fact, the variegate mix of people of La Kalsa becomes a trope of communication and encounter.

The novelty of *The Skin Between us* lies in its ability to show Italianness from the point of view of Africanness and vice-versa "recreating," to use Bona word, a connection that has always existed, but was lost. Recently many Italian and Italian American writer have been exploring the interconnection between race and class and the meaning of whiteness. (Guglielmo and Salerno: 2003; Lombardi-Diop and Romeo: 2012; Matteo and Stefano Bellucci: 1999, Giuliani and Lombardi-Diop: 2013; Stella: 2015; Parati: 2005) Ragusa was probably influenced by some of these studies (Giunta: 2002; Guglielmo and Salerno: 2003; Romeo: 2006), but her vigorous determination to deconstruct race and stereotyped ethnic identity is more of a prerogative of African American writers, that she brings to Italian American tradition.

BIBLIOGRAPHY

Bona, Mary Jo. *Claiming a Tradition: Italian American Women Writers.* Carbondale and Edwardsville: Illinois University Press, 1999.

Gardaphè, Fred. "Re-Inventing Sicily in Italian American Writing and Film." *Melus*, 28.3, Italian American Literature (2003): 55-71.

Giuliani, Gaia and Lombardi-Diop, Cristina (eds.) *Bianco e nero: storia dell'identità razziale degli italiani.* Firenze: Le Monnier, 2013.

Giunta Edvige. *Writing with an Accent: Contemporary Italian American Women Authors.* New York: Palgrave, 2002.

_____. "Figuring Race." In *Are Italian White? How race is made in America.* Eds. Jennifer Guglielmo and Salvatore Salerno. New York and London: Routledge, 2003. 224-233.

Gugliemo, Jennifer and Salerno, Salvatore (eds.) *Are Italians White? How race is made in America.* New York and London: Routledge, 2003.

Jacobson, Frye, Matthew. *Whiteness of a Different Color.* Cambridge: Harvard Press, 1999.

Karagoz, Claudia, and Summerfield, Giovanna (eds.) *Sicily and the Mediterranean, Migration, Exchange, Reinvention.* New York: Palgrave Macmillan, 2015.

Matteo, Sante and Bellucci, Stefano (eds). *Africa Italia: due continenti si avvicinano.* Santarcangelo di Romagna: Fara Editore, 1999.

Ragusa, Kym. *The Skin Between Us.* New York: Northon Company, 2006.

_____. *La pelle che ci separa.* Roma: Nutrimenti, 2006.

_____. "Sangu du Sangu Meu: Growing Up Black and Italian in a Time of White Flight."In *Are Italian White? How race is made in America.* Eds. Jennifer Guglielmo and Salvatore Salerno. New York and London: Routledge, 2003. 213-223.

_____. "Vulnerability and Risk: Learning to Write and Teach Memoir as a Student of Louise DeSalvo. In *Personal Effects: Essays on Memoir, Teaching, and Culture in the Work of Louise DeSalvo.* Eds. Nancy Caronia and Edvige Giunta. New York: Fordham University Press, 2015. 105-110.

Roediger, David R. *Working Toward Whiteness: How America's Immigrants Became White.* New York: Basic Books, 2005.

Romano, Renee, Christine, *Race Mixing: Black-White Marriage in Postwar America*. Cambridge: Harvard University Press, 2003.

Romeo, Caterina. "Una capacità quasi acrobatica." In *La pelle che ci separa*. Kym Ragusa. Roma: Nutrimenti, 2006. 249-270.

_____. *Narrativa tra due sponde*. Roma: Carocci Editore, 2005.

Parati, Graziella. *Migration Italy: The Art of Talking Back in A Destination Culture*. Toronto: University of Toronto Press, 2005.

Pascoe, Peggy. *What Comes Naturally: Miscegenation Law and the Making of Race in America*. New York: Oxford University Press, 2009.

Schneider, Dorothy and Schneider, Carl J. *Slavery in America*. New York: Infobase Publishing, 2007.

Stella, Gian Antonio. *L'orda quando gli immigrati eravamo noi*. Milano: BUR, 2015.

Tamburri, Anthony Julian, "Second Thoughts in the Diasporic Culture of Italians in America: Here, There, Wherever." *Italiaca* 83.3-4 (2006): 720-728.

Viscusi, Robert, "Divine Comedy Blues." *Beyond the Margins: Readings in Italian Americana*. Eds. Paolo Giordano, Anthony Julian Tamburri, Madison: Dickinson University Press, 1998, 69-79.

La cultura del dialogo come percorso verso la pace nei "Mediterranei"

Luisa A. Messina Fajardo
Università di Roma Tre

LA CULTURA DEL DIALOGO COME PERCORSO VERSO LA PACE

Il tema del dialogo tra le diverse culture è piuttosto studiato, anche recentemente è uscito un volume dedicato a questo argomento che raccoglie gli atti della IV Giornata di Studi Ispanici del Mediterraneo, organizzata dall'Associazione Italo Venezuelana Casa Caribana[1]. Si tratta senza dubbio di un tema, per nulla scontato in epoca contemporanea.

Paul Ricoeur (Cfr Jiménez e Chirinos: 2015:16), a questo proposito, afferma: "Bisogna passare da una società impostata individualisticamente ad una vita sociale fondata sulla reciprocità e cooperazione"[2]. Gaspare Mura (Cfr. Jiménez e Chirinos, 2015:19-32), nel suo saggio, sostiene che in un mondo sempre più interconnesso, parlare di queste dinamiche è una questione di sopravvivenza. Difatti, egli afferma che bisogna: "Maturare la capacità di comprendere la diversità dell'altro, traducendola nella nostra cultura, senza indebiti assorbimenti e riduzionismi salvaguardando la diversità e la dialogicità" (21). In un incontro con l'altro, che deve essere fondato sul rispetto e sul mutuo riconoscimento, ciò che è importante, è la ricerca di quello che abbiamo in comune. Un esempio di mutuo riconoscimento si manifesta nell'attività di traduzione, la quale esercita questa operazione di interscambio, riprendendo l'originaria affinità delle lingue. Il traduttore deve far sì che il messaggio veicolato sia una esaltazione di ciò che abbiamo in comune, come l'autore ricorda citando Benjamin: "L'incontro con l'altro è autentico solo se ci si pone alla ricerca di

---

[1] *Casa Caribana* si propone di valorizzare il legame storico e le comuni tradizioni tra i paesi del Mediterraneo ed il continente latinoamericano. In una società multiculturale sempre più diffidente *Casa Caribana* desidera favorire l'integrazione sociale e migliorare, quindi, i rapporti interpersonali. http://www.casacaribana.com/associazione

[2] L'edizione di riferimento del nostro studio e quella a cura di Magdalena Jiménez Naharro e Karín Chirinos Bravo, *La cultura del dialogo come percorso verso la pace. Speciale José Antonio Abreu. IV Giornata Siciliana di Studi Ispanici del Mediterraneo* (Aracne, Ariccia:2015).

quella prima lingua in cui la nostra lingua e quella dell'altro trovano origine e senso" (Cfr. Mura, 2015:23). La traduzione diventa quindi uno strumento per comprendere l'altro in maniera etica. Ricoeur (Cfr. Mura, 2015:19-32), afferma che il concetto essenziale è quello del "dialogo ispirato all'etica del riconoscimento" (28), ed è proprio su questo riconoscimento che Mura definisce una sfida, con la quale la società del futuro dovrà confrontarsi. Il professor Mura, rifacendosi a Ricoeur, crede che al di là della disputa tra l'idea di una "lingua delle origini" e del relativismo linguistico si possa parlare di felicità della traduzione basata sull'"ospitalità linguistica"[3], che veda le differenze linguistiche come una "benedizione di Babele". Infatti proprio grazie alla distruzione della torre ed alle difficoltà di costruzione del dialogo, gli uomini hanno l'esigenza di comprendersi reciprocamente. Perciò diviene necessario che la traduzione avvenga nella prospettiva etica dell'incontro e del riconoscimento con l'altro, senza indebiti assorbimenti e riduzionismi ma anche senza tradire il proprio orizzonte linguistico e culturale, al fine di realizzare un'unione emblematica che arricchisce la civiltà umana.

Tutto questo discorso, ci rimanda anche ad un altro punto fondamentale: come ci ricorda Carolina Carriero nel suo saggio (Cf. Jiménez e Chirinos, 2015: 33-40), e cioè che lo sforzo che dovremo fare nel futuro sarà quello relativo all'importanza dell'educazione alla filosofia per le giovani generazioni, che può certamente insegnare molto al dialogo con l'altro, ma anche con sé stessi. L'autrice afferma che nei confronti dell'altro non bisogna essere aggressivi, non bisogna sopraffare l'altro, bensì bisogna stargli accanto "senza rubarne il respiro". Questo può essere inteso attraverso lo studio della filosofia grazie al suo importantissimo ruolo pedagogico, al fine di formare in maniera etica la struttura della persona, la quale può trarre dai saperi filosofici degli elementi cardine della propria esistenza, sui quali poter poi vivere una vita bilanciata e con i quali poter costruire il proprio carattere. Quali sono quindi questi elementi caratterizzanti l'identità di

---

[3] *Hospitalité langagière* intesa come il modo corretto di comprendere e tradurre la lingua dell'altro pur riconoscendone e rispettandone le differenze. "Ospitalità linguistica quindi, in cui il piacere di abitare la lingua dell'altro è compensato dal piacere di ricevere presso di sé, nella propria dimora di accoglienza, la parola dello straniero" (2015:28).

una persona che la filosofia aiuta a fissare? L'autrice ricorda: scelta, autodeterminazione, autoeducazione e dominio di sé. Tutti questi elementi fondamentali possono essere utilizzati come arma, chiaramente "bianca" come ricorda Carolina Carriero, contro i rischi del "sé variopinto" (2015:37). La filosofia diviene un ottimo sistema di insegnamento al dialogo poiché consente di imparare ad ascoltare sé stessi e gli altri (2015:38).

Il dialogo è un processo in continua costruzione che deve necessariamente partire da un soggetto aperto alla relazione con gli altri. L'autrice termina l'articolo con una bellissima citazione dal libro di María Zambrano che rappresenta appieno l'idea di essere in grado di ascoltare realmente la propria interiorità per poterla esprimere pienamente al cospetto dell'altro; difatti Aristotele per uscire dalla situazione di solitudine e smarrimento cercò di far risuonare con la lira i numeri della sua anima e per far questo "dovette passare per molte cose presenti nella sua anima, dovette patire la vita non vissuta e quella vissuta a metà, dovette esaurire l'amore, l'angoscia e perfino la pazzia e il delirio, dovette delirare nel suo inferno (...). Si deve passare attraverso tutto; si devono attraversare gli inferni della vita per arrivare a sentire i numeri della propria anima" (2015:39).

La cultura filosofica è formata da diverse sfaccettature, allo stesso modo l'arte è formata da diverse correnti ed attività, quella evidenziata da Maurizio Oddo (Cfr. Jiménez e Chirinos, 2015:41-46) dove nel suo intervento egli si propone di utilizzare l'architettura quale strumento di promozione del dialogo culturale e interetnico, attraverso i cambiamenti morfologici che essa porta all'interno delle società. L'intero discorso di Oddo ha l'obiettivo di affermare un nuovo tipo di architettura che può trasformare la realtà verso nuovi valori fondamentali per la coesistenza pacifica degli esseri umani, ovvero i valori del rispetto e del dialogo. Tutto questo nasce da una necessità impellente, da una necessità essenziale per il futuro pacifico degli esseri umani. Per queste ragioni Oddo propone una ridefinizione delle priorità che, in un'era della globalizzazione si fanno fatica a trovare. Le priorità sono quelle che hanno a cuore la coesione sociale dei popoli e di tutte quelle iniziative "etiche ed estetiche" che possano far sì che ciò si avveri. L'architettura sicuramente può apportare il suo contributo. Oddo afferma che "L'arte nasce generalmente come strumento e vettore di valori atti ad educare e diffondere la civiltà, ciò è vero sin dall'antichità classica (43). Quindi è evidente che l'architettura deve essere intesa come strumento di promozione del dialogo culturale ed interetnico attraverso le trasformazioni stesse che porta nella quotidianità di tutti noi" (45). Egli fa anche un appello agli architetti invitandoli ad accettare il meticciato, l'interconnessione, la reciprocità dell'altro e quindi aprendosi al nuovo, senza tuttavia perdere quel filo fondamentale di continuità con la storia che serve a far sì che non ci si abbandoni alla cosiddetta "moda effimera" che tanto fa perdere quel valore reale del quale ogni tipo di arte non dovrebbe privarsi. Maurizio Oddo propone inoltre un'analisi dell'attuale stato delle opere architettoniche mostrando l'impatto negativo che la globalizzazione ha su di esse; infatti la globalizzazione si presenta come una sfida per l'architettura poiché "se da un lato permette espressioni le più differenti, dall'altro le sradica da un pensiero filosofico più legato direttamente al territorio e alle nazioni, frastagliando e mescolando tutto in un grande coacervo" (45).

Magdalena Jiménez Naharro (Cfr. Jiménez e Chirinos, 2015:47-66) nel saggio *Verso un approccio didattico integrato*, sostiene che l'apprendimento di una L2 è una completa immersione nei valori e nei contenuti culturali, nelle esperienze, nelle emozioni, che insieme contribuiscono alla formazione della propria identità. Jiménez Naharro afferma che "Conoscere una nuova lingua ti da nuovi occhi per vedere il mondo, nuove finestre". Da qui possiamo comprendere l'importanza di ampliare i propri studi verso altre lingue, e conseguentemente verso altre culture, al fine di poter vedere i propri orizzonti ampliati. Secondo l'autrice il processo di apprendimento è un momento molto importante ed è per ciò necessario attivare negli studenti diversi canali sensoriali: integrare approccio formale e informale, apprendimento cosciente e incosciente, conoscenza esplicita ed implicita, fattori affettivi e cognitivi. In questo modo le seconde lingue hanno un ruolo di mediazione determinante poiché esse veicolano valori, contenuti culturali, esperienze e relazioni che possono contribuire alla formazione dei diversi aspetti del Sé multiplo[4] ed offrono agli studenti di sviluppare una maggiore flessibilità per vedere il mondo.

L'apprendimento di una seconda lingua, facendoci entrare negli schemi culturali di quel particolare linguaggio, riesce anche ad abbattere barriere di pregiudizio, apprendendo un altro linguaggio quindi, è come se si interiorizzasse parte della cultura altra stimolando, come sostiene Jiménez Naharro, i propri schemi cognitivi, la flessibilità morale e lo sviluppo di una identità multipla.

Antonino Di Giovanni (Cfr. Jiménez e Chirinos, 2015:63-73) pone l'attenzione su un progetto che ha come obiettivo quello di analizzare le dinamiche identitarie che coinvolgono tutto il bacino del Mediterraneo: il progetto si chiama RIDDLE. Il progetto nasce dalla necessità di realizzare probabilmente uno dei sogni più grandi a livello europeo, ovvero quello di avere i mezzi per realizzare un dialogo interculturale; mezzi che sono molto importanti nella società odierna la quale deve far fronte ad una coesistenza di diverse realtà ed esperienze, che spesso si scontrano. E per fare questo, afferma Di Giovanni, abbiamo bisogno totalmente di un nuovo approccio scientifico che, integrandosi con un lavoro *bottom-up*, vero punto di forza del progetto, possa fornire un apporto al dialogo fra le diverse culture: l'obiettivo auspicato del progetto, è quello di realizzare il più possibile società inclusive. Importante anche per Di Giovanni è il ruolo politico-sociale che il Mediterraneo dovrà giocare in futuro, ruolo fondamentale che sarà quello di porsi nel mezzo del "contatto culturale". Il progetto RIDDLE si propone anche di fornire delle linee guida essenziali ai *policy makers* al fine di poter raggiungere, finalmente, un dialogo costruttivo. L'obiettivo principale della proposta di ricerca RIDDLE è di promuovere il rispetto tra realtà sociali e culturali diverse, considerando tali differenze come una risorsa per l'integrazione ed il dialogo interculturale, fornisce un'importante supporto scientifico alla politica sociale "per la gestione dei flussi culturali nel proble-

---

[4] "Sulla scia dei contributi in campo psicoanalitico si tende a parlare di sé multiplo o identità multipla comprendente, tra le altre, l'identità personale, familiare, sociale, genetica e sessuale oltre a diversi aspetti che si sviluppano grazie alle esperienze, e relazioni, che l'individuo instaura nel corso della propria vita" (Jiménez Naharro [2015:51]).

matico scacchiere geopolitico rappresentato dal bacino del Mediterraneo" (Di Giovanni, 2015:73)[5].

SPECIALE ABREU

La seconda parte di questo lavoro è dedicata a un'altra disciplina, cioè la musica. Vogliamo parlare di José Antonio Abreu e in particolare di "El Sistema de Orquestas y Coros Juveniles e Infantiles de Venezuela", di cui è fondatore. Vogliamo dimostrare come esso sia un ottimo percorso per potenziare il dialogo e realizzare la pace e la coesione sociale.

Come ci ricorda Julián Isaías Rodríguez Díaz Cf. Jiménez e Chirinos, 2015:91-93), nel 1975 Abreu fondò la Orquestra Juvenil de Venezuela, chiamata posteriormente Orquesta Sinfónica Simón Bolívar de Venezuela e dopo *El Sistema* come modello pedagogico, artistico e sociale definito dal Maestro stesso come "una sistemación de saberes y de prácticas colectivas e individuales de la música que, a través de coros y orquestas sinfónica, sirven de instrumento a la organización social y al desarrollo humanístico" (Rodríguez Díaz, 2015: 92)[6]. Abreu ha realizzato questo progetto utilizzando la musica, perché per lui la musica è un riflesso dell'anima dei popoli, e come afferma Diaz: "il sistema ha causato un impatto storico nel pianeta ed è una proposta concreta per umanizzare e valorizzare i gruppi più vulnerabili" (92)[7].

Nel mio articolo (Cfr. Jiménez e Chirinos, 2015:95-114), *Llevar la batuta. El Sistema de José A. Abreu*, metto in evidenza che "El Sistema" è uno strumento di dialogo umano. "El Sistema" nasce in Venezuela, però si è diffuso in tutto il mondo, e talmente grande è stato il successo ottenuto, che il padre di questo metodo, José Antonio Abreu, è stato proposto come possibile candidatura al premio Nobel per la pace. Il progetto, quindi, si propone come cammino di riforma per il miglioramento sociale e intellettuale dei giovani. Nel corso degli anni "El Sistema" ha guadagnato fama mondiale, e adesso conta con

---

[5] Ivi., pg. 75.
[6] Ivi., pg. 94.
[7] Ibid.

migliaia di partecipanti, 100 orchestre per principianti e 342 cori infantili. Questo rappresenta un risultato eccezionale ottenuto globalmente, un cammino molto lungo contro le difficoltà, e una forte novità nel panorama mondiale. Si vuole qui sottolineare come il programma di Abreu abbia dato prova di essere un ottimo modello di dialogo sociale che accresce la convivenza, la tolleranza, l'inclusione e il riconoscimento sociale contro la violenza di un mondo attuale sempre più egoista e individualista. Difatti "su actuación deja traslucir la posibilidad de crear nuevos horizontes, otra Venezuela, otro mundo, con nuevos valores, con ideales de democracia, de justicia y de inclusión social" e questa è una rivoluzione umanista portata avanti pacificamente "luchando con instrumentos musicales y no con las armas" (Messina Fajardo, 2015:112)[8].

Giuseppe Grilli nel saggio *La musica colta o d'arte nel progetto Abreu* pone al centro della riflessione il tema della musica come un linguaggio universale dotato di un "valore aggiunto, oltre che musicale e sociale, vi leggiamo infatti anche un riscatto spirituale, pertanto un riscatto integrale" (215:115)[9]. Difatti è interessante notare che, oltre alla formazione artistica, il metodo Abreu trasmette un messaggio di redenzione e liberazione che si concretizza nel fatto che anche ai bambini più poveri viene garantito un sostegno dagli insegnanti, che divengono per loro punti di riferimento, ed in caso di necessità forniscono cure, assistenza, abiti e cibo. *El Sistema* è ormai una realtà consolidata e la sua validità ha fatto sì che il progetto si espandesse nel mondo, diffondendosi anche in diverse scuole e società italiane. Nel saggio di Giuseppe Grilli viene presentato il lavoro documentaristico "Tocar y Luchar" di Alberto Arselo, diretto a Caracas. Il film sostiene Grilli è di grande ispirazione in quanto rappresenta in maniera concreta una esperienza nella quale: "I tuoi sogni non vengono privati prima che tu nasca" (2015:118)[10].

Anche Alessia Ruggeri vede nel metodo Abreu uno strumento di salvezza, capace di aprire nuove finestre verso il mondo. Quindi "Un

---

[8]Ivi., pg. 115.
[9]Ivi., pg. 119.
[10]Ivi ., pg. 118.

momento di riscatto per tutti i ragazzi del barrio" (Cfr. Jiménez e Chirinos, 2015:122). La chiave del successo è data proprio dalla globalità raggiunta dal metodo Abreu, e a questo proposito è interessante l'esperienza della Fondazione Cusani. Come è stato dimostrato con il progetto ispirato ad Abreu, dal nome "Doremi la musica va a scuola" presente nelle periferia marginalizzate di Roma. Anita Piscazzi parla della sperimentazione dei nuclei musicali pugliesi. L'esperienza venezuelana diviene così un esempio ed un'opportunità contro il tradizionale metodo musicali di lezione frontale e statico proponendo invece un approccio didattico reticolare che stimoli la creatività e la piena espressione del corpo (Cfr. Jiménez e Chirinos, 2015:134-142).

Infine l'idea della musica come linguaggio universale in grado di toccare l'anima delle persone viene spiegato da Laura Santone (*De la musique avant toute chose*) che dà nuovo valore al messaggio irrazionale poiché consapevole che "dalla poesia alla prosa, dalla pittura alla filosofia e finanche alla linguistica, la musica scorra quale linfa viva e vitale, facendosi cifra di un dialogo incessante, che dall'uditivo al visivo al sensitivo dissemina e insemina, toccando, in un effetto di vibrato, le corde delle più sottili armonie" (Cfr. Jiménez e Chirinos, 2015:163). E ancora: "La musica è come una linfa per il dialogo incessante" (2015:163).

CONCLUSIONE

La nostra società è caratterizzata dalla consistente presenza, nello stesso territorio, di culture molto diverse con relativi differenti miti, sistemi di interpretazione e di riferimento valoriale, costumi e tradizioni. In questo contesto la prima condizione per realizzare la convivenza tra individui diversi in un ambito sociale unico è capirsi: la prassi dell'interculturalità sfocia immediatamente nella questione teorica di conoscere l'Altro, capire che cosa pensa e sente, con un'altra lingua, credenze, costumi e, soprattutto, un'altra storia. I rischi dell'assenza di dialogo portano ad un'immagine stereotipata dell'altro, instaura un clima di sfiducia reciproca, di tensione e di ansia, tratta le minoranze come capri espiatori e, più in generale, favorisce l'intolleranza e la discriminazione. Il dialogo interculturale, anche a livello internazionale, è dunque indispensabile per salvaguardare il libero esercizio dei diritti dell'uomo e delle libertà fondamentali. Proprio in un mondo che si prospetta sempre più alla deriva è perciò indispensabile rivolgere il proprio interesse in uno studio attivo delle cause e delle possibili soluzioni per implementare la consapevolezza e combattere l'apatia e le crescenti ostilità; ma è necessario anche riconoscere che per raggiungere questa soluzione è fondamentale partire dalla base, cioè realizzare un modello educativo corretto che stimoli i valori di fratellanza ed uguaglianza, similmente al programma di José A. Abreu. È necessario continuare a promuovere la prospettiva del dialogo interculturale in quanto la convivenza umana e la coesione sociale è possibile solamente nel momento in cui esprimiamo la nostra vera personalità e ci poniamo in una relazione di reciprocità con gli altri.

BIBLIOGRAFIA

Benjamin Walter, *Il compito del traduttore*, Aut Aut, 2007.

Berman Antoine, *La prova dell'estraneo: cultura e traduzione nella Germania romantica: Herder, Goethe, Schlegel, Novalis, Humboldt, Schleiermacher, Hölderlin*, ed. G. Giometi, Macerata, 1997.

Eco Umberto, *La ricerca della lingua perfetta nella cultura europea*, Laterza, Roma-Bari, 1994.

Jiménez Naharro, M. e Chirinos Bravo, K. *La cultura del dialogo come percorso verso la pace. Speciale José Antonio Abreu. IV Giornata Siciliana di Studi Ispanici del Mediterraneo*, Aracne, Ariccia (RM): 2015.

Ricoeur Paul, *Amore e giustizia*, Bertoletti, Brescia, 2000.

_____. *Tradurre l'intraducibile. Sulla traduzione*, M. Oliva, Roma, 2008.

Steiner George, *Dopo Babele. Aspetti del linguaggio e della traduzione*, Garzanti, Milano, 1994.

Zambrano María, *Delirio e destino*, Cortina, Milano, 2000.

Favola amara di María Teresa León
Menesteos, marinero de abril, metafora contemporanea dell'esilio

Trinis A. Messina Fajardo

INTRODUZIONE

Il Mediterraneo è sempre stato lo scenario di viaggi reali e letterari, animato da eventi straordinari e ricco di suggestioni, ma è anche luogo di insidie e pericoli, quindi un *locus horrendus*, un *mare mostrum*. Ma Il *mare nostrum* è stato ed è culla di cultura, e di miti tramandati, le cui acque sono state popolate e attraversate da personaggi mitici come Menesteo, re di Atene e capitano della Guerra di Troia[1], figlio di Peteo. Il navigatore ateniese, considerato il fondatore di *El Puerto de Menesteos*, oggi chiamato *Puerto de Santa María*[2], è il protagonista del terzo e ultimo romanzo di María Teresa León, scrittrice spagnola, esule nelle terre ispanoamericane d'oltreoceano, e in Italia, assieme al marito Rafael Alberti, a seguito della Guerra Civile del '39, tornò in Spagna nel 1977, dopo la morte di Francisco Franco (1975) e la conseguente caduta del regime da lui istaurato. Riassumere la vita dell'*autora riojana* è *tarea ardua*, ed esula dai proponimenti di questo saggio. Comunque, cercherò di tracciare un profilo, anche se breve, e rimando al libro di Gregorio Torres Nebrera, il suo biografo più recente, *Espacios de la memoria* (*la obra literaria de María Teresa León*), per un maggiore approfondimento.

María Teresa León fu una donna che appartenne, a dirla con González de Garay (13), "*a muchos espacios y geografías*". Autrice di una delle prose più affascinanti e toccanti della Generazione del '27,

---

[1] Sono scarsi i dati sulla figura di Menesteo e sulla sua partecipazione all'assedio troiano. Alcuni riferimenti li troviamo nelle fonti omeriche. Nell'*Iliade*, nel canto II, appare come grande conduttore di navi e *caudillo* di uomini, un espertissimo nel saper disporre un esercito alla battaglia: "*Tenían por jefe a Menesteos, hijo de Peteo. Ningún hombre de la tierra sabía como ese poner en orden de batalla así a los que combatían en carros como a los peones armados de escudos: sólo Néstor competía con él, porque era más anciano. Cincuenta naves lo seguían.*": cit. in María Teresa León. *Menesteo*.Ed. Gregorio Torres Nebrera. Madrid: Editorial Bercimuel, 2011 (le citazioni saranno tratte da questa edizione. D'ora in poi si segnalerà solo la pagina).
[2] Fa parte della comunità autonoma dell'Andalusia, in provincia di Cadice. È un posto privilegiato per la posizione strategica situata tra il Mediterraneo e l'Atlantico. Il porto è descritto da geografo Strabone nel terzo volume della sua voluminosa *Geografia*, dedicato alla Peninsola iberica.

gruppo letterario del quale fece parte, nacque a Logroño (La Rioja) il 31 ottobre del 1903. Figlia di un brillante militare, cugina di María Goyri, prima donna spagnola ad ottenere la laurea in Filosofia e Lettere, e moglie del famoso filologo spagnolo, Ramón Menéndez Pidal. Si sposò a soli diciassette anni, e divorziò una decina di anni dopo, evento che le fece perdere la custodia dei figli. Dopo la separazione dal marito, conobbe e si innamorò di Rafael Alberti, e con lui condivise tutte le esperienze più significative della sua vita: la politica, la letteratura e l'esilio. La sua vocazione letteraria comincia a svilupparsi fin da bambina, vivendo in casa un ambiente culturalmente stimolante. La sua carriera letteraria non fu mai interrotta, neanche negli anni in esilio, durante i quali continuò a scrivere e pubblicare i suoi lavori, né ha mai abbandonato le numerose attività culturali e politiche, iniziate nel periodo repubblicano e prima dell'evento bellico. Nel periodo repubblicano fu un esempio encomiabile di donna, e ha ragione Torres Nebrera (9) quando afferma che María Teresa León "es uno de los nombres fundamentales en la eclosión de autoras, pedagogas, pintoras y artistas que surgen en el periodo republicano" Attivista e militante politica, ebbe l'incarico di segretaria dell'*Alianza de intelectuales Antifascistas*, compito che svolse con grandissima efficacia, dignità e autorità. Fecero parte di quest'associazione intellettuali del calibro di Luis Cernuda, Manuel Altolaguirre, Antonio Machado, altri spagnoli, e gli scrittori ispanoamericani César Vallejo, Nicolás Guillén, Pablo Neruda e tanti altri. Per niente tranquilla la vita di María Teresa León, coronata dal successo quella di Alberti. Per molto tempo visse all'ombra della crescente gloria del marito. Dopo il centenario della sua nascita, la sua genialità nella scrittura e il suo impegno nella vita sociale e culturale del paese, sono stati finalmente riconosciuti e apprezzati.

È da annoverare l'intenso lavoro teatrale come guerrigliera, attrice e anche scenografa, con la *Guerrillas de Teatro del Ejército del Centro,* il cui obiettivo era quello di intrattenere i soldati repubblicani che lottavano per la difesa di quegl'ideali per lei tanto importanti, e anchel'operosità per mettere in salvo i dipinti del Museo del Prado e de El Escorial durante i bombardamenti, trasferendoli in luoghi sicuri.

La scrittrice appartiene alla schiera di scrittori che conformano quella scrittura *comprometida* che prevalse in Spagna durante la stagione finale repubblicana e nei gli anni successivi; i suoi scritti sono impregnati delle sue idee politiche e ideologie, in essi si respira il desiderio ardente di far sopravvivere la cultura, la storia, i ricordi e le esperienze della sua amata terra natale.

Dopo il trasferimento obbligato dall'Argentina nel 1963, a causa di un'altra dittatura, si trasferì in Italia. Nella quiete romana, continuò il secondo esilio. La casa di via Garibaldi a Trastevere divenne un punto de ritrovo di amici e intellettuali antifranchisti negli anni sessanta. La coppia rimase affascinata dal posto e dai suoi abitanti. In questo luogo, l'attività di María Teresa León fu molto intensa: scrisse numerose opere tra cui *Memoria de la melancolía* che aveva già iniziato, e avventurò in una nuova esperienza narrativa con *Menesteos, marinero de Abril*, che sarà pubblicato in Messico nel 1965.

Genesi dell'opera, un omaggio

María Teresa León, come scrittrice dell'esilio, ha raccontato le sue esperienze personali riguardo la guerra, sia durante la sua permanenza in patria, che nel lunghissimo allontanamento. In *Menesteos, marinero de Abril*, uno dei romanzi più ammirati, ha trasformato questo tema in un mito, riprendendo la leggenda dimenticata di un eroe troiano, e realizzando "un vero e proprio mito, consustanziale alla [sua] vita e alla [sua] opera." (Silvestri: 145). Non a caso, l'opera presenta gli stessi elementi che caratterizzano gli scritti della maggior parte degli esiliati spagnoli, ossia l'illusione di vivere un periodo di conflitto breve, che invece si rivelò piuttosto duraturo e che comportò non pochi cambiamenti, sia per coloro che rimasero in Spagna, che per gli esuli. Scrive Laura Perugini (83), "el texto ha sido unánimemente juzgado, a pesar de su ambientación legendaria, como fuertemenete inmerso en las circunstancias históricas y existenciales de los exiliados españoles, en sus sentimientos de desarraigo y extrañeza." La storia ruota attorno al desiderio costante di un ritorno in patria, nonostante la distanza e la consapevolezza che la terra abbandonata anni prima non esistesse più, perché profondamente modificata dalla guerra e dal lungo periodo della dittatura. La scrittrice dà nuova vita all'eroe ateniese di *Ora Marítima*, che Alberti aveva pubblicato dieci anni prima, in Argentina, per omaggiare la città di Cadice, in occasione delle celebrazioni per il trimillenario della sua fondazione. Nell'opera è presente un'intera poesia dal titolo "*Menesteos, fundador y adivino*" (Silvestri: 146). In essa, il poeta ricrea il mito e la storia, con la speranza di vedere riabilitati, un giorno, l'ordine e la cultura della propria città natale, andati perduti con l'instaurazione del regime franchista. Sicuramente affascinata dalla storia, María Teresa León si ispira a questo componimento e ai pochissimi dati storici sparsi nelle opere omeriche e in *Geografia* di Strabone per concepire un'opera mitica, con una modalità espressiva diversa rispetto quella del marito. Scrive Torres Nebrera (14):

> La figura del mítico personaje Menesteos, descendiente de Erecteo, rey de Atenas y capitán en Troya, es [...] un explícito ejemplo del paralelo que voluntariamente la autora fue tejiendo entre su obra y la de Rafael Alberti, pues Menesteos, fundador de El Puerto de Santa María, no es otro que el mítico ateniense glosado y poetizado en el libro un poco anterior *Ora marítima*.

Tuttavia, María Teresa León attua una trasformazione, come direbbe Genette, mediante la ricodificazione del materiale primario. L'opera si nutre del lavoro precedente, ma solo come soggetto, e non c'è comunque riverenza o imitazione da parte della scrittrice, che prende le distanze dall'ipotesto e rivendica il diritto autoriale sul mito di Menesteo. Riconosce, tuttavia, al marito la fondazione, essendo stato il primo a utilizzare l'eroe greco come protagonista dei suoi versi, nonché come incarnazione dell'infanzia legato alla città delle sue origini. Nasce così, per mano della brillante letterata un originale romanzo epico, ambientato dopo la feroce guerra di Troia.

Menesteos, marinero de abril si configura dunque come una sorta di biografia immaginaria, un approccio esistenziale al personaggio mitico. È strutturata intorno all'avventurosa navigazione del temerario marinaio, usurpato dal trono, in cerca di Enea, il suo vagare per le terre sconosciute alla vana e tormentosa ricerca della fanciulla "tímida y asustadiza" che aveva deflorato: "Por los muslos de la muchacha rodó, al levantarse, una gota encendida de carmín" (38). E poi la ricerca dell'Ade, fino a morire ai piedi del nuovo tempio che sarà il punto d'origine della Gadir-Cadice e del porto (Torres Nebrera: 16).

L'opera di raffinata fattura trova un proprio percorso del racconto greco, del pellegrinaggio amoroso—poi raccolto nel romanzo bizantino, come segnala Torres Nebrera (16)—, ma ha la capacità di creare una metaforica contemporaneità di fatti distanti, ai quali si uniscono motivi cari della letteratura e della cosmovisione dell'autrice, come la rievocazione dello spazio/tempo perduto; il senso di smarrimento, l'amarezza dell'esilio; il desiderio del ritorno; la guerra e la pace del paradiso ritrovato e la solitudine. L'autrice evita la palude letale della ricostruzione e narrazione insignificante degli eventi, il suo racconto è frutto dell'intuizione e del bagaglio culturale ed esperienzale, grazie al quale riesce a creare un'opera ricercata, caratterizzata da uno stile di grande preziosismo ed eleganza.

La storia ha inizio con lo sbarco nelle acque gaditane di Menesteo. Sulla spiaggia, egli incontra una giovane donna, forse, serva vergine di Venere-Afrodite, con ogni probabilità rappresenta l'allegoria della Afrodite, che dea stessa, asserisce Laura Silvestri (146). Dopo un amplesso amoroso scompare, senza farsi vedere da Menesteo. Soltanto il nastro verde che le ornava i capelli si rivela l'unica traccia della reale esistenza:

> Conserva el marinero la cinta de la muchacha, la cinta que sujetaba el penacho de su pelo, la cinta que quedó culebreando al desaparecer de la vista del hombre, del hombre que había quedado satisfecho. ¿Por qué ahora ha ocurrido de distinta manera que otras veces? Esta vez nadie le dio las gracias ni lo miraron con ojos humildes ni tuvo él la última palabra ni pagó el bien que le hicieron. (40-41)

L'eroe, ossessionato dal grato ricordo, intraprende una fervorosa ricerca attraverso le coste e le montagne di quella terra ignota, chiedendo a chiunque notizie sulla donna:

> ¿habéis visto a una muchacha vestida con una túnica que cruje sobre sus rodillas cuando anda golpeada de viento? [...] Escuchadme:

lleva el pelo recogido sobre su cabeza y su pecho es alto y su mirada
resplandeciente (44-45).

Nel suo errare solitario incappa con uomini e donne, affascinanti
e misteriosi, e dai quali avrà sostegno fisico e morale per sopravvivere
e continuare il suo cammino: un attraente ragazzo omosessuale; un
vecchio fenizio, Pephrasmenos; una montanara; una sfuggente ragazza
che ricrea il mito di Pasifae (Torres Nebrera 20); alcuni mulattieri. Il
tormento dell'incontro e il vano peregrinare producono nell'uomo un
senso di smarrimento e di nostalgia; si stabilisce nel nomade un fluire
interrotto di ricordi, di affollate sensazioni e poi il delirio, le allucina-
zioni e la perdita della memoria. Sgomento, l'uomo, decide così di
tornare indietro, sulla spiaggia, e affrontare il viaggio di felice ritorno
in patria. Ben presto, si accorge che le navi e la flotta con cui era sbarcato, non esistono più, sono scomparse. Allora si ritrova a vagare solo
e abbandonato e si prepara all'inevitabile destino umano: recarsi
nell'Ade, "el hogar de los difuntos" (126), "la región del cero absoluto, del lugar del después" (145), "región donde los ríos del olvido
llevan a los que fallecen" (145), per dimenticare. Decide di ricercare
tutto ciò che non è riuscito a conquistare in vita, cercandolo quindi
nel regno dei morti. In effetti, consegue ciò che gli manca, perché
rifiuta di dimenticare tutto ciò che lo lega alla vita terrena, e concen-
trandosi soltanto sul ricordo della vista fugace della ragazza, la scorge
nel suo cuore. Tale emozione lo restituisce alla vita e recupera la memoria, ma con essa anche l'inevitabile barbarie della guerra.

Menesteo diventa il simbolo del desiderio che dona significato
all'intera esistenza. Nel romanzo, il dolore causato dall'impossibilità
di un rientro in patria, viene trasformato in un desiderio di speranza
verso un futuro migliore. Tre anni di incessante e vana ricerca:

> He abandonado mi barco, con todos sus marineros, por ti. No sé ya
> dónde encontrar a Arcesilao, ni al muchacho, ni al sacerdote, ni el
> mendigo, solamente tú me fijas, me clavas con tu aguja de coser tus
> vestidos de chiquilla. He olvidado, por la tuya, las voces anteriores.
> Dicen que eso ocurre al pasar el río de la muerte. Tú me has herido
> más que las espadas. Llegué a apretar mis manos sobre el borbotón

de mi sangre, pero jamás me desmayé. ¡Ah!, creo que si mi boca vuelve a alcanzar la tuya me harás desvanecerme. (82)

Prima di morire, egli decide di costruire un tempio in onore della sua dea e stabilire nuove radici: "Estoy levantando un templo para el júbilo de los hombres. Aquí podrá posarse sobre su techo la estrella matutina y el idéntico y claro Hyperión de la tarde detenerse. Estoy construyendo la alegría de los hombres y de los pájaros." (162). Il tempio diventerà la sua tomba:

> Menesteos, conductor de carros veloces, paladín en Troya, marinero de abril que había olvidado hasta su deseo de regresar a la Hélade en las naves cóncavas de velamen rojizo, sin rival sobre el mar vinoso, no respondía ya. La diosa había apoyado sus labios sobre el marinero de abril y cuando el prodigio se desvaneció, el héroe dejó caer su rostro sobre la tierra, muerto. (164)

Menesteo, esule mitico, vive il sentimento dello sradicamento, l'amara sofferenza dell'esule che non può più tornare in patria, lo stesso sentimento della scrittrice, che aveva scelto l'eroe mitico come personaggio della sua storia perché con lui condivideva la stessa esperienza (Guerra civile/Guerra de Troia). La storia di Menesteo, infatti, comincia come la storia dell'esilio dell'autrice del romanzo, che a sua volta coincide con quella della maggior parte degli esuli: la partenza dalla patria distrutta dalla guerra, l'arrivo in una terra sconosciuta, dove ci si sente soli e sperduti, ma che a differenza della madrepatria ha qualcosa da offrire, l'unico compagno di viaggio diventa l'amore.

I sentimenti dell'eroe greco, sono quelli di María Teresa León, che soffre ricordando gli anni vissuti in Spagna e le lotte fatte per garantire un futuro migliore al paese, la dea scomparsa nel nulla e il desiderio di ritrovarla, diventa metafora della patria perduta e la speranza di ritornarvi, ma la disillusione che questo possa avvenire, perché il periodo dell'esilio si è protratto più a lungo di quanto gli stessi esuli pensassero, è simboleggiato nel romanzo dalle decisione finale di Menesteo di smettere di cercare e costruire un tempio per la sua dea, che coincide con l'idea degli esuli di gettare radici nella terra che li ha accolti e ricominciare una nuova vita.

I miti mediterranei raccontano la nascita delle civiltà, la loro natura mitica li innalza sopra la storia; l'esiliato Menesteo, mitico fondatore di *El Puerto de Santa María*, rappresenta così il desiderio degli esuli di ristabilire un nuovo ordine, e recuperare l'essenza naturale e primordiale della civiltà spagnola, persa a causa del regime franchista.

Per secoli, i miti degli eroi greco-latini, hanno proposto temi che sono diventati la base della cultura mediterranea: la costruzione di un'identità collettiva e di modelli sociali condivisi, hanno offerto risposte ai problemi che possono nascere all'interno della società, hanno cercato di chiarire le complesse relazioni umane e la natura stessa della condizione umana, hanno affrontato il tema della lotta tra istinti primordiali e ragione, hanno offerto spunti per riflettere sull'esercizio della libertà.

Così i personaggi mitici, la loro simbologia, i luoghi dell'ambientazione, vengono usati come metafore dell'esilio, dei valori, della patria perduta, amata, desiderata con nostalgia e disillusione, perché l'autrice ha la consapevolezza che non potrà mai più ritrovare la patria che ha lasciato, a causa della guerra e delle sofferenze della lunga dittatura.

Inoltre, il recupero dei miti diventa un modo per denunciare lo stato della Spagna franchista, la mancanza di libertà, la fame, la povertà. Oltre la denuncia, uno dei principali scopi della letteratura dell'esilio è aiutare la sopravvivenza della memoria collettiva, riponendo le speranze nella generazioni future e in coloro che sono rimasti, affinché non soccombano alla dittatura.

Il viaggio compiuto da Menesteo non è un viaggio circolare, un *nòstos,* come quello dei grandi eroi, così come non lo è quello di Maria Teresa León che non voleva congedarsi dalla vita col rimpianto di non vedere per l'ultima volta la sua amata Spagna, un ritorno tante volte immaginato e sognato.

Purtroppo, il viaggio di ritorno, dopo 37 anni, insieme ad Alberti, si trasformerà in un viaggio della "desmemoria", dell'amnesia: la malattia dell'oblio, l'Alzheimer l'aveva già colpita. La coda della cometa che brilló con *luz propia*, come diceva Aitana, sua figlia "no pudo

pasearse por España montada en el caballo blanco de su consciencia."
(Alberti:24)

Il ricordo e l'esilio

Alla fine della Guerra Civile Spagnola (1936-1939), i repubblicani sconfitti dai nazionalisti, subirono una crudele e sanguinosa repressione: circa duecentomila vennero fucilati e oltre mezzo milione esiliati, coloro che restarono in Spagna furono incarcerati o dovettero vivere in clandestinità e in situazioni disumane.

Tutto questo non poteva essere dimenticato, i "sopravvissuti" esuli, non potevano permettere che l'oblio cancellasse la storia, come in Spagna la dittatura stava cercando di fare attraverso la censura sia delle opere interne, che di quelle provenienti dall'estero.

Da tutto questo nasce l'importanza del ricordo e della memoria, e la letteratura dell'esilio ne diventa il simbolo.

Gli esuli, sentono l'esigenza di raccontare per non dimenticare, per questo motivo da un lato hanno la necessità di ricordare il passato con un sentimento di malinconia, raccontando così della loro infanzia e adolescenza spagnola, ma anche e soprattutto degli anni e dello splendore della Seconda Repubblica, dall'altro lato, invece, parlano di un passato più recente, quindi della Guerra Civile, degli ideali per i quali hanno combattuto e nei quali continuano a credere, e che sperano di far sopravvivere con i loro scritti, ponendo le loro speranze nelle generazioni future, ma parlano anche del presente, cercano di denunciare la drammaticità della Spagna franchista, la mancanza di libertà e diritti tipici di una dittatura.

È in queste circostanze che, come dice Francisco Caudet (39-66), narrare equivale a ricordare, mettendo insieme frammenti di storie con l'unico scopo di conferire un senso alle cose, di insegnare attraverso questi racconti, svelando una storia che in Spagna cercano di coprire.

Le parole acquisiscono una dimensione collettiva, parlano di aspettative passate e presenti, immaginano il futuro, ma raccontano anche i sentimenti di una collettività che rischia di rimanere intrappolata in un passato che in quanto tale non si può più cambiare. Essa è un'immagine nella nostra mente, che può solo essere raccontata.

E così, grazie al racconto, l'esperienza individuale dello scrittore diventa quella di tutti i repubblicani esiliati, diventa esperienza collettiva.

La storia della guerra, della repressione e dell'esilio reclama nella memoria di chi l'ha vissuta la dignità del ricordo, così diventa necessario scavare nel passato per far sì che questo non si cancelli.

La scrittura per gli esuli ha dunque un valore storico; letteratura e storia diventano strettamente connesse tra loro, con la narrativa si cerca di riunire i frammenti delle vite spezzate che per avere senso devono avere un inizio, un intermezzo e una fine, lo scrittore prova a recuperare l'anello mancante tra l'inizio e la fine della sua vita, perché l'esilio è un'esperienza terribilmente traumatica, gli esiliati sono costretti a chiudere con tutto ciò che fino a quel momento li ha rappresentanti e formati: le radici, la terra, il passato, lo stato, le istituzioni, le traduzioni. Essi sono costretti a cercare altrove ciò che hanno perso, ma quasi sempre in questi luoghi si sentono stranieri e soli, la letteratura diventa così una sorta di patria idealizzata dove è possibile ricongiungere un popolo straziato e diviso, e ricostruire quella parte di vita che gli è stata strappata via.

Attraverso l'esercizio della memoria che diventa ricordo narrato, l'esule si innalza al di sopra di qualunque dittatura, anche la più cruenta, perché non permette che l'uomo perda la capacità di ricordare e raccontare.

Inoltre la memoria e il ricordo narrato hanno una funzione catartica per l'esule, che riesce a superare lo sconforto, l'abbandono e la rinuncia, accettando la sconfitta momentanea degli ideali repubblicani, idealizzando un futuro in cui tali idee risorgeranno.

Così lo scopo ultimo del ricordo, che ha sempre lo sguardo volto verso il passato, ma è influenzato dai filtri forniti dal presente, diventa quello di superare le contraddizioni del mondo, dare un significato alle cose e ricostruire in tale modo il futuro.

Senza memoria nulla si regge, tutto viene disgregato. Luce della sua vita, e anche nostra, è la memoria il fulcro fondativo dell'opera di María teresa León, è la memoria che detta alla scrittrice lo statuto del suo *Menesteos*.

La letteratura, come scrive Caldas Brito, dà patria a chi emigra. L'esperienza drammatica della guerra dell'autrice, la vita lontana dalla terra amata e tante altre vicissitudini ed emozioni emergono in quelle pagine piene di poesia come avverte Martinez García (85) di *Menesteos, marinero de abril*, un prezioso scrigno dentro questo "continente liquido" pieno di memoria e di ricordi. *Menesteos, marinero de abril* è una favola amara, che diventa metafora della nostalgia, metafora degli esuli, metafora nostra.

BIBLIOGRAFIA

Alberti León, Aitana. *Memorie inseparabili. A cura di Alessandra Riccio.* Roma: Iacobelli editore, 2009.

Álvarez Tejedor, Antonio. "María Teresa León: Literatura de Compromiso de una Mujer Comprometida". In *Homenaje a María Teresa León en su Centenario.* A cura di Gonzalo Santoja e Gómez Agero. Sociedad estatal de Conmemoraciones culturales. 2003, 175-185. Caudet, Francisco: "¿Será ya todo solamente silencio?". In*Anales de Literatura Española*, 21. 2009, 39-66.

Caudet, Francisco. *Los Intelectuales en la Guerra del 36.* Alicante: Centro Virtual Cervantes, 2006. http://www.cervantesvirtual.com/obra/los-intelectuales-en-la-guerra-del-36/ (22/4/2016).

León, María Teresa. *Las peregrinaciones de Teresa.* A cura di María Teresa González de Garay. Logroño: Ier. 2009.

Lazar, Fernando. "El Lugar de la Narrativa del Exilio en la Literatura Española". In Iberoamérica, XII, 47. 2012, 101-113.

León, María Teresa. *Menesteos, marinero de abril.* A cura di Gregorio Torres Nebrera. Madrid: Bercimuel. 2011.

Marqués Salgado, Javier. "La Mujer de la Guerra Civil Española en la Literatura de Davide Lajolo". In *Cuadernos del Minotauro*, 3. 2006, 113-127.

Martínez García, Ana: "Reinventando Mitos desde la Distancia: María Teresa León y su Menesteos, Marinero de Abril". In *Dossier: Los Mitos en la Literatura y en la Cultura*, 28. 2013, 78-88.

Moreno Seco, Mónica: "Las Mujeres de la República y la Guerra Civil desde la Perspectiva Democrática Actual". In *Pasado y Memoria. Revista de Historia Contemporánea*, 6, 2007, 73-93.

Nash, Mary: "Conceptualización y Desarrollo de los Estudios en Torno a las Mujeres: Un Panorama Internacional". In *Paper: Revista de Sociología.* Universitat de Barcelona. 1988, 13-32.

Silvestri, Laura. "Menesteos, Marinero de abril de María Teresa león o il mito della nostalgia". In *Oltreoceano. Donne al caleidoscopio. La riscrittura dell'identità femminile nei testi dell'emigrazione tra l'Italia, le Americhe e l'Australia*. A cura di Silvana Serafín. Università di Udine. 7, 2013, 145-155. http://riviste.forumeditrice.it/oltreoceano/article/view/ 326 (2/3/2016).

Torres Nebrera, Gregorio. *Los espacios de la memoria (La obra literaria de María Teresa León)*. Madrid: Ediciones de la Torre. 1996.

Vilches De Frutos, Francisca. "El Exilio a través de los Mitos: la Libertad en el Tejado, de María Teresa León". CSIC. 2010, 689-708. http://hdl.handle.net/10261/67091 (25/3/2016).

Germania odia a Roma:
La imagen de Italia en las crónicas de los corresponsales españoles durante la Primera Guerra Mundial

Carlos Frühbeck Moreno
Università degli Studi di Enna "Kore"

1. Contexto

A pesar de la política oficial de neutralidad impuesta por el gobierno de Eduardo Dato, España estuvo muy lejos de ser impermeable al impacto de la Primera Guerra Mundial. Es más, el conflicto trajo como consecuencia la crisis de los equilibrios de la Restauración, a pesar de los esfuerzos de las élites dominantes por salvar el sistema de los esfuerzos de las clases politicas (Romero Salvadó IX). Y es que dividió a las clases sociales alfabetizadas en dos bandos, aliadófilos y germanófilos, en cuyo antagonismo apasionado (Díaz Plaja 9) muchos estudiosos sitúan el germen de la Guerra Civil (Meaker 2 y ss.).

En otras palabras, en la esfera pública se produjo un agrio debate entre dos comunidades discursivas que no encontraron puntos de encuentro (Fuentes Codera, Presentación 21), y que quisieron descubrir en cada uno de los bandos combatientes el remedio ideológico para una comunidad nacional que todos veían enferma social y moralmente (cf. Fuentes Codera, España 23-24). La Primera Guerra Mundial tuvo como consecuencia toda una movilización cultural en España, que se puede insertar en el más amplio contexto europeo de militancia ideológica y lucha política que ha sido denominado por numerosos estudiosos como Guerra Civil Europea (Traverso 44).

Esta íntima asociación entre el devenir bélico y los destinos de la sociedad española llevaba aparejada una amplia demanda de información, a ser posible de primera mano, sobre la evolución de la contienda. Es por ello que el papel de la prensa resultó fundamental. Sin embargo, la fiabilidad de la información que llegaba a España era más bien escasa, debido al férreo control ejercido por los estados combatientes, interesados principalmente en la demonización del adversario (cf. Jowett y O'Donnell 216 y ss.). De hecho, las redes de espionaje que las potencias beligerantes establecieron en nuestro país para controlar a los productores de discursos tuvieron entre sus principales objetivos a los periódicos y contribuyeron en gran medida a la radicalización de la citada división a través de la conversión de las publicaciones informativas en agentes propagandísticos (González Calleja y Aubert 143 y ss.).

Por otra parte, visto lo insuficiente de la información que suministraban los partes oficiales de guerra, los periódicos españoles se vieron obligados a implantar o a consolidar redes de corresponsales en el extranjero, independientes de las agencias de prensa (Aubert 146-149), que trabajaban tanto en las principales capitales europeas, como posteriormente en el frente. Entre estos corresponsales, como en todo el contexto periodístico del momento, se hacía difícil establecer una frontera precisa entre las figuras del literato y del periodista (Borrás 4; González García, Eduardo 64). Para el primero, el periodismo era una actividad de supervivencia en una época en la que la protecciones del mecenazgo se habían desvanecido. Y su elección no era un error ni mucho menos: la calidad literaria era tan apreciada por los lectores de los periódicos que la situaban incluso por delante de la precisión informativa (Sahagún 176-177).

El trabajo del corresponsal era complejo: sus visitas al frente normalmente duraban una semana, y tenían una finalidad claramente propagandística; se realizaban bajo invitación de los mismos países contendientes, que se aseguraban de traer al periodista más favorable para sus intereses, y su labor en todo momento era supervisada por una estricta censura (Jiménez Torres 1295-1296). De hecho, uno de los corresponsales estudiados en nuestro corpus, Eduardo Zamacois, nunca visitó el frente y sus crónicas son hábiles relatos de viajes de las ciudades visitadas, o reconstrucciones más o menos imaginativas realizadas a partir de fuentes de segunda mano (González García, Eduardo 53-54). Es más, el mismo escritor desconfiaba de la fiabilidad de la información obtenida directamente en el frente (González García, Eduardo 56). Sin embargo, lo cierto es que en la mayoría de los casos el corresponsal era un activo agente de propaganda. Buena prueba de la proliferación de periodistas militantes es la síntesis que ofrece Pérez de Ayala sobre su labor como corresponsal, que además nos ofrece una adecuada poética de la crónica, medio de expresión dominante entre los corresponsales:

> Me he limitado a trasladar al papel los datos de los sentidos, señaladamente los ojos, algunas ideas de esas que, bajo la impresión del momento, se esbozan fugitivas en la superficie de la conciencia, como las arrugas que el viento dibuja en la epidermis de las aguas, y un sentimiento permanente y hondo, de tan hondo casi inefable, mi amor a Italia, amor añejo que se ha robustecido en estos instantes de dolor y heroísmo. (Pérez de Ayala 7)

Con respecto al género, hay que partir de la premisa de que la crónica se encuentra en la frontera entre lo factual y lo informativo, entre la noticia y el artículo de opinión (González García, Texto 160 y ss.; González García, Escribir 131-132). Visto lo vagaroso de esta primera caracterización, González García utiliza como criterios caracterizadores la aparición de una voz personal con voluntad testimonial, que se sostiene sobre la presencia del periodista en el lugar de los hechos, y una aparente cercanía entre la experiencia y su reelaboración escrita (González García, Escribir 131 y ss.), hecho este que la emparentaría con otros géneros como el relato de viajes (cf. Chillón 121-124).

El texto de Pérez de Ayala nos informa de una de las principales ventajas con las que cuenta el escritor de crónicas: su presencia como testigo de los hechos le permite no razonar sus argumentos, sino limitarse a recurrir a la intuición, a una impresión que no necesita de la reflexión para justificarse (cf. Matz 17 y ss.). Sin embargo, el recurso a la vaguedad no será un fin en sí mismo: servirá para presentar como verdad indiscutible la ideología del periodista (cf. para el caso de Juan Pujol, Frühbeck Moreno, Orientalismo 334-336). En otras palabras, en el ámbito de la crónica periodística, en particular de la del cambio de siglo, el sacrificio del rigor informativo a favor de la brillantez con voluntad persuasiva pasa de ser un defecto a ser una virtud (cf. Borrás 40). Veamos a continuación qué relación establece el periodista con los hechos contemplados, y cómo se afrontará su estudio.

2. Metodología

Como criterio metodológico se parte de la consideración del discurso periodístico como espacio para un doble proceso de transformación y transacción del hecho bruto. Es decir, de conversión del mundo por significar en mundo significado con valor social (Charaudeau 50). El suceso –autónomo con respecto al lenguaje- solamente será comprensible una vez que haya pasado por el filtro del sujeto lingüístico, y que este lo haya integrado en un relato con la ayuda del idioma (Ricoeur 115-141). O, como señala Charaudeau, el acontecimiento, que se supone siempre un elemento perturbador, lo dejará de ser una vez que haya sido asimilado por los sistemas de pensamiento que narradores y público utilizan como clave interpretativa (122-124).

En este sentido, también resulta de gran utilidad la perspectiva de Lakoff: el lingüista norteamericano postula la existencia de marcos cognitivos, estructuras mentales pertenecientes al "inconsciente cognitivo" tan profundamente arraigadas en el cerebro humano que se manifiestan físicamente bajo la forma de circuitos neuronales (Lakoff, No pienses 59). El hombre, para relacionarse con el mundo, pone en relación con los marcos asumidos toda información nueva, y así la hace significativa. En el caso de que este proceso no tenga lugar, la información simplemente rebota contra el marco: es ignorada por el sujeto que la percibe y los marcos prevalecen sobre los hechos (Lakoff, No pienses 92). Es de importancia fundamental que estos marcos sean inconscientes, porque es posible que la cosmovisión que un sujeto apoya de forma consciente esté en contradicción con los marcos que tiene asumidos inconscientemente, y que estos últimos se manifiesten a través del lenguaje que usa, o que lo hagan en aquellos principios etiquetados como de "sentido común" (Lakoff, No pienses 7; en relación con el sentido común, cf. Van Dijk 133-139). Los marcos de interpretación son de origen cultural y están presentes virtualmente en cualquier forma de comunicación; su uso es particularmente sencillo y eficaz (Kuypers :186) evocan historias conocidas de gran significado simbólico, y son fácilmente reconocibles. Pensemos, por ejemplo, en los arquetipos de los héroes y los villanos de las fábulas infantiles (Kuypers 187).

De ahí que, a la hora de narrar e interpretar sus experiencias en esos ejercicios de "historia instantánea" que son las crónicas de guerra, los corresponsales se vean obligados a apelar a valores, narrativas y arquetipos ya presentes en el público receptor. Sin embargo, en los corresponsales de la Primera Guerra Mundial la actividad de *framing* también conllevaba una ulterior dificultad: la experiencia límite de la guerra industrial, la conversión de la batalla en una simultaneidad cubista que se resistía a la linealidad del lenguaje, la destrucción masiva de los cuerpos, y la lectura humanista del conflicto supusieron la necesidad de reelaborar narrativas bélicas ya asumidas (cf. Kern 287; cf. Farish 276-277).

En las crónicas de guerra analizadas, para dar una visión coherente de Italia, se recurrirá a conocidas estructuras narrativas. Asimismo los sucesos contemplados serán sustituidos por tópicos de la tradición cultural, que en este trabajo se entenderán desde su dimensión persuasiva: funcionarán como tropos semánticos cuya principal función es llamar la atención sobre el propio mensaje a través de su inserción en una tradición discursiva (cf. Escobar 157).

Todo esto nos conduce al tema principal de nuestro artículo: los estereotipos nacionales, cuya utilización interesada tendrá como principal objetivo informar sobre las virtudes y los vicios morales de los pueblos implicados en la lucha. Particularmente importante era su uso en el momento histórico en que se escribieron estas crónicas. Como señala Alison Sinclair, la época del Imperialismo, con su intento de definir de forma esencialista el espíritu de cada nación era un contexto más que adecuado (Jiménez Torres 1300). La consideración de los países como organismos, o colmenas en las que cada individuo tenía un rol asignado y estaba unido al resto por una serie de características inmutables, hizo que la descripción de un solo ciudadano se utilizara para definir a la comunidad entera.

Por otra parte, desde un punto de vista cognitivo, no podemos olvidar la función del estereotipo: la representación cultural cristalizada sirve, por un lado, para jerarquizar nuestra percepción de la realidad, para crear puntos de referencia a la hora de afrontar el encuentro con el otro y, por otra parte, para fortificar la unidad grupal a través de la predicación de la diversidad. Es decir, la diferencia entre nosotros y "los otros" sirve como instrumento de autoconocimiento y de mejora de la cohesión social (Amossy y Herschberg Pierrot 47-54). En el nivel elocutivo del discurso, la manifestación del estereotipo nacional es, con Lakoff, el uso de la personificación: los países se convierten en personajes que establecen relaciones con otros y que se caracterizan con atributos como la responsabilidad, la irresponsabilidad, la valentía, la cobardía, etc. (Lakoff, Metaphors 3).

Como corpus se han elegido cuatro autores: Ramón Pérez de Ayala y su obra *Herman encadenado. Notas de un viaje a los frentes del Isonzo, la Carnia y el Trentino*, recopilación publicada en 1917 de las crónicas del frente que mandó al diario *La Prensa* de Buenos Aires entre agosto de 1916 y octubre de 1917 como acompañante del ejército italiano (González García Texto 154-155); Juan Pujol, y las crónicas que publicó en *ABC* sobre la batalla del Isonzo como acompañante del ejército austriaco en 1915, y que formaron parte de la posterior recopilación *En Galitzia y el Isonzo con los ejércitos del general Von Mackensen y del archiduque Eugenio de Austria*, publicada en 1916 (Frühbeck Moreno, Reconstruir 2); los breves textos sobre ciudades italianas que Eduardo Zamacois incluyó en su recopilación *A cuchillo: episodios de la guerra europea: Francia Suiza e Italia*, publicado en 1916, y, por último, las crónicas no recogidas en libro que Javier Bueno publicó bajo el seudónimo de Antonio Azpeitúa en *ABC* a lo largo de todo el conflicto, tanto como comentarista de actualidad como como corresponsal acompañante del ejército austriaco en 1917 y en 1918.

El trabajo se dividirá en tres secciones temáticas: la descripción de las ciudades como reflejo del pueblo que las habita, la inserción de los hechos narrados en estructuras narrativas interiorizadas por la audiencia, y por último la relación entre hombre y territorio como reflejo, de nuevo, de las virtudes esenciales de una nación.

3. CIUDADES

La imagen que construirá el vagabundo Zamacois de las ciudades italianas nacerá de las impresiones vaporosas que selecciona el cronista, convertido en *flaneur* desocupado. Estas se irán hilvanando de forma más o menos ordenada en un discurso con sentido a medida que, por ejemplo, atraviese Milán sin rumbo fijo: sus habitantes, sus edificios se convertirán, con Barthes (260-262), en signos; sin embargo, sus significados tendrán poco que ver con su función urbana, y serán insalvablemente provisorios, dependientes de la perspectiva del paseante, que elegirá solo los más adecuados para la transmisión de su mensaje.

De este forma, Milán se convertirá en una gran metáfora del cansancio que aúna, para Zamacois, a españoles e italianos. En sus paseos, destacará que "a la umbría de los árboles, los azotacalles y los aburridos se echan a dormir [sobre los bancos del jardín público]" (Zamacois, 1916: 213). A pesar de que "[l]as tertulias al aire libre son interminables" (Zamacois, 1916: 213), no se habla de la guerra: "[n]o hay melancolía en los rostros; la galería de Víctor Manuel tiene una animación de kursaal; todo llama la atención de los desocupados" (Zamacois, 1916: 214). La conclusión es inevitable:

> ¡Es cierto; [estoy en Italia] Sin embargo, Italia o España, con variantes levísimas, ¿no son lo mismo? ¿No se asemejan sus costumbres a la par que se confunden sus idiomas?... Conocer el carácter una nación tan pequeñita como Suiza, verbigracia, es infinitamente más difícil para un español que acercarse a la gran alma impresionable y perezosa del pueblo itálico. Italia nos reserva la impresión de un país por el cual hemos andado ya: su cansancio es nuestro cansancio, su vehemencia es nuestra vehemencia, y nuestra también la paradoja de su abandono interrumpido de bruscas impaciencias. A Italia –aunque marche indudablemente delante de nosotros- la pierde el sol. (Zamacois 212-213)

En otras palabras, Zamacois estará trasladando en sus escritos costumbristas una imagen de un Sur de Europa abúlico, prisionero de su clima, en contraste con el norte operoso. En el caso de Pérez de Ayala, la perspectiva del paseante será muy diferente: la ciudad contemplada ya no será espacio para un cuadro de costumbres, sino que será sustituida por una interpretación del pueblo italiano fuertemente intelectualizada, deudora de la cultura clásica de nuestro autor, tan tendente siempre a utilizar lo libresco para interpretar la realidad (González

García, Visions 273-274). De esta forma, después de afirmar de forma un tanto perogrullesca en su visita a Turín que "[u]na ciudad italiana es siempre una ciudad italiana" (Pérez de Ayala 23), acabará por convertir a esta en símbolo de la *civiltà,* concepto que para Pérez de Ayala se resume en

> [...] como quiera que traduzcamos el vocablo, sea civilidad, ciudadanía, civismo, politicismo, urbanidad, siempre significa un concepto invariable, es a saber: aquel ideal, humano y apacible en su naturaleza, de vivir libremente en ciudades, bajo tutela de las leyes. [...] La vida común en la ciudad impone la sociable blandura, la igualdad del trato y el cultivo del ingenio. (Pérez de Ayala : 15)

La vida en la ciudad italiana tiene que ser el reflejo de un concepto ahistórico que, a lo largo del libro, se identificará continuamente con la vida en la *polis* griega, opuesta a la vida rural, salvaje, caracterizada por una "suprema servidumbre" (Pérez de Ayala 17), que Pérez de Ayala asimilará al militarismo del pueblo alemán. Esta concepción de la ciudad como símbolo de civismo se extiende a sus mismos edificios, incluidas las estaciones de tren, que en Italia "no suelen ser las moles incongruentes que se ven en otros países" (Pérez de Ayala 17), sino espacios que anuncian la belleza local: "ya que vienes a la eterna belleza, deseamos que la belleza te acoja desde los umbrales" (Pérez de Ayala :17). El mismo ambiente de la ciudad –en pie de guerra- revelará esta imagen:

> Cafés, cervecerías, bares, se hallan llenos de parroquianos; las aceras de transeúntes, el arroyo, de tráfico. Se advierte que hay guerra por el gran apresto de los soldados. Pero este uniforme gris no provoca asociaciones imaginativas de tipo bélico. Y, por otra parte, los soldados italianos, aliñados y donairosos, incorporan la idea de la gracia civil más bien el ideal de la fuerza guerrera. El gris domina: en el cielo, en la tierra, en las viviendas y en los hombres. Turín es como un horno lleno de plomo derretido y en ebullición; el fuego está disimulado. (Pérez de Ayala :19)

Es decir, a pesar de la guerra, "el espíritu de la ciudad, la libertad civil, la *civiltà,* nada ha padecido" (Pérez de Ayala 20); el cronista llega a decir que el soldado parece un dandi vestido de acuerdo con los cánones de una nueva moda. La dejadez de Zamacois se convierte en serenidad griega ante la guerra en Pérez de Ayala.

Si seguimos interpretando los edificios urbanos, es llamativa la discrepancia entre las descripciones del *duomo* de Milán de Pérez de Ayala y Zamacois. El segundo nos ofrece una descripción de nuevo fundamentada sobre la intuición recogida a vuelapluma: "[...] es imposible concebir nada más espiritual, más elocuente, más ligero; porque estos pilares que van adelgazándose hasta convertirse en agujas [...] señalan el límite de lo corpóreo, de lo resistente, de lo palpable" (Zamacois, 1916: 218). El templo se presenta extraño al espíritu que se ha asignado a la población. Es como si se tratara de un signo perteneciente a otro sistema. Es como si hubiera sido construido solo para ser contemplado por unos ojos como los de Zamacois, y descrito por una escritura como la suya.

La opción de Pérez de Ayala vuelve a ser otra. Ya hemos dicho que el asturiano nos propone una lectura esencialista del pueblo italiano como defensor de la libertad y custodio de la belleza a lo largo de la historia, a pesar de su inexistencia como unidad política por siglos, ausencia que se compara con la del "majestuoso río Alfeo, que corre gran parte de su curso bajo tierra" (Pérez de Ayala 9). De ahí que para el asturiano se deba considerar a Italia no un Estado joven sino "un pueblo de milenario abolengo y de ascendencia la más alta e ilustre de la tierra" (Pérez de Ayala 9-10). Ahora bien, como en todas las interpretaciones esencialistas, el autor debe lidiar con elementos que la cuestionan: uno sería el gótico de la catedral de Milán. Pérez de Ayala es inflexible: desde el principio lo aleja de la influencia alemana, por considerar que "[l]as catedrales góticas de Alemania son desespiritualizados remedos de los nobilísimos ejemplos franceses" (Pérez de Ayala 31). El alemán no sería capaz de crear nada con espíritu. Sin embargo, no es aún suficiente, y el autor debe dar un paso más allá y convertir a la obra gótica en un reflejo de esa *civiltà* italiana. Y así lo hace en su texto: en la forma del templo se escondería el Partenón, que se ve como símbolo de la Atenas democrática:

¿Cuál es esta línea sintética? La catedral de Milán parece una arqueta de plata repujada, con la tapa en ángulo de dos vertientes, y este ángulo es más bien obtuso. ¿Y cuál es el arquetipo más proporcionado, bello y simbólico de este simplicísimo esquema de construcción? La respuesta surge al punto imaginativamente: el Partenón. La catedral de Milán es un Partenón, disimulado apenas bajo leve hojarasca gótica. (Pérez de Ayala : 41)

Por la situación geográfica de los frentes de batalla, la referencia explícita al Mediterráneo es bastante escasa en estos escritos. Sin embargo, en esta descripción de Trieste incluida en las crónicas de Juan Pujol el mar ocupa un espacio de gran importancia. El viajero ansioso, que viene de visitar los horrores del frente oriental, al encontrar la costa señala que "[e]se amor al mar, que conocen cuantos cerca de él nacieron y vivieron nos emociona ahora; pero la emoción se aumenta con el resto del paisaje" (Pujol : 231). Es decir, este paisaje es el espacio en el que el mar se vuelve "armonía". En esta crónica, formará parte de un conjunto de signos estrechamente relacionados con la idea de regeneración, presentada esta de forma siempre fragmentaria a través de las impresiones sueltas del cronista sobre la ciudad de Trieste. De esta forma, Pujol indica al hablar de sus habitantes que "los rostros de las gentes tienen la belleza y vivacidad de la misma raza" (Pujol : 231), algo que se identifica de forma intuitiva con las características de su idioma. La crónica concluye con una hermosa descripción de la ciudad como un gigantesco ser vivo tendido ante el Adriático: a través de la presencia de una isotopía que se identifica con "blancura" se nos quiere transmitir una sensación de renacimiento. Esta blancura va desde la descripción de los vestidos de los habitantes hasta los edificios de la ciudad. El Mediterráneo funciona como símbolo de vida y de inocencia, de una inocencia mitológica:

La ciudad es limpia y bella. Yo me acuerdo de San Sebastián, pero de un San Sebastián de piedra blanca, con palacios de mármol a modo veneciano, y con bandadas de palomas picoteando en la gran Piazza [...] Todo el mundo va vestido de blanco; y las muchachas, cogidas del brazo, pasean por el muelle, con tal albura de corpiños, de faldas y de encajes, que hasta las menos lindas, y no hay una que no lo sea, paseando junto al mar, merecería un madrigal en que se la comparase a Venus todavía envuelta en salobre espuma. (Pujol 234)

En resumidas cuentas, a través de estos tres puntos de vista se nos presentan tres estereotipos sobre el pueblo italiano que se reflejan metonímicamente en la configuración de las ciudades: en Zamacois nos encontramos con el pueblo del Sur, víctima de las propias bondades de su clima: indolente, caótico, y sin embargo vivo. Algo que está estrechamente relacionada con la vitalidad y la inocencia a la que Juan Pujol asocia la visión de Trieste. Por su parte, la lectura de Pérez de Ayala verá en el orden de las ciudades el reflejo de las virtudes de las que hace heredera a Italia: las del civismo de la Antigüedad.

3. NARRATIVAS

Desde su perspectiva germanófila, Javier Bueno cuenta la entrada de Italia en la Gran Guerra como si de un relato literario se tratara. Este relato tiene mucho que ver con un tópico bien conocido por su público lector: el amigo, el amante, el familiar que por motivos de envidia, de interés, o de "sagrado egoísmo" (Bueno, Alemania 21) decide traicionar a quien ha sido su principal benefactor para condenarse a la ruina. Este esquema sirve al autor como marco para interpretar y valorar los argumentos de los intelectuales italianos partidarios de la entrada en el conflicto, que, desde este punto de vista, están "arrastrando a su patria a los horrores de la guerra" (Bueno, Alemania 21). De esta forma, Alemania se convierte en la víctima de una baja traición:

> Sí; pena, porque durante mucho tiempo creyeron, si no en un gran cariño de sus aliados, por lo menos en una simpatía que debió nacer en la convivencia política de largos por los Tratados de Alianza que los ligaban. Si el pueblo alemán no contó nunca con el apoyo de Italia para una guerra, por lo menos sí rechazó toda idea de que ese apoyo fuera para sus enemigos. Creía que Italia tendría en cuenta

sus progresos como potencia de primer orden desde que tuvo el apoyo moral y material del Imperio. Ese desengaño entristece tanto a los alemanas y, durante estos días, más que palabra de rencor contra los que ya consideran como adversarios, se escuchaban reproches sentimentales. El pueblo alemán no mira a Italia sino como a una desagradecida descastada que reniega de su antigua familia (Bueno, Ante la amenaza 8)

La continuación de la historia se puede asociar sin problemas a una estructura narratológica perfectamente asimilada por sus lectores: el héroe, traicionado por su oponente, se ve obligado a responder a la humillación sufrida. Sin embargo, el objetivo final de su lucha no será la simple venganza, sino la superación de una situación de carencia producida por este oponente. El héroe será por encima de todo un donador: no buscará un provecho egoísta, sino el beneficio colectivo (cf. Pedrosa, La lógica 70-74). Una imagen similar destilan de Alemania los escritos de Javier Bueno: la describen como artífice de una nueva era de prosperidad para toda la humanidad, como ya hemos demostrado en otros trabajos (cf. Frühbeck Moreno, La prudencia; Frühbeck Moreno, El narrador).

Pero volvamos a la caracterización de Italia y Alemania: a la teatralidad con que se presenta la primera, se opone la mesura y la practicidad de la segunda. A los insultos indiscriminados que aparecen en la prensa, Bueno opta por oponer los argumentos concretos de los cañones, y la certeza de una rápida invasión: "Los insultos tendrán una importancia muy grande; el gritar todos los días y en todos los tonos que Alemania es una cueva de forajidos satisfará mucho a los aliados; pero a los alemanes no les basta: necesitan invadir para salvar las tierras patrias" (Bueno, Alemania 21). En la personificación de Alemania no será difícil encontrar un conocido modo de comportamiento:

A pesar de engrosarse el número de enemigos, el pueblo alemán no pierde su confianza absoluta en el triunfo. "Será uno más á quien venceremos", dicen todos los ciudadanos con una convicción que no es ficticia. No hay fanfarronería en esta convicción; hay únicamente voluntad exteriorizada serenamente de vencer a todos y contra todo. Cuando aparecen los periódicos buscan las noticias que llegan de Roma sin nerviosismo, con calma, y ni por un momento revelan miedo (Bueno, Ante la amenaza 8)

En oposición a esta Italia tan fuertemente teatral, se nos presenta una Alemania asimilable a un preciso modelo de masculinidad: el hombre marcial que en el cambio de siglo se veía como necesario antídoto a una extendida sensación de decadencia. Con George Mosse, nos encontramos con un hombre en el que las virtudes de la caballería se adaptan a la sensibilidad burguesa: el control de sus pasiones a través de una férrea fuerza de voluntad lo hace capaz de sacrificarse por causas superiores (Mosse 51).

De forma indirecta, este argumento contra Italia también esta presente en las crónicas de Juan Pujol. Así a la hora de dibujar a los austriacos durante su visita al frente del Isonzo, afirma que: "[…] el confuso soy yo ahora, viendo de lo que es capaz un pueblo que en vez de charlar, obra y que en vez de insultar al adversario, emborrachándose de impotencia y odio, concentra todas sus energías físicas y morales en trabajar para defenderse" (285-286).

Y es que la caracterización de Italia, para tener efectos persuasivos eficaces, no puede realizarse de otra forma: en este esquema narrativo el oponente debe constituirse como una especie de reflejo invertido de la personalidad del héroe (Pedrosa, Ogros 219 y ss.). Como afirma Pedrosa (Ogros 219), estas oposiciones se extienden no solamente a la personalidad sino a características físicas como el género sexual. De esta forma, no es sorprendente que a la masculinidad alemana Bueno opte por oponer la femineidad italiana, y que al *cuerpo cerrado* de la primera -la moderación en el comer, hablar, su inherente austeridad-, se oponga un *cuerpo abierto* -el exceso de locuacidad, el escándalo, el histerismo- (Pedrosa, Ogros 220-221).

Como nos podemos imaginar, el punto de vista de Ramón Pérez de Ayala será muy diferente: en el combate entre Alemania e Italia nos encontraremos con una reedición de un conflicto recurrente entre civilización y barbarie que se origina en los tiempos de Augusto y que tiene como último capítulo La Gran Guerra. Si nos damos cuenta, la estructura narratológica será exactamente la misma. La única diferencia residirá en que los papeles se han intercambiado: los héroes serán ahora Italia e Inglaterra (cf. Coletes, sobre la anglofilia de Pérez de Ayala en estos escritos), y Alemania, el oponente:

> En el gran conflicto europeo, unos pretenden que el más hondo antagonismo es entre el imperio germánico moderno e Inglaterra; otros que entre Alemania y Francia. Otro antagonismo que tiene dilatadas raíces es entre Austria, o sea el imperio germánico de la Edad Media, e Italia. ¿Qué más da? Todo es uno y lo mismo. Germania odia a Roma. En el año 9 de nuestra era, el emperador Augusto envió al procónsul Quintilius Varus a guerrear contra los germanos, capitaneados por Arminius. El general romano fue derrotador, y Roma perdió para siempre la esperanza de domeñar Germania. Al cabo de veinte siglos, Quintilius Varus consigue su desquite contra Arminius, redivivo, lo subyuga y lo encadena para siempre. (Pérez de Ayala : 14).

De esta forma, a la Italia que se considera cuna de la civilización occidental, se opone el militarismo alemán (Pérez de Ayala 13). Como señala acertadamente González García (Texto 169-171), a lo largo del texto los paralelismos con otros conflictos históricos son muy numerosos. Así, Pérez de Ayala después de un minucioso análisis histórico de los hechos del reinado de Federico Barbarroja y sus cualidades morales, llega a la conclusión de que "en el campo de batalla del Trentino, ante el hacinamiento de víctimas, siéntese que la espada de Barbarroja ha pasado brillando como un relámpago, y que Barbarroja se ha retirado como las otras veces, con el abatido orgullo arrastrando entre charcos sangrientos" (Pérez de Ayala 201). Obviamente, otras figuras históricas, como Federico II, que podrían poner en cuestión la validez del marco de interpretación son sistemáticamente ignoradas.

Por último, es necesario añadir que la citada oposición entre *cuerpos abiertos* y *cuerpos cerrados* también está muy presente en las crónicas de Pérez de Ayala: a la austeridad de los italianos se opone una especie de sexualidad corrompida que solo se puede moderar a través de la coacción:

Antes de estallar la guerra europea, Alemania era, de toda la tierra, la nación más corrompida de costumbres y más materialista de conceptos. Quien haya vivido en Alemana sabe que allí había llegado a desterrarse, como cosa retrógrada primitiva y poco culta, toda suerte de moral privada, particularmente en lo que atañe al sexo. No faltaba, es verdad, un engañoso trasunto de disciplina; pero disciplina por coacción. Por eso la *civiltà* no existía. [...] La potencia única era el militarismo. (Pérez de Ayala 21).

En resumidas cuentas, tanto el relato de Javier Bueno como el de Pérez de Ayala siguen el mismo esquema narratológico: el cuento de hadas de la guerra justa (Lakoff, Metaphor 4-5): un héroe de gran valor decide vengar los abusos de un villano cobarde y amoral. La lucha se realiza porque no queda otra posibilidad, porque el villano representa el mal absoluto, la causa de una injusta situación de carencia. Pero el premio no será simplemente la destrucción del oponente; la victoria del héroe trae como consecuencia un incalculable beneficio colectivo: una nueva era de justicia, en el caso de Javier Bueno, o la recuperación de los valores de la auténtica civilización, en el caso de Pérez de Ayala.

4. EJÉRCITO Y TERRITORIO

Para terminar, se hace necesario un último y breve apunte. Como señala Elaine Scarry, a la hora de justificar la guerra, el propagandista tiene una obligación ineludible: la conversión del fin último de todo conflicto –la destrucción de los cuerpos de todos sus participantes- en una labor más soportable (80-81). De esta forma, no es sorprendente que, como en la mayoría de los escritos de propaganda bélica, en los textos del corpus se produzca la transformación de los ejércitos de fuerzas destructivas en fuerzas creativas.

Es decir, la máquina de guerra que hace desaparecer cualquier orden en un territorio se convierte a través del lenguaje en una fuerza estriadora, capaz de convertir en legible un espacio cuyos signos han sido destruidos y, por tanto, de apropiárselo (cf. Deleuze y Guattari 360-375). Es por eso que la diferencia entre el italiano y el alemán en Pérez de Ayala se sustancia en que "[u]n latino cree que toda materia bruta es susceptible de convertirse en estatua y monumento, en expresión espiritual. Un germano quiere que estatua o monumento se aproximen a un cúmulo espontáneo de materia bruta" (Pérez de Ayala 54). En otras palabras, se trata de la oposición entre construcción y destrucción, entre escritura y borrado. Las consecuencias de nuestra reflexión se manifiestan en las obras del ejército, que dan un sentido al espacio, que lo hacen habitable:

> Diré sintéticamente que este montón de tierra y rocas, revestido de áspera maraña vegetal, todo este pedazo de Naturaleza que hasta hace poco no era sino una mole de materia bruta e insensible está ahora animado y sensibilizado por la industria, el ingenio y el entusiasmo del hombre. (Pérez de Ayala 61)

Obviamente, como era de esperar, esta capacidad ordenadora del ejército italiano se asocia inevitablemente a la ya citada lectura histórica. Las trincheras cavadas en la roca viva del frente son necesaria consecuencia de la condición de los italianos de herederos de los valores de la antigüedad:

> La meseta del Carso está toda labrada por líneas paralelas de trincheras italianas y austriacas. Son cavones profundos abiertos en la roca viva. Las trincheras italianas son más esmeradas, más artísticas, de mayor primor en el detalle. [...] Es probable que el viajero piensa: "¡Qué insensatos eran los hombres de comienzos del XX!" Pero no dejará de admirar la energía italiana de estos nuestros tiempo, que ha logrado abrir huella para los siglos por venir. El destino de Roma y de sus descendientes parece ser el de consumar obras para la eternidad. (Pérez de Ayala 70-71)

En el bando germanófilo, sorprende mucho la adhesión de un propagandista tan hábil como Javier Bueno a esta lectura del ejército italiano como agente estriador del territorio, como elemento creador de sentido y productor de civilización. Quizá, desde nuestro punto de vista, más allá de al admirable esfuerzo de realización de estas obras, se deba a la necesidad de plantear al público una interpretación de la guerra en la que la acción destructiva de los ejércitos no tenga el papel principal, aunque esta sea una dimensión también muy presente en otras crónicas del autor (cf. Frühbeck Moreno, El cuadro). En otras palabras, se intenta transmitir que los soldados no solo combaten, sino que son los agentes principales en el proceso de construcción de un mundo nuevo:

> Sobre la loma del monte corre la segunda línea de trincheras que los italianos habían construido en previsión de una ofensiva austríaca. No podemos fijar en el papel la obra de los soldados italianos. A su lado, las catedrales góticas parecen trabajo sencillo de algunas semanas, y los templos faraónicos y la pirámides de Egipto, casas de pacotilla. (Bueno, Montfalcone 4)

Otra posible lectura está estrechamente relacionada con la tensión entre las dos interpretaciones de la guerra contemporánea que está presente en todos nuestros autores: la que existe entre su entendimiento como un deber cuyas causas, a pesar de no tener que ver con los soldados que combaten, son aceptadas por estos sin pestañear, y lo que Harari llama la lectura humanista del conflicto: es el soldado quien desde su perspectiva intenta obtener conocimiento no con justificaciones externas, sino a través de las propias experiencias. La lectura es muy diferente: el entendimiento de la guerra a través de la vivencia del sufrimiento conduce inevitablemente a su rechazo (Harari 252 y ss.).

En nuestros corresponsales, la lectura dominante será la primera, aunque no se podrá obviar totalmente la segunda: visto que han justificado el conflicto con ideas abstractas se hace necesario que los soldados de todos los bandos sean extremadamente fieles a las mismas. Así ocurre en las crónicas de Javier Bueno: "[e]stas trincheras del monte San Miguel nos dicen algo más; nos dicen el entusiasmo, el ahínco con que trabajaron los soldados de Italia. Fueron a la batalla con ahínco; si peleaban con valentía en el frente, trabajaban infatigables en la retaguardia" (Bueno, Montfalcone 4). Este respeto caballeroso al adversario para salvar los motivos de la guerra está también muy presente en las crónicas de Juan Pujol sobre la batalla del Isonzo:

> No me perdonaría ni una burla, ni un sarcasmo involuntario contra las tropas de Italia; ¿por qué he de tenerles antipatía, si no recuerdo que su país haya hecho jamás daño al mío? Al contrario, las tengo por valerosas, por esforzadas; nadie que haya estado en una batalla y sentido de veras el riesgo de morir se burla de ninguno de los combatientes. Pero conozco a sus adversarios, he convivido con ellos, he respirado este ambiente de tranquila resolución [...]. (Pujol : 260)

Desde esta perspectiva, al contrario de lo que sucede en la mayoría de los escritos de Pérez de Ayala, en Juan Pujol y en Javier Bueno hay en ocasiones una separación neta entre los soldados combatientes que, por los motivos ya expuestos, son tratados con respeto y sus países de origen, que son sistemáticamente categorizados –y ridiculizados- a través de su ubicación en una estructura narrativa que sirve como guía para la interpretación del lector.

5. Conclusiones

Como hemos podido ver a lo largo del trabajo, la perspectiva aliadófila nos presenta a Italia como heredera de la cultura clásica, dueña de una civilización creativa y refinada, cuya lucha contra los Imperios Centrales se adapta a un marco de interpretación muy familiar para el lector de la época: el enfrentamiento entre el Imperio Romano y los germanos como actualización de un eterno conflicto entre civilización y barbarie. La perspectiva germanófila, por su parte, a pesar de que en las crónicas escritas desde el frente se insiste en la valentía de los soldados italianos, nos dibuja a Italia como un oportunista político –una especie de pequeña molestia para el héroe alemán- que trata de aprovecharse de unas circunstancias aparentemente favorables para obtener un botín, sin preocuparse de las consecuencias que sus acciones puedan tener sobre su misma población. Todas estas interpretaciones aparecen moduladas por otras, como la visión del italiano como una víctima abúlica de las bondades de su clima, o como integrante de un pueblo de artistas capaz de convertir una máquina de destrucción, como es el ejército, en una fuerza creativa.

BIBLIOGRAFÍA

A) BIBLIOGRAFÍA PRIMARIA

Corpus de 236 crónicas periodistas publicadas por Javier Bueno en *ABC* entre 1914 y 1918. Crónicas citadas:

Bueno, Javier. "Ante la amenaza de Italia". *ABC.* 18 mayo 1915: 8.

_____. "Alemania e Italia". *ABC.* 1º junio 1915: 21.

_____. "Montfalcone y Doberdo". *ABC.* 8 enero 1918: 3-4.

Pérez de Ayala, Ramón. *Herman Encadenado. Notas de un viaje a los frentes del Isonzo, la Carnia y el Trentino.* Madrid: Imprenta Clásica Española, 1917.

Pujol, Juan. *En Galitzia y el Isonzo con los ejércitos del general Von Mackensen y del archiduque Eugenio de Austria.* Madrid: Renacimiento, 1916.

Zamacois, Eduardo. *A cuchillo: episodios de la guerra europea. Francia-Suiza-Italia.* Barcelona: Maucci, 1916.

B) BIBLIOGRAFÍA SECUNDARIA

Amossy, Ruth y Herschberg Pierrot, Anne. *Estereotipos y clichés.* Buenos Aires: Eudeba, 2010.

Aubert, Paul. "L'appel de l'etranger: le role des correspondants de presse (1900-1936)". *Bulletin d'Histoire Contemporaine de l'Espagne* 28/29 (1998-1999): 229-253.

Barthes, Roland. *La aventura semiológica.* Barcelona: Paidós, 1993.

Borrás, Tomás. "La movilización periodística en la guerra de 1914". *Gaceta de la prensa española* 162 (1964): 39-42.

Charaudeau, Patrick. *El discurso de la información. La construcción del espejo social.* Barcelona: Gedisa, 2003.

Chillón, Albert. *Literatura y periodismo: una tradición de relaciones promiscuas.* Barcelona: UAB, 1999.

Coletes, Agustín. "El sentimiento anglófilo de Pérez de Ayala en Hermann, encadenado". *Monteagudo* 84 (1984): 9–19.

Deleuze, Gilles y Guattari, Felix. *Mil mesetas. Capitalismo y esquizofrenia.* Valencia: Pre-textos, 2010.

Díaz Plaja, Fernando. *Francófilos y germanófilos.* Barcelona: Dopesa, 1973.

Escobar, Ángel. "Hacia una definición lingüística del tópico literario", *Myrtia* 15 (2000): 123-160.

Farish, Matthew. "Modern Witnesses: Foreign Correspondents, Geopolitical Vision and First World War", *Transactions of the Institute of British Geographers* 26 (2001): 273-287.

Frühbeck Moreno, Carlos. "Orientalismo y antisemitismo en las crónicas periodísticas de Juan Pujol". *La diversidad en la literatura, el cine y la prensa española contemporánea*. Ed. Fidel López Criado. Santiago de Compostela: Andavira, 2016. 333-340.

_____. "Reconstruir con ceniza: las crónicas de guerra de Juan Pujol en Galitzia y el Isonzo". *Costruzione, ricostruzione, decostruzione*. Ed. Trinis Antonietta Messina Fajardo. Roma: Aracne, en prensa.

_____. "La prudencia de España: propaganda y persuasión en las crónicas de guerra de Juan Pujol y Javier Bueno". *El arte en un mundo en crisis: La literatura, el cine y la prensa como instrumentos de transformación social*. Ed. de Fidel López Criado. Santiago de Compostela: Andavira, en prensa.

_____. "El narrador de batallas invisibles: Javier Bueno en el submarino". *El teatro de la guerra*. Ed. de Xavier Pla y Francesc Montero. Girona: Universidad de Girona, en prensa.

_____. "El cuadro más trágico: las crónicas peregrinas de Javier Bueno en la Primera Guerra Mundial", *Catástrofe y violencia*. Ed. Marco Kunz, Lausana: Universidad de Lausana, en prensa.

Fuentes Codera, Maximiliano. *España en la Primera Guerra Mundial: Una movilización cultural*. Madrid: Akal, 2014.

_____. "Presentación". *Ayer* 91 (2013): 13-31.

González Calleja, Eduardo y Aubert, Paul. *Nido de espías. España, Francia y la Primera Guerra Mundial*. Madrid: Alianza Editorial, 2014.

González García, José Ramón. "Escribir la guerra: aproximación a la crónica de guerra en la literatura española contemporánea. *Variantes de la modernidad. Estudios en honor a Ricardo Gullón*. Ed. Carlos Javier García y Cristina Martínez Carazo. Newark: Juan de la Cuesta, 2011. 129-146.

_____. "Texto, retórica e ideología en *Hernán encadenado*: Ramón Pérez de Ayala, cronista del guerra", *Moenia* 18 (2012): 151-174.

_____. "Eduardo Zamacois, testigo (lejano) de la Gran Guerra". *Monteagudo* 19 (2014): 49-72.

_____. "Visions / Versions of the war: Ramón Pérez de Ayala and Juan Pujol on the Italian front". *Journal of Modern Italian Studies* 21.2 (2016): 271-282.

Jiménez Torres, David. "Journalists at the Front: Ramiro de Maeztu, *Inglaterra en armas* and Spanish Intellectuals during the First World War". *Bulletin of Spanish Studies* 90.8 (2013): 1291-1311.

Harari, Yuval Noah. *Homo Deus. Breve historia del mañana.* Barcelona: Debate, 2016.

Jowett, Garth S. y O'Donnell Victoria. *Propaganda and Persuasión.* Los Ángeles / Londres / Nueva Delhi: Sage, 2012.

Kern, Stephen. *The Culture of Time and Space, 1880-1918: With a New Preface.* Cambridge: Harvard University Press, 2003.

Kuypers, Jim A. "Frame Analysis". *Rhetorical Criticism: Perspectives in Action.* Ed. Jim A. Kuypers. Lahman: Lexington Books, 2009. 181-203.

Lakoff, George. "Metaphor and War. The Metaphor System Used to Justify War in the Gulf", 1991. Archivo pdf. Web 1º de julio de 2016.

— *No pienses en un elefante.* Madrid: Editorial Complutense, 2007.

Matz, Jesse. *Literary Impressionism and Modernist Aesthetics.* Cambridge: Cambridge University Press, 2001.

Meaker, Gerald H. "A Civil War of Words: The Ideological Impact of First World War on Spain, 1914-1918". *Neutral Europe between War and Revolution.* Ed. Hans H. Schmitt. Charlottesville: Virginia University Press, 1988. 1-65.

Mosse, George L. *The Image of Man. The Creation of Modern Masculinity.* Nueva York: Oxford University Press, 1998.

Pedrosa, José Manuel. "La lógica de lo heroico: mito, épica, cuento, cine, deporte (modelos narratológicos y teorías de la cultura)". *Mitos y héroes.* Urueña: Fundación Joaquín Díaz y Ministerio de Educación, Cultura y Deporte, 2003. 37-63.

_____. "Ogros, brujas, vampiros, fantasmas: la lógica del oponente frente a la lógica del héroe". *E.L.O.* 11-12 (2005/2006): 217-236.

Ricoeur, Paul. *Tiempo y narración I. Configuración del tiempo en el relato histórico.* México D.F.: Siglo XXI Editores, 2004.

Romero Salvadó, Francisco. *España 1914-1918: entre la guerra y la revolución.* Barcelona: Crítica, 2002.

Sahagún, Felipe. *El mundo fue noticia. Corresponsales españoles en el extranjero: la información internacional en España.* Madrid: Fundación Banco Exterior, 1986.

Scarry, Elaine. *The Body in Pain. The Making and Unmaking of the World.* Nueva York: Oxford University Press, 1985.

Traverso, Enzo. *A ferro e fuoco: la guerra civile europea, 1914-1945.* Bolonia: Il Mulino, 2007.

Van Dijk, Teun A. *Ideología: una aproximación multidisciplinaria.* Barcelona: Gedisa, 2003.

When Benny the Groin and Tommy the Tongue Whacked Lou the Wrench: Cultural and Linguistic Representation of Italians in Mafia Comedies

Ilaria Parini
UNIVERSITY OF MILAN

The fact that Italians and Americans of Italian descent have been the subject of a remarkable number of Hollywood films finds a reflection in the conspicuous production of scholarly works devoted to their representation. Indeed, the perpetuation of such representations has given rise to a series of stereotyped images of Italian Americans, portrayed in different film genres, which have been analyzed and discussed in numerous volumes, as well as collections of essays.

The figure of the mafioso is indisputably the most notorious and successful representation of Italians on the Hollywood screen; it has been portrayed in so many films[1] that it has given rise to a cinematic genre in its own rights, namely the mafia genre, which has been thoroughly studied and investigated[2]. Such genre has subsequently given birth to the subcategory of the mobster/mafia comedy, which, however, has not attracted the same amount of attention by scholars.

Within this respect, it is worth mentioning Bondanella's work, who devotes a whole chapter of his volume "Hollywood Italians" to "Comic Wise Guys" (2004: 282-295), and Gardaphé's recent essay "Running Joke: Criticism of Italian American Culture through Comedy in *The Sopranos*" (2016). However, it is a fact that the literature dealing with the topic is still quite scant. Geoff King's very detailed book on the cinematic genre of comedy, "Film Comedy" (2002), for instance, does not deal with the genre of the mafia comedy at all, in spite of a section devoted to ethnic comedies. Indeed, the author re-

---

[1] As well as TV series, such as The Sopranos.
[2] See, among the others, Biskin (1991); Bondanella (2004); Browne (2006); Casillo (2006; 2011); De Stefano (2006); Gardaphé (2002; 2006; 2010); Parini (2013); Renga (2011); Russo (2011).

flects upon the representation of African Americans, Jews, and British characters in comedies, but does not cover the comic wise guy[3].

Even though this genre probably does not present a particularly conspicuous number of titles, it nonetheless includes some films which have definitely been successful at the box office[4], and it provides interesting material worth being analyzed. As Bondanella (2004: 283) remarks, the comic mobsters reflect even more of an ethnic stereotype than their more realistic counterparts. This does not come as a surprise, as any form of comedy relies heavily upon stereotypical characters and stock situations. Indeed, the representation of Italian characters in mafia movies undoubtedly revolves around the perpetuation of a series of recurrent narrative and linguistic elements that have contributed to the creation of a very distinct and recognizable stereotype, and it is a fact that in mafia comedies such traits are taken to their extremes.

Moreover, it is worth noting that another recurrent stereotype associated with Italians or Americans of Italian descent in Hollywood cinema is represented by the figure of the buffoon or *fesso*[5]. In fact, a number of comedies starring Italian Americans represent the characters as not particularly smart or intelligent[6]. In January 2012, in an editorial to the Independent, Guy Adams reported the following statement by a spokesperson for the Italic Institute of America, who remarked, "In Hollywood's eyes, if you are Italian-American, you're either a criminal or a buffoon".[7] Therefore, it is not surprising that a

---

[3] Exception made for a brief reference to the film *Mickey Blue Eyes*, where, however, the author mainly discusses the stereotypical embodiment of "posh, effeminate" Englishness portrayed by Hugh Grant, and only hints at the fact that the film revolves around a series of Italian American gangsters.
[4] Such as *Avenging Angelo* (Burke 2002), *Corky Romano* (Garrett and Ward 2001), *The Family* (Besson 2013), *Find Me Guilty* (Lumet 2006), *The Freshman* (Bergman 1990), *Get Shorty* (Sonnenfeld 1995), *Married to the Mob* (Demme 1988), *Mickey Blue Eyes* (Makin 1999), *Oscar* (Landis 1991), *Prizzi's Honor* (Huston 1985), *Some Like it Hot* (Wilder 1959), *Wise Guys* (De Palma 1986), as well as the films that will be analyzed in this paper, *Analyze This* and *Analyze That* (Ramis 1999 and 2002).
[5] See Gardaphé 2015.
[6] See, among the others, *A Fish Called Wanda* (Crichton 1988), *Everybody Wants to Be Italian* (Ipson 2007), *I Love You to Death* (Kasdan 1990), *Moonstruck* (Jewison 1987), *My Cousin Vinny* (Lynn 1992).
[7] Adams, Guy (2012) "Shaduppa ya stereotype! Italian-Americans fight back", *The Independent* http://www.independent.co.uk/news/world/americas/shadduppa-ya-stereotype-italian-americans-fight-back-6283808.html

number of Hollywood directors decided to join the two stereotyped figures and to represent the buffoonish mafioso.

This paper will present the results of a study conducted on two films representative of the genre, namely, *Analyze This*, 1999, and its sequel, *Analyze That*, 2002, both directed by Harold Ramis. The research has revealed that the protagonists and the situations represented are extremely stereotypical. They present all the elements that are usually selected and perpetuated by Hollywood screenwriters and directors in order to convey the ethnicity of Italian characters in cinema, and to make them easily recognizable as belonging to that specific ethnic group, rather than being simply gangsters. Moreover, these traits are hyper-emphasized with the specific purpose of adding to the comicality of the movies. Such elements act both on a visual and narrative level, and on a linguistic one, as will be seen in the following pages.

ANALYZE THIS AND *ANALYZE THAT*

Analyze This is a mafia comedy film directed by Harold Ramis in 1999. The screenplay was co-written by the director with playwright Kenneth Lonergan and Peter Tolan. The film stars Robert De Niro as Paul Vitti, an Italian American mafioso who suffers from panic attacks, and Billy Cristal as Dr Ben Sobel, his psychiatrist. At the beginning of the film, Vitti has some reservations about the potential benefits of psychotherapy and Dr Sobel only accepts to treat him because he is scared of him; however, as the film develops, the two men build up a real and solid relationship, which goes beyond the usual boundaries of a typical doctor-client rapport. The film also stars other secondary characters who play the roles of Italian American mafiosi, interpreted by actors who actually have Italian origins (like De Niro), such as Joe Viterelli, Chazz Palminteri, Joseph Rigano, Richard C. Castellano, Max Casella and Leo Rossi.

Analyze That is the sequel of *Analyze This*; it was released in 2002, directed once again by Harold Ramis, who also co-wrote the screenplay with Kenneth Lonergan, Peter Tolan, and Peter Steinfield. In this film, the two main characters have to spend time together as Paul Vitti is released by Sing Sing jail and is given into the custody of Dr

Sobel. Vitti has to find a regular job while at the same time trying to avoid being killed by the other bosses' families. This film also features a series of secondary characters played by actors with Italian origins, such as Joe Viterelli (also starring in *Analyze This*), Raymond Franza, Joseph D'Onofrio, Dave Salerno, Frank Gio and Anthony La Paglia.

RECURRENT VISUAL OR NARRATIVE FEATURES

As already mentioned, the representation of the characters in mafia films relies on the perpetuation of a series of recurrent features that make them easily identifiable as belonging to the group of gangsters of Italian origins and such elements are taken to extremes in mafia comedies. As far as the characteristic traits that act on a visual or narrative level are concerned, the main distinctive features are: the characters' physical appearance, the use of nicknames, the characters' poor intellectual acumen, the characters' rudeness; the importance of food, the importance of the family, gender issues, facial and gestural expressiveness, music, setting.

PHYSICAL APPEARANCE

As noted in previous studies (Parini 2013: 58), "it is an indubitable fact that the looks of Italian Americans in mafia films constitute a solid trait through which their identity is constructed, and which makes their identification immediate for the audience." As Le Vien and Papa (1993: 113) jokingly claim, "after all, half the fun of being a goodfella is looking like one". Indeed, in all mafia films Italian American gangsters—especially the important ones—are usually presented wearing elegant suits, shirts and ties. Within the respect of this, the reaction of Henry Hill's mother in *GoodFellas* is significant when she opens the door and sees her 11 year old boy wearing a suit with double breasted jacket and lizard shoes and exclaims astonished: "My God, you look like a gangster!".

Elegance seems to be extremely important for Italian mobsters, and this feature turns out to be recurrent also in the films analyzed. In *Analyze This*, in particular, such importance is particularly highlighted in two scenes. In the first one, Primo Sindone—one of the bosses—is having a suit handmade by a tailor. In the second one, Ben

Sobel has to attend an important meeting among the most important Mafia families pretending to be Paul Vitti's *consigliere*, and he is made to wear a "1,200 dollar Valentino suit".

In ordinary and unimportant circumstances, they often wear leather jackets or top vests and tracksuits. Moreover, most characters wear their hair gelled back. Another distinctive trait related to the physical appearance is the fact that they wear golden watches, rings and chains, often big and flashy ones. Finally, a recurrent feature is represented by the act of tucking their napkins into their collars when they eat. In both *Analyze This* and *Analyze That* it is possible to observe all these recurring elements in most of the characters with Italian origins.

NICKNAMES

Most Italian American gangsters in Hollywood cinema have suggestive and sometimes extravagant nicknames. This element actually originates from real life, as it is a fact that many Italian American mobsters are used to being given nicknames, which apparently are much more important than people's real names. Gangsters earn their nicknames from family members, childhood friends, business associates, newspapers reports or the police.[8] This habit of being attributed a nickname is quite well-known to the American audience, and therefore this recurrent feature has been selected by Hollywood screenwriters and directors in order to convey the origins of the characters in an easy and fast way.

This element is indeed present in all mafia comedies, where it is usually exploited in order to further emphasize the comicality of certain scenes. In *Analyze This*, when Primo Sindone introduces himself to the members of the most important Mafia crews of New York, he lists all the nicknames he is known under (which do not seem to be connected at all):

---

[8] For detailed information about mobsters' nicknames, see Gambetta (2009, chapter 9 "Nicknames", 230-250).

"I'm Primo Sindone. They call me **Sonny Long**. Some of you know me as **Mikey Gaga**. Some of you know me as **Joey Boombots**..."

Similarly, when Ben Sobel has to pretend to be a mobster in front of all these people, he starts his speech by introducing himself inventing a series of amusing nicknames:

"My name is Ben Sobel. Leone. Ben Sobeleone. I'm also known as **Benny the Groin**, **Sammy the Schnoz**, **Elmer the Fudd**, **Tubby the Tuba**...and once as **Miss Phyllis Levine**. [...] I'm also known to the people who know me the best as the fucking **Doctor**".

Other nicknames that recur in the two films are Jimmy **Boots**, Tommy **Fat** Tommy, Tommy **the Tongue**, Louie **the Lip**, Lou **the Wrench** (who, as Vitti explains, is called this way because "he twisted some guy's head off once"), Frankie **Brush**, Jackie **the Jew**, **Enormous** Bobby, **Al Pacino**.

INTELLECTUAL ABILITIES

As already noted, quite often Italian Americans in Hollywood products tend to be represented as men who are not particularly intelligent and with no acumen at all. In mafia comedies, this trait is often emphasized for comic purposes, and the two films analyzed are a perfect example of this type of stereotyping.

The character of Jelly especially conforms to this description. In fact, in the two films he behaves more than once as a very dumb man. For instance, he is convinced that Ben Sobel must be a very talented psychiatrist for the sole reason that he has a business card. When Vitti tells him that he needs to see a psychiatrist for a friend of his (as he does not want Jelly to know that it is actually for himself), Jelly asks the boss "This friend... is it me?". He refers to a *migraine* as a *mindgraine*. Finally, when he is asked why he himself cannot pretend to be Vitti's *consigliere* at the bosses' meeting (instead of forcing Ben Sobel to do it), he genuinely admits "That would be a very good idea, except for one little detail: I'm a fuckin' moron."

Vitti himself does not stand out for his intellect and shrewdness. He expects to have been cured from his panic attacks after talking with Dr Sobel for only a few minutes and gets extremely irritated when he subsequently realizes that he still has problems. Moreover, he is too narrow minded to try and understand Sobel's explanations about Freud's theories of the Oedipal complex and refuses them as he considers them as "filth".

The character of Primo Sindone is also represented as quite obtuse and ignorant. When Vitti calls him on the phone to tell him how he is feeling, he uses the word "closure" upon Sobel's suggestion:

Vitti: "I'm having a lot of feelings about that. And I'm trying to get some..."
Sobel: "Closure."
Vitti: "Closure on that."

When the telephone conversation ends, Primo tells one of his henchmen: "You get a dictionary and find out what this 'closure' is. If that's what he's going to hit us with, then I want to know what it is."

RUDENESS

Italian Americans in Hollywood films often have rude manners and do not seem to be able to behave according to social conventions. In *Analyze This*, Vitti and his men continuously interfere with Ben Sobel's life during the most inappropriate moments: they interrupt his sessions with other patients, they break in his bedroom at night while he is sleeping, they burst into his wedding party, expecting him to do whatever they want no matter the circumstances. In *Analyze That*, Vitti is temporarily living in the Sobels' house and he invites his lover there and keeps everybody awake at night as they have sex rather loudly. Moreover, he does not bother walking around the house half naked, even if all Ben's relatives are there to commemorate his father, who has just passed away.

As already mentioned, the characters show lack of taste and finesse in their choice of jewels and accessories, as they are most often excessively big and gaudy. Moreover, they also tend to be excessive in their gestures. For example, in *Analyze This* Vitti gives an envelope full of money to Laura as a wedding gift, not realizing that this may be considered as inappropriate, as they are virtually strangers one another. Later on, he has the Sobels delivered a big fountain, to apologize for ruining their wedding ceremony.

Finally, the characters' language is extremely rude, as will be seen in the section of the essay dedicated to the linguistic characterization.

FOOD

It is a fact that food and cooking definitely represent a constant element in mafia movies. Indeed, as De Stefano (2006: 218) remarks, "Every Mafia movie fan knows that food, its preparation and consumption in massive quantities, is a convention of the genre". Everybody will remember Scorsese's wiseguys cooking a king's meal while locked in jail in *GoodFellas*, or, still in the same film, Henry Hill calling home to make sure that his younger brother would not let the sauce stick while he is out running his gangster errands. In Ramis's films the characters are not shown cooking. However, several scenes are set in restaurants where the characters enjoy Italian dishes, with the tables covered with the traditional red and white checkered tablecloth and the jug of red wine on it.

Moreover, Italian dishes are mentioned also in the dialogues. In *Analyze This*, when Vitti finally opens up to Dr Sobel about the night when his father got murdered, he tells him that they were having dinner at the restaurant, and says that his father was having penne, while he was eating ravioli.

FAMILY

The value of the family is certainly highly regarded in all films starring Italians, and mafia films are no exception. Indeed, the importance of the family is definitely a recurrent and distinctive element in the genre, as "this familism [...] differentiates the Italian and Italian American gangster from his non-Latin counterparts" (De Stefano 2006:185). However, the concept of family in these films usually goes beyond blood ties, as it is usually represented as an extended one: the characters have their own families, but it is the mobster's crew that matters the most (ibid: 273). In fact, the members of the crew refer to themselves as "the family". This recurrent feature can also be observed in the two films analyzed, as can be seen from the excerpts below:

From *Analyze This*:

Vitti: "What's the point here?"; Mangano: "The point is this concerns the whole **family**."
Sobel: "When I got into family therapy, this wasn't the **family** I had in mind."
Jelly: "It's a **family** thing. It's the closeness. Anything I can do for him, I'm here for him."
Sobel: "Never discuss Mr. Vitti's health outside the **family**."

From *Analyze That*:

Vitti: "You know, Sally, I'm out of it. It's over for me. I don't do this no more." Sally: "The **family** needs you."
Patty: "Paul Vitti is very important to this **family**. We don't want to see you turning him into a stromboni."
Patty: "I don't have to tell you, Paul. Alone on the streets, you don't stand a chance. That's what **the family** is all about. Since the old days when the grandfathers first came over."

GENDER ISSUES

Gender relations and sexuality are another trait that plays an extremely important role in the characterization of Italian Americans in Hollywood films, and in particular of the Italian mobster. This can be easily found also in mafia comedies, where most often it is emphasized for comic purposes. First of all, masculinity is considered as a paramount quality for an Italian American gangster, for whom it is of vital importance to be strong and virile. In the films analyzed for the purposes of this paper, this feature is particularly evident in the character of Paul Vitti. Indeed, the boss shows a real obsession with his manliness. At the beginning of *Analyze This*, he ends up at the Emergency Room thinking he is having a heart attack, but when the doctor diagnoses a panic attack he gets furious, as panicking is not acceptable for a man like him: tough guys do not panic!

> Doctor: "Based on everything, I'd say you had an anxiety attack."
> Vitti: "A what?"
> Doctor: "An anxiety attack. A panic attack. I'll give you Xanax."
> Vitti: "Anxiety? What are you saying?"
> Doctor: "It's a common thing."
> Vitti: "Hey, look at me. **Do I look like a guy who panics? Do I look like a guy who panics?**"

Eventually, the doctor is beaten up by Vitti's henchmen.

Masculinity is obviously also associated with virility. This is why Vitti is very concerned when he is not able to have an erection, because, as he explains to Dr Sobel, "if I can't get it up, that makes me less of a man". Indeed, a man who cannot perform sexually is not a real man. When Dr Sobel suggests taking a pill to solve that problem, he refuses the idea, as "a hard-on should be gotten legitimately or not at all".

This attitude to masculinity is also strictly related to the contempt towards homosexuals usually displayed by Italian men in general, and by mafiosi in particular, in Hollywood films. Indeed, as Reich (2008: 51) observes, in the Mediterranean world the homosexual is considered as "a threat to traditional masculinity, because he fails to prove his manliness through the most visible means: sexual reproduction". This characteristic feature is also evident once again in the character of Paul Vitti. After asking Dr Sobel to treat him, he finishes the conversation warning him that if the doctor somehow transforms him into a homosexual, he is going to kill him:

> Vitti: "If I talk to you, and you turn me into a fag, I'll kill you. Understand?"
> Sobel: "Could we define 'fag'? Because some feelings..."
> Vitti: "**I go fag, you die.** Got it?"

Complicated relationships between Italian men and women are another recurrent element in mafia movies. In these films, the role of women usually falls into two separate and very distinct categories: the wives and mothers on the one hand, and the lovers on the other one. As far as the formers are concerned, they are virtuous women who take care of the house chores, raise the kids, tolerate their husbands' unfaithfulness. On the other hand, there are the mistresses, the *gumads*. As Joe Pistone notes, "virtually all mobsters have a gumad" (quoted in De Stefano 2006: 186). The dichotomy is very clear: the wives and mothers are respectable, pure and virginal women (the Madonnas), whereas the lovers are the whores, who are good to perform all those unconventional sex practices that cannot be practiced with the wives. Paul Vitti perfectly conforms to the stereotype of the comedy mobster also in this perspective, as he is married but has a mistress, whom he refers to as "his girlfriend". When Dr Sobel finds out about the existence of this other woman in his life, he assumes that Vitti has problems with his wife, but the boss simply illustrates the point discussed above, namely that he cannot do certain things with his wife, as it is unacceptable: the two roles are strictly separated. Here follows the dialogue:

> Vitti: "I wasn't with my wife. I was with my girlfriend."
> Sobel: "Are you having marriage problems? Why do you have a girlfriend?"
> Vitti: "You're moralizing with me now?"
> Sobel: "No, I'm curious. Why do you have a girlfriend?"
> Vitti: "I do things with her I can't do with my wife."
> Sobel: "Why can't you?"
> Vitti: "**That's the mouth she kisses my kids with. Are you crazy?**"

Vitti's mother never appears in the films but it is clear that he considers her as belonging to the category of the saints. When Dr Sobel suggests that he might be suffering from Oedipal complex and explains what this implies, Vitti is shocked and asks him aghast: "Are you saying I want to fuck my mother?"; he obviously rejects the idea and cannot even take it into consideration. When Sobel tells him that it is a theory formulated by Freud, he replies "Freud's a sick fuck. And you are too, for bringing it up".

GESTURES AND FACIAL EXPRESSIVENESS

The gestural and facial expressiveness of the characters is another recurrent element in films starring Italian Americans, already identified in previous studies (Parini 2009: 161; 2013: 78). Italian Americans in films do gesticulate quite a lot and in comedies this feature is indeed amplified for comic purposes. Their facial expressions, which are very picturesque and amusing, are also definitely accentuated.

Within this respect, it is also worth noting the churlish mannerisms that the characters sometimes show, especially Paul Vitti. The boss, in fact, often makes rude gestures indicating his genitals, in both films. This is indeed to be reconnected to his representation as a boor and a rude person, as already seen.

Finally, the act of kissing each other on the cheeks is another gesture which is typical of Italian American gangsters and is present in many mafia films and in some scenes of the two comedies analyzed. This gesture apparently originates within the environment of the Sicilian Mafia: mafiosi usually kiss each other when they meet, while men who are not members of the organization do not (Bolzoni 2008: 26).

MUSIC

The music soundtrack of mafia films can also be considered as an element that contributes to the characterization of the genre, and is to be found in mafia comedies as well. Indeed, the soundtrack of the two films analyzed is composed mainly by songs played by Italian singers (Achille Togliani, Paolo Conte, Mimmo Siclari, Luciano Pavarotti, Jovanotti) or by Italian American singers (Dean Martin, Louis Prima, Toni Bennett) or by songs that refer to Italy (*Mambo Italiano* by Rosemary Clooney). In *Analyze This*, Tony Bennett even plays a cameo role where he interprets himself and serenades the newlyweds Ben and Laura Sobel as a favour from Paul Vitti.

Setting

Some of the settings of the films are typically Italian American, especially the scenes shot in the restaurants. Vitti's favourite restaurant (where his father was actually killed) is called Paretti's, an Italian name. One scene of *Analyze That* is set inside the Society of the Citizens of Pozzallo.

Linguistic characterization
The identity of Italian American gangsters in the two films analyzed is clearly identifiable thanks to all the visual and other extra-linguistic recurrent elements that have been analyzed so far. However, it is a fact that language plays an important role in the construction of the stereotyped identity of these characters. Indeed, the final result is achieved not only through the elements previously considered, but also thanks to the interaction of these features with the linguistic ones. In fact, this is observable in most audiovisual products whose main characters are connoted from an ethnic and/or social perspective, as underlined by Di Giovanni (2003: 210):

> (i)n films, the juxtaposition of signs from different systems very often follows conventional patterns, a necessary feature for media products to appeal to large audiences. As one of the codes used in making the film narrative, the interaction of verbal language with other audiovisual signs, even if conventional, is therefore all the more important in shaping cultural representations.

Indeed, the use of connoted varieties in films is a long established practice. In films, language is manipulated and is purposefully used as a tool in the construction of character. Accent and language variation undoubtedly allow to attribute to the characters certain characteristics in a quick and easy way. First of all, they are an efficient tool to convey ethnic origins. Stories about people who come to the US from other countries often lean hard on accent to establish the origin of the characters. In other cases, "accent is used as a shortcut for those roles where stereotype serves as a shortcut to characterization" and language becomes a quick way to build character and reaffirm stereotype (Lippi-Green 1997: 84-85).

The language variety spoken by the protagonists of the films analyzed for this paper is heavily loaded with connotations. Such connotations definitely contribute to the characterization of the speakers, conveying both their ethnic origins and their social background; for this reason the variety spoken can be defined both as an ethnolect and as a sociolect.

DIATOPIC CHARACERIZATION

As far as the characterization of the variety as an ethnolect is concerned, previous studies (Parini 2009, 2013, 2016) have shown that the Italian American ethnolect spoken in Hollywood films usually presents a series of recurrent elements both on a phonological and on a lexical level. From a phonological perspective, first of all it is possible to observe deviation from American English standard intonation, especially due to the recurrent lengthening of the stressed vowel, a pattern which is typical of the Italian American ethnolect. Secondly, the variety deviates from standard American English also from the point of view of pronunciation, as it presents a series of recurrent features which can be easily associated with the Italian American ethnic group, such as:

- <th> interdental voiceless fricative pronounced as /t/ instead of /θ/
- <th> interdental voiced fricative pronounced as /d/ instead of /ð/
- <er> in word ending pronounced as /ɑ/ instead of /ə/
- <ow> in word ending pronounced as /ɑ/ instead of <əʊ>
- silent /h/ in words beginning with aspirated /h/[9]

The analysis of the two films has shown that these peculiar phonological traits are over-emphasized if compared to dramatic mafia films. This, once again, is related to the purposes of comedies, as a

---

[9] For studies about Italian American pronunciation, see Haller 1987a, 1987b, 1991, 1993; Menarini 1939.

heavy and exaggerated use of accents adds to the comicality of the characters.

As far as lexis is concerned, the two strategies that are mostly used in Hollywood films in order to convey the origins of characters with Italian origins are the use of code switching and code mixing (see Parini 2013: 94-122).

By code switching, linguists usually refer to a phenomenon through which the speaker switches from one linguistic code to another one, in the case of mafia films from English to Italian (or Sicilian). In the two films, the use of this strategy is actually not particularly significant, as it is used only very occasionally. The first instance is represented by the interrogative Italian phrase *capisci?* [10] (meaning, *do you understand?*), which occurs twice in *Analyze This*:

Manetta: "I want you to come to that meeting with me. *Capisci?*"

The second time it occurs it is used by Dr Sobel while talking to Jelly, to make sure he has made himself clear:

Sobel: "Do you understand that? *Capisci?*"

Another example of code switching in *Analyze This* occurs in the scene of the final meeting among all the bosses, when Jelly greets one mobster in Italian, asking him "*Che stai facendo?*" (namely, "*What are you doing?*"). The scene is particularly funny: Dr Sobel, who has to pretend to be an Italian American mobster, emulates Jelly's gestures and repeats everything he says, but thinking he has said "Easter weekend", he repeats it, provoking bewilderment in the gangsters.

Analyze That only presents one case of code switching, which occurs in the scene set at the Society of The Citizens of Pozzallo. As Paul Vitti enters the building after being released from jail, he is greeted by all his friends, in Italian ("*Hey guagliò!*"; "*Come stai?*"; "*Dio

---

[10] The word is pronounced as Italian Americans do, namely dropping the final vowel sound. The word has in fact entered the American English vocabulary and it is also possible to find it in some dictionaries spelt as it is pronounced, namely "capeesh". It ought to be noted, however, that the word is usually labelled as Italian American slang, and therefore it is strongly connoted.

ti benedica!", which mean, respectively, "*Hey, man!*"[11]; "*How are you?*", and "*God bless you!*").

As far as code mixing is concerned, with this term linguists usually refer to a phenomenon which involves a switch in the linguistic code used at an intra-clause level. In other words, code mixing refers to the insertion of foreign words or phrases (in this case, again, Italian) within the discourse. This strategy is not particularly common either in the two films analyzed, although it is possible to observe a few instances in each film.

At the beginning of *Analyze This*, Paul Vitti narrates about the first important meeting of the Mob Commission in the United States, and he refers to Carlo Gambino as *capo di tutti i capi* ("*boss of the bosses*").

Still in *Analyze This*, Jelly tells Dr Sobel to be reasonable, and he uses the Italian word *mammalucco* ("Don't be a *mammalucco*"), which refers to a silly, foolish person. As in the case of *capisci*, the term can be found in some American English slang dictionaries (usually spelt as *mameluke*), and is pronounced dropping the final vowel sound.

In the same film, Vitti offers Dr Sobel one of his girls to have fun and relax and asks him "Want to give a little '*sta minchia*?". *Minchia* is a Sicilian taboo word (although relatively common also in the rest of Italy) used to refer to the male genital organ, whereas '*sta* is the clipped form of the demonstrative adjective *questa* ("this"). Also in this case, the final syllable of the word *minchia* is dropped in pronunciation.

Later on in the film, Vitti opens up with Dr Sobel about his feelings towards his deceased father and he tells him about his childhood: "I was hanging out in the neighborhood. I had a *borgata*". When the doctor asks him what that is, he replies "A kid gang."

Analyze This also presents four occurrences of the Italian word *consigliere*, which refers to a member of a criminal organization who serves as an adviser to the leader.

---

[11] *Guagliò* is actually a Neapolitan word (originally *guaglione*, but pronounced dropping the final syllable, and often spelt this way), which is used to refer to a boy/man.

Finally, the characters use the Italian interjection *salute* (pronounced dropping the final vowel sound) on one occasion as they are toasting.

As far as *Analyze That* is concerned, also in this film it is only possible to observe a few instances of code mixing, used with the purpose of conveying the ethnic origins of the characters. First of all, the word *mammalucco* is used again. This time it is Anthony Bella—an actor playing the role of an Italian American mobster in a TV series—who pronounces it in a line of the show: "You said Peezee was a *mammalucco* and couldn't be trusted".

Paul Vitti uses the Italian word *salsiccia* (meaning "*sausage*", once again pronounced dropping the final syllable) to refer to the male genital organ ("By the look on some of them broads, they ain't seen the old *salsiccia* for a long time").

Finally, it is interesting to note that the character of Patty LoPresti uses a word that "sounds" Italian, but actually does not exist, neither in Italian, nor in any Italian regiolect or dialect. The word is not even connoted as Italian American (it is not inserted in any dictionary and the only occurrences found on the Internet are connected to the film). Such word is *stromboni*, and according to Patty it refers to an ox, but the corresponding Italian word would be *bue* or *toro castrato*:

> Patty: "Paul Vitti is very important to this family. We don't want to see you turning him into a *stromboni*."
> Sobel: "*Stromboni*? The thing they clean the ice with at the hockey games?"
> Patty: "That's a Zamboni, asshole. *Stromboni*. It's a bull with his balls cut off."

DIASTRATIC CHARACTERIZATION

As already mentioned, the variety spoken by the characters can also be defined as a sociolect, as it presents a series of features that allow the audience to identify the characters as belonging to the social group of gangsters. First of all, on a syntactic level the characters make use of a series of non-standard forms that connote them as uneducated, namely:

1) Multiple negation
   From *Analyze This:*
   Soldier: "I don't know nothing."
   Jelly: "He don't know nothing."
   Vitti: "Never had problems with nothing."
   Jelly: "Hope nobody asks you nothing."
   Vitti: "I didn't kill nobody."
   From *Analyze That:*
   Vitti: "I didn't hear nothing out of your room."
   Vitti; "I don't do this no more."

2) Ain't
   From *Analyze This*:
   Vitti: "He ain't that fuckin' crazy"
   Vitti: "You ain't got no bugs in here?"
   Vitti: "It ain't my fault."
   Vitti: "It ain't nobody's fucking business."
   Jelly: "He ain't here."
   From *Analyze That*:
   Vitti: "That ain't it."
   Jelly: "That ain't what I heard."
   Vitti: "You ain't even Italian."
   Vitti: "It ain't gonna get better."

3) lack of agreement between subject and verb (use of *don't* instead of *doesn't*, use of *was* instead of *were*)
   From *Analyze This*:
   Vitti: "He don't know nothing."
   Vitti: "Don't that prove I'm motivated?"
   Vqqitti: "That don't count."
   Jelly: "Why don't he just pop him?"
   From *Analyze That*:
   Vitti: "He don't know."
   Jelly: "He don't do that."
   Joey: "I heard you was out"

4) *Them* as a demonstrative
   From *Analyze This*:
   Jelly: "You having one of them "mindgrains"?"
   Vitti: "This is like one of them psychic, ESPN things, you know?"

   From *Analyze That*:
   Vtti: "By the look of some of them broads, they ain't seen the old salsiccia for a long time."

5) Ellipsis (of auxiliaries, verbs, subjects, relative pronouns…)
   From *Analyze This*:
   Jelly: "You all right?"
   Vitti: "You know me?"
   Vitti: "You seen my picture in the paper?"
   Vitti: "Can't do drugs."
   Jelly: "How you doing?"
   Vitti: "Where you going?"

   From *Analyze That*:
   Vitti: "Got a friend coming over."
   Vitti: "This all you got?"
   Eddi: "Got a problem with that?"
   Vitti: "Want to buy the car or not?"
   Mobster: "You working here?"
   Jelly: "How you doing"?
   Vitti: "You a guy can't keep his fucking mouth shut."

Moreover, the language is connoted as a sociolect on a lexical level because of the recurrent use of foul language. Indeed, as Kozloff (2000: 207) remarks, one of the motifs of gangster dialogue is the characters' lack of education and finesse, which is made up for in brute verbal power, "as if their speech, instead of being a social lubricant and means of sharing information, is to them another weapon against their enemies". As previously noted, mobsters are represented as men for whom masculinity is seen as a paramount quality, and this feature is undoubtedly expressed through their violence. All this is reflected in the language they use. The scholar maintains that "in gangster films the heavy reliance on obscenity emphasizes the characters' crudeness, their hypermasculinity, and the power of their emotions" (ibid. 209).[12]

In comedies, the use of foul language is generally inferior if compared to dramas, probably because comedies often aim to be targeted to families, rather than to adults only. However, both the dialogues of *Analyze This* and *Analyze That* present a rather significant use of obscene language, and consequently the variety spoken by the characters turns out to be strongly connoted also from this perspective, and contributes to their characterization as crude, uncouth, and vulgar people. In fact, the taboo term *fuck* and its derivatives is definitely recurrent in the two films (102 and 115 occurrences, respectively), and for this reason (and for the presence of some nudity, as well) both films were rated R in the United States.

Still on a lexical level, the language variety is connoted as a sociolect because of the use of slang. The dialogues are rich in slang words and expressions which are typical of gangsters' films, and in many cases can be specifically labelled as Italian American mob slang. This is the reason why slang quite often connotes the characters both diastratically (social perspective) and diatopically (ethnic perspective).

An Italian American mob slang term which recurs with a certain frequency in *Analyze This* is the verb *whack*, which means *kill*. Here follow some examples:

> Vitti: "The Gallo brothers *whacked* Albert Anastasia in that barbershop."
> Manetta: "People are getting *whacked* without permission."
> Vitti: "He tries to kill me, then *whacks* one of my guys."
> Vitti: "You want me to *whack* my doctor?"
> Jelly: "It's where his father got *whacked*."
> Vitti: "I wasn't really gonna *whack* you."

---

[12] See also Parini 2014.

The verb is also sarcastically used once in *Analyze That* by Laura, Sobel's wife:

Laura: "That restaurant was really good. I liked it until the attempted *whacking*. Now, is that the right terminology, Mafia shrink?"

A synonym of *whack* is the slang verb *pop*, of which we can find one example in each film:

From *Analyze This*:
Jelly: "Why don't he just *pop* him?"
From *Analyze That*:
Anthony: "And how did he know that Tony Cisco got *popped*?"

Another Italian American mob slang term which is very common in Hollywood mafia films is the noun *rat* to refer to somebody who betrays the secrets of the family, or the corresponding verb *rat* or *rat out*, which refers to the action of revealing the abovementioned secrets. Again, the term can be found on quite a few occasions in *Analyze This*:

Vitti: "You *ratted* me *out*. You betrayed me."
Vitti: "Son of a bitch, *rat* bastard!"
Vitti: "This fucking *rat* bastard…"

The dialogues of *Analyze This* also present two occurrences of a slang expression typically used by Italian mobsters, namely *made guy*, which refers to somebody who has been officially inducted into the Mafia, and the corresponding verb phrase *be made*, which refers to the official process (including a formal ceremony) of being sworn into the Mafia:

Manetta: "You got *made guys* informing for the feds."
Vitti: "I will respect the oath I took the day I *was made*…"

Moreover, in *Analyze This* the character of Laura's father uses two Italian American words when speaking to Ben Sobel, as he thinks he is involved with Vitti's crew. The two words he uses are *goombah*, which is a phonetic adaptation of the Italian word *compare*, and is used to refer to a companion or an associate of the organization, and *paisan*, which comes from Italian *paesano*, short form of *compaesano*, and is used to refer to a fellow countryman, or, more generally, to Italian Americans:

MacNamara: "Now, you listen to me *goombah*. If you and your *paisans* ever do anything to hurt that little girl of mine, I don't care who your friends are, I'll hunt you down like the dog you are, and I'll kill you."

CONCLUDING REMARKS

The stereotyping process of Italian Americans in Hollywood products is a long established practice, which has been extensively studied and analyzed by a remarkable number of scholars. The figure of the mafioso, in particular, has been devoted substantial attention throughout the years. Many studies have shown how Hollywood mafiosi present a series of recurrent visual, narrative, and linguistic elements, which have made their portrayal a clearly distinct and defined representation.

This study aimed at analyzing the figure of the Hollywood mafioso in a subcategory of the mafia genre, namely the mafia comedy, taking the films *Analyze This* and *Analyze That* as a case study. The research has shown that the same recurrent features that distinguish the Italian mafioso in dramas are to be found in this subgenre. However, these characterizing elements are exaggerated and overemphasized, with the purpose of making the characters and the situations represented comical.

Moreover, whereas in dramas the mafioso is often represented not only as a brute, merciless and violent man, but quite often also as a cunning, shrewd and subtle one, in these films the Italian American mobster is portrayed as extremely dumb, ignorant and rude. In fact, the stereotyped representation of the Italian gangster has also acquired the typical traits of another stereotype, namely the Italian buffoon. This has obviously been made in order to increase the comic effect aimed to be triggered in the spectators. The result is basically the sum of one negative ethnic stereotype to another negative ethnic stereotype, which can only give rise to one overemphasized negative ethnic stereotype, something that many associations of Italian Americans have been fighting for decades. However, it might also be argued that these films are comedies, and, as King (2002: 172) states, "comedy in general tends to offer a safety net [...], a guarantee that events are not to be taken too seriously and so should not have too much potential to disturb; that they remain firmly rooted in the domain of 'harmless entertainment'."

References

Adams, Guy. "Shaduppa ya stereotype! Italian-Americans fight back", *The Independent*, 2012, www.independent.co.uk/news/world/americas/shadduppa -ya-stereotype-italian-americans-fight-back-6283808.html

Biskin, Peter. *The Godfather Companion. Everything You Ever Wanted to Know About All Three Godfather Films.* New York: HarperPerennial, 1990.

Bolzoni, Attilio. *Parole d'Onore*. Milan: BUR, 2008.

Bondanella, Peter. *Hollywood Italians*. New York & London: Continuum, 2004.

Browne, Nick. *Coppola's Godfather Trilogy*. Cambridge: Cambridge University Press, 2000.

Casillo, Robert. *Gangster Priest. The Italian American Cinema of Martin Scorsese*. Toronto: University of Toronto Press, 2006.

Casillo, Robert, et al. "The Representation of Italian Americans in American Cinema: From the Silent Film to The Godfather." *The Italian in Modernity*, University of Toronto Press, 2011, pp. 493–640, www.jstor.org/stable/10.3138/j.ctt2tv33v.11.

De Stefano, George. *An Offer We Can't Refuse*. New York: Faber & Faber, 2006.

Di Giovanni, Elena. "Cultural Otherness and Global Communication in Walt Disney Films at the Turn of the Century", in Gambier (ed) *Screen Translation*, Special issue of *The Translator. Studies in Intercultural Communication*, Vol. 9, No. 2. Manchester: St Jerome, 2003. 207-224.

Gambetta, Diego. *Codes of the Underworld*. Princeton&Oxford: Princeton University Press, 2009.

Gardaphé, Fred L. "Running Joke: Criticism of Italian American Culture through Comedy in *The Sopranos*." *Between* [Online], 6.11 (2016): n. pag. Web. 10 Feb. 2017.

_____. "Italian American Humor: From Sceccu to Chooch. The Signifying Donkey." *L'Italia allo Specchio. Linguaggi e Identità nel Mondo*. Eds. Fabio Finotti and Marina Johnston. Venezia: Marsilio Editori, 2015. 363-372.

_____. "The Gangster Figure in American Film and Literature". *Mediated Ethnicity*. Eds. Giuliana Muscio, Joseph Sciorra, Giovanni Spagnoletti and Anthony Julian Tamburri. New York: John D.Calandra Italian American Institute, 2010. 55-64.

_____. *From Wiseguys to Wise Men. The Gangster and Italian American Masculinities*. London & New York: Routledge, 2006.

_____. "A Class Act; Understanding the Italian/American Gangster." *Screening Ethnicity*. Eds. Anna Camaiti Hostert, and Anthony Julian Tamburri. Boca Raton: Bordighera Press, 2002. 48-68.

Haller, Hermann W. "Italian American Speech Varieties". *Geolinguistic Perspectives*. Eds. Jesse Levitt, Leonard R.N. Ashley, Kenneth H. Rogers. Lanham, MD: University Press of America, 1987 (a). 259-266.

_____. "Italian Speech Varieties in the United States and the Italian-American Lingua Franca". *Italica*, Vol. 64, No.3, 1987 (b). 393-409.

_____. "Atteggiamenti Linguistici nelle Comunità Italo-Americane". *Rivista di linguistica*, No.3, 1991. 389-405.

_____. *Una Lingua Perduta e Ritrovata. L'Italiano degli Italo-Americani*. Firenze: La Nuova Italia, 1993.

King, Jeoff. *Film Comedy*. London and New York: Wallflower Press, 2002.

Kozloff, Sarah. *Overhearing Film Dialogue*. Berkley & Los Angeles: University of California Press, 2000.

Le Vien, Douglas, Jr. and Papa, Juliet. *The Mafia Handbook*. New York: Penguin Books, 1993.

Lippi-Green, Rosina. *English with an Accent: Language, Ideology, and Discrimination in the United States*. London: Routledge, 1997.

Menarini, Alberto. "L'Italo-Americano degli Stati Uniti". *Lingua Nostra*, No.18, 1939. 152-160.

Parini, Ilaria. "The Transposition of Italian American in Italian Dubbing". *Translating Regionalised Voices in Audiovisuals*. Ed. Federico Federici. Roma: Aracne, 2009. 157-178.

_____. *Italian-American Gangsterspeak. Linguistic Characterization of Italian-American Mobsters in Hollywood Cinema and Italian Dubbing*. Saarbruken: LAP, 2013.

_____. "'I'm going to f****** kill you!' Translation and censorship in Mafia movies". *Enforcing and eluding censorship. British and Anglo-Italian perspectives*. Eds. Giuliana Iannaccaro and Giovanni Iamartino. Newcastle Upon Tyne: Cambridge Scholars Publishing, 2014. 144-166.

Reich, Jacqueline. "Stars, Gender, and Nation: Marcello Mastroianni and Italian Masculinity". *Screening Genders*. Eds. Krin Gabbard and William Luhr. New Brunswick, New Jersey and London: Rutgers University Press, 2008. 49-60.

Renga, Dana. *Mafia Movies: A Reader*. University of Toronto Press, 2011.

Russo, John Paul, et al. "The Hidden Godfather: Plenitude and Absence in Coppola's Trilogy." *The Italian in Modernity*, University of Toronto Press, 2011, pp. 434–492, www.jstor.org/stable/10.3138/j.ctt2tv33v.10.

Szcepanski, Karen A. "The Scalding Pot: Stereotyping of Italian-American Males in Hollywood Films." *Italian Americana*, vol. 5, no. 2, 1979, pp. 196–204. www.jstor.org/stable/29775974.

Igiaba Scego.
Adua: esilio e ad asilo, passato e presente tra il Mediterraneo e l'Italia.

Daniela Privitera
ISTITUTO D'ISTRUZIONE SUPERIORE "MARIO RAPISARDI" DI PATERNÒ

A volte nella storia dell'umanità i tempi riflettono altri tempi: questo è quello che accade nel libro di Igiaba Scego:[1] *Adua* (Giunti, Editore, 2015).

Il romanzo della Scego, come quando la finzione letteraria è capace di raccontare la vita, esce proprio in un particolare momento di crisi come quello che ci viene mostrato dalle immagini–verità della giovane donna del Mali[2] morta nel centro del Mediterraneo, mentre

---

[1] Nata a Roma nel 1974, Igiaba Scego è una giornalista e scrittrice italo somala, immigrata di seconda generazione. Si occupa di migrazione e transculturalismo. Scrive per "Internazionale," "L'Unità," " Il Manifesto." Tra i suoi libri si ricordano: *La mia casa è dove sono* (2010), *Roma negata* (2014) *Caetano veloso.* (2016)

[2] Si fa riferimento alla notizia riportata in Ansa Sicilia del 07/11/2016 (cfr. ansa.it).

col corpo faceva da scudo ai suoi figli per evitare lo schiacciamento sul barcone spezzato e sovraffollato, o quella, che ha fatto il giro del mondo, del bimbo morto sulla spiaggia di Bodrum,³ in Turchia.

Al di là di qualunque pietismo che tali immagini possono suscitare nello spettatore, in realtà dovremmo indagare le vere ragioni che determinano quello che oggi andrebbe definito un "scontro di inciviltà" proprio su quel mare che nacque come "mare di mezzo" e pertanto, come storico luogo di incontro di uomini e popoli.

Le ragioni vanno forse ricercate in un passato neanche tanto lontano quale può essere quello del colonialismo che, per quanto riguarda l'Italia, conobbe il suo picco di massima espansione sotto il governo fascista.

La storia di Adua, raccontata dalla Scego, è una storia plurale descritta sul piano bidimensionale della narrazione che intreccia storie collettive e personali per intersecare, tra passato e presente, la Grande storia, in cui, senza soluzione di continuità si passa dal colonialismo italiano dei primi anni del Novecento alla Somalia degli Anni Settanta, fino ai morti quotidiani del Mediterraneo, divenuti ormai *routine* rimossa dal nostro umanesimo assassino.

La Scego parte da lontano per raccontare due vite (quelle di un padre e una figlia) apparentemente opposte ma accomunate dal sangue e dai sogni. A queste, poi, si intreccia la storia dei barconi e delle tante vite disperate, come quella di Titanic, giovane marito di Adua sbarcato a Lampedusa.

A raccontare è la voce intradiegetica di Adua, che si alterna con quella di Zoppe suo padre, in un sistema binario che costituisce l'espediente narrativo per sovrapporre passato e presente.

> Nessuno ci aveva mai raccontato che il colonialismo era un male. Ero una ragazzina. Non pensavo alle faccende della politica. Fu papà a trascinarmi al cinematografo Munar per la prima volta. Io volevo essere come Norma Jean e Marylin. Volevo le luci, i baci appassionati. Volevo scappare. L'Italia era ovunque nella mia vita.

---

³ Il tragico evento avvenne il 02/ 09/ 2015 data d'uscita del libro di Igiaba Scego.

> L'Italia, era l'abbraccio appassionato. L'Italia era la libertà. E io speravo tanto che diventasse il mio futuro. (Scego:100)

E' uno dei tanti monologhi interiori, raccontati alla statua dell'elefantino di Piazza Navona a Roma, da parte di Adua donna immigrata in Italia, negli anni settanta dopo il golpe di Siad Barre in Somalia.

L'intreccio del romanzo corre lungo due direttrici che sono le vite di un padre e una figlia che, per ragioni differenti, cercano il loro posto al sole: un romanzo di formazione incompiuto e deluso per Adua; un prezzo troppo alto per una salvezza, cercata tra le pieghe del collaborazionismo coi fascisti, per l'altro.

Adua parla la lingua del presente e scandisce dolori e soprusi di un razzismo che accompagna da sempre la storia di chi non ha voce, a partire dal colonialismo fascista fino ai nostri sventurati giorni dominati da un neocolonialismo anche linguistico di esponenti politici reazionari e razzisti che declamano la necessità di utilizzare "un metrò etnico per extracomunitari"[4] prima di buttarli nel Mare nostrum "dopo aver disinfestato Lampedusa"[5] per averli accolti.

Ma chi è Adua? E' una vecchia Lira, una donna matura—come la chiamano i nuovi immigrati—che vive a Roma sin dagli anni Settanta, attratta dal mito della città eterna e dal cinematografo, scoperto per caso, al suo paese, Magalo, quando era ancora adolescente.

Trascinata a forza dal padre Zoppe, a vedere un film nel piccolo cinema dove si proiettavano film rigorosamente nell'italico idioma (come imponeva la propaganda imperialista del regime dell'epoca) Adua, "che non sapeva cos'era un film e come si faceva a capire se era iniziato" rimase talmente ammaliata da un prestante Maciste che abbracciava donne regali vestite di blu, che giurò a se stessa di voler diventare un'attrice.

Cfr; *Le 10 frasi più becere di Matteo Salvini*—theChronicle. www.thechronicle.it/berlusconi-tra-lincudine-e-il-matteo. La citazione appartiene all'esponente della Lega Nord (partito della Destra Italiana) Matteo Salvini, più volte al centro di roventi polemiche per il suo razzismo nei confronti degli immigrati. Si veda anche il recente articolo: Salvini, "Italia è bengodi per delinquenti stranieri. Mi dà fastidio essere lo zimbello in Marocco," ne il "Fatto quotidiano.it" (16 Agosto, 2016).
[5] *Ibidem*

> Già mi vedevo avvolta in un abito nero Givenchy come Audrey Hepburn pronta a spiccare il volo verso il mio personale successo. (Scego:141)

Migranti, diaspora, rifugiati: sono queste le parole che esondano dal testo e rimbalzano alla coscienza anestetizzata del lettore che ha imparato a rimuovere una verità che non è bella da dire, e cioè che l'Europa, da tempo ormai immemorabile, ha imposto i bavagli al sud del mondo in nome dei principii occidentali, dopo aver preteso una nuova colonizzazione, e formato quella che F. Fanon aveva descritto come una nuova schiavitù. Quella dei "negri greco –latini."[6]

Non a caso nel testo della Scego, la Storia (quella imposta dai vincitori) si inserisce a prepotenza nel tessuto della narrazione e rappresenta la ragion d'essere della trama:

> Siamo noi, dopotutto che abbiamo dato i natali ad Augusto—afferma il conte Anselmi, funzionario fascista e datore di lavoro del povero Zoppe, padre di Adua, a cui egli con convinta superiorità dichiara: "Civilizzare i selvaggi toccherebbe a noi [italiani]. Siamo noi che dobbiamo portare sulle spalle questo pesante fardello. (Scego:93)

Fa fatica Adua, nel rimpiattino della memoria, a trovare l'anello di congiunzione di due vite segnate per sempre dalle imposizioni della Storia: quella di suo padre, Zoppe, e la sua. Il primo, uomo complicato, rude, segnato dalla precoce vedovanza della moglie, morta dopo aver partorito Adua, è un uomo pieno di incertezze, attratto dal bisogno di far soldi

> Voleva onorificenze, voleva quattrini. Per questo si doveva far vedere attivo. Lavorare tanto non lo spaventava (Scego:53)

---

[6]Per questo argomento vedi Frantz Fanon, *I dannati della terra* (Einaudi:1962).

Perciò, negli anni Trenta, "quando il regime fascista sbarcò in Somalia egli venne assunto come interprete, finendo per barattare metaforicamente la sua libertà con quella del suo popolo. Mogadiscio, Addis Abeba, Massawa. Un padrone vale l'altro, questo era il succo".[7]

> ... che c'entrava lui con quella sporca guerra coloniale ?
> Vendicare Adua, mettersi sul piano dell'Impero, [...] Lui ci pisciava su quella propaganda. Lui dagli italiani voleva solo i soldi per comprare una grandissima casa [...] Il resto gli era indifferente. (Scego:112)

Zoppe pagherà il prezzo della sua dignità di uomo che egli baratta per un sogno di materialismo. Il sogno s'infrangerà a Roma ove il colore della sua pelle e la sua provenienza diventano il marchio dell'inumanità della "civilissima" Italia:

> Un negro a Roma? Proprio lui? Roma era il suo sogno.[...]
> Quando gli avevano comunicato che avrebbe passato qualche mese nella città eterna, Zoppe pensò a un miracolo. (Scego :126)

A Roma doveva solo tradurre per i fascisti ma avrebbe avuto una bella ricompensa in denaro. In fondo, non si sentiva un collaborazionista, non avrebbe mai tradito nessuno del suo stesso colore di pelle. Da Roma però ebbe solo calci, pugni, insulti e fame. Cosa si aspettava? Era uno sporco negro: "ognuno ha il suo destino da seguire e i baratri dove precipitare" (Scego: 24).

E la storia oggi si ripete[8] come testimoniano i drammatici eventi dei quartieri romani e delle inchieste a Ferrara e Chieti.[9] Il tragico carosello di violenze che investe rumeni, ed extracomunitari, si trasforma in un' "arancia meccanica xenofoba" per opera della estrema destra capitolina di vocazione ideologica nazionalsocialista, coinvolta nel Banglatour (serate romane dedicate alle aggressioni contro le comuni-

---

[7] Michele Lauro, recensione a *Igiaba Scego, Adua* in Panorama.it (19 settembre, 2015*)*.
[8] Per questo argomento, si veda, Giuliano Santoro, *Il Banglatour dei fascisti romani*, "Il Manifesto" 15, gennaio, 2016.
[9] *Ibidem*

tà bengalesi) o in episodi di "pulp fiction alla romana"[10]—liquidati in poche righe dalla maggior parte della stampa nazionale—in cui un romeno aggredito perde due dita e finisce con il labbro spaccato.

La storia è sempre uguale e come Zoppe "ognuno ha il suo destino da seguire e i baratri dove precipitare".

Quello che accade nella nostra epoca è in fondo una pericolosa e subdola legittimazione verso forme di un nuovo razzismo, mediate forse anche dai mass-media (che tacciono su certi eventi) e di fronte ai quali forse siamo impotenti, per dirla con Sartre, a quello che è "lo spettacolo inaspettato dello *streap-tease* del nostro umanesimo"[11].

Ma nel romanzo, anche per Adua il sogno s'interrompe perché il sentimento che lo ha animato si affievolisce scontrandosi con la realtà della Roma di oggi. Per questo lei, vecchia lira, si aggrappa disperatamente al bisogno di raccontarsi ed essere ascoltata:

> Ho bisogno di essere ascoltata—dice all'elefantino—altrimenti le parole si sciolgono e si perdono. (Scego:14)

Oggi, Adua, a Roma, giunta al giro di boa, tesse la trama del proprio romanzo di formazione e tenta di trovare nell'affabulazione, l'antitodo contro l'emarginazione e il razzismo.

Come per Bufalino la scrittura, anche per Adua le parole sono le uniche cose che le consentono l'illusione del "bellissimo riessere."[12]

Adua rievoca la fine di un'illusione che era travestita di lustrini e starlette e che aveva un nome: cinematografo.

Lei era scappata, infatti, dalla sua terra per inseguire il sogno da star del cinema. Ma il cinema di Roma voleva solo il suo corpo.

---

[10] Il titolo si riferisce ad un articolo di carattere informativo divulgato dal sito cronacadiordinariorazzismo.org curato da Lunaria(associazione di promozione sociale e volontariato internazionale).
[11] J. P. Sartre, Introduzione a F. Fanon, *I Dannati della terra* (Torino: Einaudi, 1962) 19.
[12] Per Gesualdo Bufalino (scrittore italiano 1920/1996) la scrittura è una forma di eternità e di riscatto. La pagina scritta assume il valore di una terapia che consente all'uomo l'illusione della vita e gli permette di essere ricordato. Cfr., *Cere perse* (Palermo: Sellerio, 1985).

> Ti chiederanno il tuo corpo—le aveva detto un'amica—Gli Italiani con mia nonna hanno fatto così. Devi solo capire se vuoi pagare questo prezzo o no. (Scego:160)

La ragazza finirà tra le grinfie di produttori di film porno per poi recitare in un film il cui titolo non ha bisogno di spiegazioni: *Femina somala*. A tutto questo si aggiungeranno le umiliazioni dei tanti *jus primae noctis* a cui lei, dopo la violenza dell'infibulazione subita da bambina, era stata costretta a cedere pur di diventare Marilyn.

Oggi, la Vecchia Lira, dinanzi al corpo di Roma contaminato da nuovi e inquietanti derive fasciste, confessa all'elefantino del Bernini: "Non sapevo che mi avrebbero preso tutto, anche la dignità" (Scego: 160).

Nel romanzo, il dettato narrativo, diventa, a tratti, una narrazione intima, a volte estrema, nel particolare di certi realismi come quello della descrizione del dolore dei corpi fustigati e vilipesi dalla violenza del sesso mercificato o dalla barbarie delle sevizie fasciste.

Quello che racconta la Scego è in fondo la storia del colonialismo che passa anche per i corpi. I corpi martoriati dei diversi (neri, ebrei, omosessuali) e quelli svenduti ed esibiti nel mercimonio della libidine collettiva alimentata, già in epoca coloniale, dai tormentoni musicali come quello di *Faccetta nera*.

Adua, della storia di *Faccetta nera*[13] sembra essere la triste erede in formato da pornostar.

I corsi e ricorsi della storia si ripetono, quasi come un'eco vichiana, e il meccanismo non è molto diverso dalla cronaca dei nostri tragici anni in cui dietro i proclami di una "guerra di liberazione" dalla schiavitù (così venne presentata agli Italiani la conquista dell'Etiopia) in nome di una sedicente retorica pacifista si nascondono gli interessi economici di lobby e potentati politici.

---

[13] Sulla vicenda della nota canzone, da tutti considerata il simbolo dell'imperialismo fascista, la stessa Scego ha scritto pagine interessanti su Internazionale.it. Si fa riferimento al fatto che la canzone, venne riscritta più volte ed emendata di parti non gradite al fascismo e allo stesso Mussolini, che non approvava il fatto che si inneggiasse all'unione promiscua tra nere e italiani e che si alludesse alla sconfitta di Adua subita dall'esercito italiano. Cfr Igiaba Scego, *La vera storia di Faccetta nera*, "Internazionale.it" Agosto, 2015.

Alla stessa maniera, c'è un filo rosso che lega le radici del colonialismo alla base del razzismo di oggi e l'idea della bella abissina con cui giacere per liberarla dalla schiavitù di crudeli negus era già alla base della propaganda dell'imperialismo fascista.

Anche la letteratura, all'epoca, rincarava le dosi. Si pensi che nel 1937 "Filippo Tommaso Marinetti descriveva l'Africa come un territorio «ricco di ondulazioni femminili» e le grotte e i tucul rastrellati dai soldati come «affumicati uteri mondani da visitare ginecologicamente.—Il possesso delle donne nere coincideva con la conquista del territorio coloniale—e la soddisfazione del desiderio maschile coincideva con la vittoria militare del fascismo"[14].

Il motivetto di *Faccetta nera*, divenne perciò un'esca per il maschio italiano malgrado l'avversione di Mussolini che, paradossalmente odiava—come testimonia la stessa Scego—la canzone in cui si alludeva all'unione carnale ma meticcia (e pertanto opposta all'idea di razza pura) tra italiani e africane dai corpi splendidi e disponibili come la terra d'Africa.

Malgrado la riluttanza del regime, la canzone decollò perché il richiamo del sesso per i soldati italiani lontano dal suolo italico ed impegnati nella sedicente liberazione dei "selvaggi Africani", era un'allettante ragione per partire e servire la Patria.

Anche il corpo di Adua è destinato a diventare l'oggetto del desiderio di un'Italia bavosa qual è quella del cinema *soft* porno degli anni Settanta e, per uno scherzo del destino, il titolo del suo unico film è lo stesso del libro del 1933 dello scrittore coloniale Gino Mitrano Sani[15] autore di *Femina somala*, in cui, egli, riferendosi alla sua amante del Corno d'Africa, scriveva: "Elo non è un essere, è una cosa [...] che deve dare il suo corpo quando il maschio bianco ha voglia carnale."

---

[14] Sonia Sabelli, *L'eredità del colonialismo nelle rappresentazioni contemporanee del corpo femminile nero*, in «Zapruder. Storie in movimento», *Brava gente. Memoria e rappresentazioni del colonialismo*, a c. di Elena Petricola e Andrea Tappi, n. 23, settembre-dicembre (2010:106-15)
[15] Gino Mitrano Sani, *Femina somala: romanzo coloniale del Benadir* (Napoli:1933).

Non è diverso il neocolonialismo italico dei giorni nostri ove dalla pubblicità, alle sfilate, dalla televisione, alle *mannequins* la Venere nera esibisce il corpo della bella Abissina, della faccetta nera. Quello della donna nera è

> Un corpo usato e abusato. Un corpo che deve essere sempre bello. L'abissina non può essere altro che la bella abissina. Non può essere brutta, menomata, malata, non disponibile. Il suo corpo vive più paradossi. È da una parte desiderato, dall'altro oltraggiato, negato, imprigionato. Le faccette nere oggi in Italia non hanno solo la pelle nera: basta discostarsi da quello che la società considera "normale" per venire considerati facili, accessibili, stuprabili. (Scego, 2015)

Se il corpo nero è dunque cosa, esso si reifica a tal punto che se galleggia cadavere nel Mare nostrum, diventa anonimo, ignoto e perfino indegno degli onori della cronaca.

L'anonimato è in fondo ciò che l'umanità ha preteso di costruire in nome di quest'Europa che "non la finisce di parlare dell'uomo pur massacrandolo dovunque lo incontra, in tutti gli angoli delle sue stesse strade, in tutti gli angoli del mondo." (Sartre: 6)

Se anonimo è il corpo senza vita di un mare che "divide" forse il destino di chi riesce a sopravvivere al mare si legge in filigrana, come accade ai personaggi del romanzo della Scego, accomunati dall'ossessione onomastica dei nomi parlanti.

Adua, Zoppe, Titanic: *nomen omen*, sarebbe il caso di dire.

E infatti, non è senza significato che tutti e tre i nomi implichino il senso di un vuoto a perdere a cui è destinato chi, uscendo dall'anonimato, può, al massimo, aspirare a vivere da emarginato come Adua, che è il nome dato dal padre ad Habiba (che in arabo significa amore) perché imponendo alla figlia il nome della prima vittoria africana contro l'imperialismo, egli avrebbe voluto proiettare la sua vittoria quando rivolgendosi ad Adua le dice: "Dentro il tuo nome c'è una battaglia la mia" (Scego:64).

E tuttavia, l'eco di queste parole è destinata a rimanere inascoltata.

Se l'onomastica ha un senso, Zoppe, che vuol dire "claudicante", zoppo lo è davvero a causa di una vecchia malattia, contratta da bambino. Sebbene guarito, egli porta ancora su di sé i segni del destino, di chi, cioè, non avrebbe mai potuto "volare con i falchi al tramonto" (Scego:164) e infine Titanic, come la nave affondata nell'oceano, è il nome che Adua sceglie di dare al giovane marito, appena scampato alle tragiche onde del Mare nostrum, per chiedere anche lui asilo, ma vivere in esilio in una terra che non lo vuole.

Il suo destino è in fondo in balìa delle onde, come il viaggio che egli affronterà verso i mondi ignoti di quella stessa Europa da cui è stato addomesticato e seviziato.

Il finale apre alla speranza spostando il punto di vista sul mondo.

La telecamera, che Titanic regala ad Adua come ricompensa per l'amore donatogli, è il simbolo di una regia finalmente affidata a chi ha sempre svolto i ruoli di comparsa.

E' la presa di coscienza degli ultimi.

> Ora potrai filmare quello che vuoi, ora potrai narrarti come ti pare e piace [...] e potrai finalmente scoprire cosa c'è al di là del mare (Scego:193).

La conclusione del romanzo ci pone una domanda: esiste una via di fuga nel mondo dell'opera e fuori dall'opera? Dipenderà dalla capacità di sguardo che i popoli civili avranno nei confronti dell' "Altro".

Oggi per capire quel che siamo diventati basterebbe citare un pensiero di Sartre scritto negli Anni '60:

> Basta che ci mostrino quel che abbiamo fatto di loro (gli africani), perché conosciamo quel che abbiamo fatto di noi.
>
> Oggi se l'Europa è in pericolo di crepare, è forse perché la violenza coloniale non si è proposta soltanto di tenere quegli uomini asserviti, ma ha cercato di disumanizzarli. Trascura la memoria umana, i ricordi incancellabili; e poi, soprattutto, c'è quello che il colonizzatore non ha mai saputo: noi non diventiamo quel che siamo se non con la negazione intima radicale di quel che han fatto di noi. Per tre generazioni fin dalla seconda, appena aprivano gli occhi, i figli hanno visto percuotere i loro padri.
>
> Ma quelle aggressioni senza tregua rinnovate, anziché spingerli a sottomettersi, li buttano in una contraddizione insopportabile di cui l'europeo, presto o tardi, farà le spese. (Sartre: 10-13)

Forse sarebbe il caso di chiedersi, se oggi tutto questo sia collegato ai fumi delle barricate dentro gli aeroporti sventrati o nei teatri incendiati dalla follia omicida di uomini che cominciano la loro vita dalla fine, perché si considerano morti in potenza.

"Viviamo il momento del boomerang, il terzo tempo della violenza, essa ci colpisce, e ci percuote [...] ma noi non capiamo che è la nostra." (Sartre:15)

E infatti—osserva la Scego— "se arrivano i migranti in fuga da guerre alimentate anche dall'Occidente con la vendita delle armi e lo sfruttamento del suolo (penso, per esempio, al mio Paese d'origine usato dalle multinazionali come pattumiera per i rifiuti tossici) significa semplicemente che il colonialismo del passato ha posto le basi per il disastro odierno. L'Africa purtroppo non si è mai emancipata dal colonialismo. Questo è continuato sotto altre forme [...]" (letto in Ciarapica, 2015).

L'unica via di fuga percorribile rimane la decolonizzazione della memoria per convincersi che forse, al di là del mare, la diversità è bellezza.

BIBLIOGRAFIA

OPERE CITATE
Bianchi Rino, Scego Igiaba, *Roma negata,* Ediesse: 2014;
Bufalino Gesualdo, *Cere perse*, Palermo: Sellerio, 1985;
Fanon, Frantz, *I dannati della terra,* Torino: Einaudi, 1962;
Francesconi, Federico I*mperialismo, decolonizzazione e memori*a in www.academia.edu/7006390/Imperialismo_decolonizzazione_e_memoria
Mitrano Sani, Gino, *Femina somala: romanzo coloniale del Benadir,* Napoli: Libreria Detken & Rocholl, 1933;
Sabelli, Sonia, *L'eredità del colonialismo nelle rappresentazioni contemporanee del corpo femminile nero,* in «Zapruder. Storie in movimento», *Brava gente. Memoria e rappresentazioni del colonialismo,* a c. di Elena Petricola e Andrea Tappi, settembre-dicembre :2010;
Santoro Giuliano, *Il Banglatour dei fascisti romani,* "Il Manifesto" 15, gennaio, 2016.
Sartre Jean Paul, Introduzione a, *I dannati della terra,* Torino: Einaudi, 1962;
Scego Igiaba, *Adua,* Roma: Giunti, 2015;
_____. *Caetano veloso*, Add Editore: 2016;
_____. *La mia casa è dove sono* Milano: Rizzoli, 2010;
_____. *La vera storia di Faccetta nera,* "Internazionale.it" Agosto, 2015.

SITOGRAFIA
Ciarapica Giulia., *Igiaba Scego ci racconta la sua «Adua»,* 15 ottobre 2015,

http://thefielder.net/15/10/2015/igiaba-scego-ci-racconta-la-sua-adua/;
Le 10 frasi più becere di Matteo Salvini—theChronicle.
www.thechronicle.it/berlusconi-tra-lincudine-e-il-matteo; cronacadiordinariorazzismo.org curato da Lunaria (associazione di promozione sociale e volontariato internazionale);

Ruccia, Gisella, *Salvini, "Italia è bengodi per delinquenti stranieri. Mi dà fastidio essere lo zimbello in Marocco"*, ne il "Fatto quotidiano.it" (16 Agosto, 2016).

Dante e la Cultura Araba

Maria Elena Rodolico
Liceo classico "Mario Rapisardi"- Paternò

Parlare di legami tra Dante Alighieri e la cultura araba non dovrebbe apparire peregrino se si riflette che durante tutto il Medioevo il rapporto dell'Europa cattolica con il mondo arabo-islamico è stato sostanzialmente paritario, anzi non si può non riconoscere una decisa superiorità del mondo arabo nei secoli dell'Alto Medioevo, in termini di progresso civile, scientifico e culturale.

Furono profondi gli scambi tra le due culture e senza di essi non sarebbe immaginabile l'Europa moderna. In campi come l'algebra, la geometria, la matematica, l'astronomia, l'arte, la filosofia, la letteratura è stato fortissimo l'influsso arabo; attraverso i filosofi arabi è avvenuta la riscoperta del pensiero di Aristotele, base della riflessione politica di Dante.

L'impianto filosofico e teologico della *Commedia* e l'intera produzione di Dante sarebbero poco comprensibili senza tener conto del contributo di Avicenna (Ibn Sina, 980-1037) e di Averroè (Ibn Rushd, 1126-1198), che mediarono e arricchirono in modo originale la tradizione filosofica greca, costituendo un ponte culturale tra Oriente e Occidente (tav.1). Su Dante influirono anche pensatori vicini all'averroismo, a cominciare dall'amico Guido Cavalcanti, o da altri filosofi, come il fiammingo Sigieri di Brabante (1235-1282), favorevole ad una separazione tra scienza e fede e per questo ritenuto eretico. I filosofi Algazel (al-Ghazzali), gli astronomi e astrologi Albumasar (Abu Ma'shar), Alfragano (al-Farghani) e Alpetragio (al-Bitruji) (Tav.1) non furono per Dante semplici nomi, ma autorità scientifiche vive nell'alta cultura del suo tempo, attraverso traduzioni latine dei secoli XII e XIII ed estratti e citazioni indirette in opere di Alberto Magno e di san Tommaso, come attestano luoghi del *Convivio* e della *Commedia*.

Ma come possono essere arrivate a Dante le fonti dirette?

Al di là del fenomeno dell'interdiscorsività, per cui temi, motivi e idee entrano nella cultura comune in modo talmente diffuso che diventano una specie di parlare collettivo, bisogna ricordare il ruolo avuto da Brunetto Latini nella formazione dantesca. Grandissimo uomo di cultura, Brunetto nel 1260 andò come ambasciatore dei guelfi fiorentini a Toledo, alla corte di Alfonso il Savio, e frequentò anche i traduttori arabi. Prova ne è la citazione in lingua d'oil nel *Tresor* di Brunetto dell'*Etica Nicomachea* di Aristotele[1], derivata non dalla traduzione latina classica del Grossatesta , ma da una translatio alessandrina, un riassunto arabo, che potrebbe poi essere stato trasmesso a Dante. Del resto, nel Duecento, accanto al grande centro culturale toledano voluto da Alfonso X di Castiglia, figura di sovrano e uomo politico a cui vien fatto di pensare quando si riflette sulle odierne politiche culturali dei nostri governanti (tav.2), esisteva in Europa un'altra corte di potente forza culturale, quella dell'imperatore Federico II di Svevia, "stupor mundi", profondo conoscitore della lingua e della cultura arabe e, per sua stessa formazione, propenso alla fusione di culture diverse. Pur collocandolo nel X canto dell'Inferno[2], fra gli eretici, il poeta lascia trasparire la stima e l'ammirazione profonda che la moderna, curiosa e forte personalità del personaggio suscitava in lui, e se non può esimerlo dalla dannazione, riesce almeno a destinare alla salvezza l'anima di Manfredi[3], suo degno figlio e continuatore politico e culturale. Come ha scritto lo storico Franco Cardini;

> Nel mondo medievale i musulmani e i cristiani ogni tanto si combattevano e se le davano di santa ragione, ma si comprendevano benissimo. [...] L'incomprensione è venuta dopo, a seguito dell'atteggiamento bifronte—colonialismo da una parte, esotismo e orientalismo dall'altra—che ha trascurato di comprendere l'Islam, ritenendo che fosse una dottrina di colonizzati in via d'estinzione; cosicché ha dimenticato di leggerlo e di studiarlo.

Dante, invece, spinto dalla sua naturale propensione enciclopedica verso i più vari materiali culturali (classici, biblici, romanzi) fu capace

---

[1] Brunetto Latini, *Li livres dou Tresor* II, cap.34 e segg.
[2] Dante Alighieri, *Inferno*, X, 118
[3] Dante Alighieri, *Purgatorio*, III, 103-145.

di utilizzare anche quelli di matrice musulmana e di realizzare con la *Commedia* una sintesi originale fra culture, all'insegna di un vero cosmopolitismo intellettuale. E ciò vale indubbiamente nei contenuti, ma talora si registrano a livello formale anche sopravvivenze linguistiche di derivazione araba, come all'inizio del VI canto del *Purgatorio*, quando viene nominato "il gioco della zara,"[4] cioè il gioco dei dadi, dall'arabo *zahr*, dado, (tav.2) da cui il provenzale *azar* e il francese *hazard*, in italiano azzardo.

Il rispetto del grande poeta per la civiltà musulmana è percepibile anche nella rievocazione dell'incontro, avvenuto durante la V crociata, tra Francesco d'Assisi e il Sultano Malek al-Kamil(tav.2), nel famoso passo dell'XI canto del *Paradiso*,[5] in cui si rievoca la grande umanità di Francesco, desideroso di divulgare il messaggio cristiano con la dolcezza e la persuasione, ben diverse dai metodi violenti delle Crociate, e allo stesso tempo la cultura profonda, la curiosità e la benevolenza del sultano medesimo.

I presunti rapporti fra Dante e il mondo arabo-islamico, che in precedenza potevano sostanzialmente apparire una mera questione erudita, suscitarono polemiche tra i difensori dell'originalità del grande poema nel 1919, quando l'arabista e dantista Miguel Asìn Palacios, nella sua opera *La escatologia musulmana en la Divina Commedia*, identificava analogie notevoli tra il testo dantesco e i vari testi della tradizione islamica, quali, ad esempio, la XVII Sura del *Corano* (17:1), in cui si accenna ad un viaggio di Muhàmmad al di là degli inferi, una "isra", ovvero un viaggio notturno all'Inferno, e un "mi'rag", cioè un'ascensione in Paradiso, riferita anche nella LIII Sura (53:5).

Ciò, sulla base di alcuni successivi "detti" e relativi commenti, ispirò la leggenda del "miraj," la narrazione estesa dell'ascensione al cielo del Profeta. In particolare il versetto 1 della Sura XVII (la Sura del Viaggio notturno) recita: "Gloria a Colui che rapì di notte il Suo

---

[4] In arabo, "dado" è "zahar" e il gioco, che ha molte varianti, in Italia segue la seguente regola: si gettano tre dadi su una superficie piana (può essere un tavolo, ma più spesso il selciato in strada); i due giocatori, nel breve intervallo di tempo che intercorre tra il lancio dei dadi e il loro arresto, dicono ciascuno un valore: vince la posta chi azzecca il risultato.
[5] Paradiso, XI, 100-105.

servo dal Tempio Santo al Tempio Ultimo, dai benedetti precinti, per mostrargli dei Nostri Segni. In verità Egli è l'Ascoltante, il Veggente".

 I dotti musulmani polemizzarono a lungo sulla possibilità che il Profeta alludesse ad un'esperienza mistica o ad un miracolo effettivamente vissuto, optando infine per la seconda soluzione.

 Come molti studiosi, preferisco anche io utilizzare il nome musulmano del profeta Maometto, dato che, come ha fatto notare il Luperini, il nome italianizzato implica un legame etimologico negativo: Maometto deriva da Malcometto ("commetto il male"), quindi potrebbe apparire un modo di denigrare un profeta islamico considerato eretico in prospettiva cattolica.

 Asìn Palacios riportava diverse leggende islamiche (in arabo hadit)[6], fiorite intorno a quei passi del *Corano*, rilevando la somiglianza tra vari elementi simbolici presenti nella *Divina Commedia* ed analoghi elementi contenuti in vari racconti arabi di epoca medievale sull'aldilà.

 Eppure lo studioso non conosceva ancora il *Miraj*, il *Liber Scalae Mahometi* venuto alla luce nel 1949, dai fondi della biblioteca Bodleiana di Oxford e della Nazionale di Parigi, nonché dalla Vaticana (nel Codice Vaticano Latino 4072), e diffuso in Italia da Enrico Cerulli.

 La versione più antica risale all'VIII secolo e narra di un viaggio di Muhàmmad all'Inferno e in Paradiso con l'arcangelo Gabriele come guida (tav. 2). Tale testo era stato tradotto per la prima volta in castigliano nel 1264, per volontà di Alfonso X detto il Saggio, il sovrano prima citato, mecenate coltissimo e animatore di una corte cosmopolita frequentata da intellettuali ebrei, arabi e cristiani.

 Il re aveva commissionato la traduzione ad un dotto medico ebreo, Abraham Alfaquim, mentre la traduzione dal castigliano in la-

---

[6] Esempi in Italiano della letteratura di *hadit* sono: V. Vacca, S. Noja, M. Vallaro (a cura di), *Detti e fatti del profeta raccolti da al –Burkhari*, Utet, Torino 1982 e la raccolta di Nawawi, *Il Giardino dei Devoti*, a cura di A. Scarabel, Società Italiana Testi Islamici, Trieste 1990. Per le forme letterarie successive nell'area islamica: *Muhammedanische Studien*, di I. Goldzier, (trad. francese del II vol., *Etudes sur la Tradition Islamique* (Maisonneuve: Paris, 1984); M. Abdul Rauf, Nabia Abbot, E. Kohlberg, S. E. Calamawy e N. J. Coulson in A. F. L. Beeston, T. M. Johnstone, R. B. Serjeant, G. R. Smith (a cura di), *Arabic Literature to the end of the Umayyad period*, Cambridge University Press 1983, capp. X-XIV, P.271-321; e Tarafi, *Le Storie dei Profeti, a cura di Tottoli*, (Il Melangolo: Genova, 1997)

tino (*Liber Scalae Mahometi*) e in francese (*Livre de l'Eschiele Mahomet*) fu eseguita da Bonaventura da Siena, presente a Toledo come notaio alla corte di Alfonso e amico di Brunetto Latini, il quale può aver dato notizia all'Alighieri di quell'opera, vista la materia molto affine alla *Divina Commedia*.

La versione latina del *Libro della Scala* (la scala per il Paradiso), risalente al XIII secolo era contenuta nella *Collectio Toledana*, in cui Pietro il Venerabile, abate di Cluny, aveva fatto raccogliere testi arabi filosofici e scientifici, in un periodo antecedente la nascita di Dante.

La *Collectio Toledana* è un'opera che nasce all'interno di una cultura come quella voluta dal sovrano di Toledo, segnata dalla tolleranza religiosa e dal desiderio di confronto culturale, e costituisce l'esempio più significativo del passaggio di conoscenze dal mondo islamico a quello cristiano.

Dall'epoca della sua prima formulazione, il testo del *Miraj* o *Libro della Scala*, proprio per la fama acquisita nell'ambito della religiosità popolare, è stato oggetto di una serie di elaborazioni ed ampliamenti, tutti ben documentati, ma al tempo stesso si inserisce in una feconda corrente letteraria, ispirata al tema del viaggio mistico, frutto delle visioni e delle discussioni di mistici e Sufi, soprattutto tra il X e il XIII secolo. (tav.3)

L'autore arabo-spagnolo del *Libro della Scala*, parlando in prima persona e fingendosi il profeta Muhammad, narrava la sua mi'rag, la sua misteriosa ascensione notturna, ricca di sorprendenti analogie con la *Divina Commedia*.

E' molto verosimile che Brunetto Latini, attivo alla corte di Castiglia proprio nel periodo in cui quel testo veniva diffuso, ne abbia parlato trent'anni dopo con il suo allievo Dante, a cui non poteva sfuggire questo versante della cultura islamica, cultura che già conosceva e aveva mostrato di apprezzare soprattutto nel *Convivio*, quanto all'ambito filosofico, geografico e astronomico, e che lo spinge nella *Commedia* a collocare gli autori arabi fra i grandi del Limbo, nonostante la loro fede in Muhammad. Che il *Libro della Scala* fosse noto nel'300 è testimoniato, inoltre, dal fatto che se ne trova un'espressa citazione nel *Dittamondo*, un poemetto enciclopedico scritto tra il 1350-60 dal poeta toscano Fazio degli Uberti[7].

Gli studi di Maria Corti riportano i tratti di somiglianza tra il *Libro della Scala* e la *Commedia* dantesca, sia riguardo a singoli episodi sia all'idea organizzativa del poema e Cesare Segre ha evidenziato come la struttura dell'*Inferno*, ad esempio, presenti notevoli analogie con l'Inferno islamico del *Libro della Scala,* (la scala che dalla terra conduce al cielo Giacobbe, come nella Bibbia), in cui si trova una precisa partizione dell'Inferno, anche in rapporto ad una classificazione dei peccati.

La versione finale dell'opera araba è anche quella che presenta le maggiori analogie con la *Divina Commedia*:

- i possibili destini dell'anima dopo la morte sono una sorta di Limbo, un Inferno ampiamente descritto, una specie di Purgatorio dai contorni confusi, un Paradiso terrestre, in arabo Heden, e un Paradiso vero e proprio, ampiamente illustrato;
- l'angelo conduce il Profeta nei sette piani dell'Inferno, elencando le categorie dei dannati e i supplizi a cui sono destinati, svolgendo il ruolo di accompagnatore e guida, alla maniera di Virgilio;
- due fiere sbarrano il passo a Muhammad all'inizio del viaggio, come le tre fiere fanno con Dante;
- l'Inferno visto da Muhammad appare molto simile a quello dantesco, strutturato allo stesso modo e sulla stessa verticale, in quanto si tratta di un antro ad imbuto che sprofonda fino al centro della Terra, lungo il quale i dannati sono disposti a seconda della gravità delle loro colpe, elemento assente da tutte le Visioni cristiane anteriori alla Commedia;
- la città di Dite viene descritta come *habitatio diabuli* e con immagini del fuoco che arde continuamente (Dante, peraltro chiama meschite, cioè moschee, gli edifici di Dite),

---

[7] Fazio degli Uberti, *Il Dittamondo*, V, XII, 82-106 e V, XIII, 4-25, (Bari: Laterza, 1952).

- con diavoli scatenati nell' inseguire i dannati, immersi nel fuoco;
- nella settima bolgia, in Dante, i ladri diventano serpenti e dopo la punizione ritornano uomini perché la pena prosegua, e nel testo arabo accade la stessa cosa, ma i serpenti hanno un veleno che brucia e riduce in cenere i dannati;
- Iblis (Lucifero), (tav.3), con due facce (tre in Dante) è immerso nel ghiaccio al centro della Terra, legato con un braccio davanti al petto e uno dietro alla schiena, come il gigante Fialte del XXXI canto;
- nella nona bolgia subiscono un identico contrappasso (punizione in rapporto alla colpa, diffusa in tutta la tradizione islamica) i seminatori di discordia, fatti a pezzi;
- ciò che assomiglia al Purgatorio è distribuito lungo gradoni, sul monte più alto della Terra, e sulla sommità si trova l'Heden;
- identica è la cosmografia: Luna, Mercurio, Marte, ecc..., le sfere concentriche in cui i cori angelici, ordinati gerarchicamente, ruotano attorno al Trono divino (il più veloce, il Primo Mobile, nel testo arabo è quello dei Cherubini, mentre in Dante è quello dei Serafini);
- l'Empireo come sede effettiva dei beati, che scendono nelle varie sfere per incontrare il viaggiatore Dante, come il viaggiatore Muhammad;
- Molti luoghi comuni del Paradiso islamico si ritrovano in quello dantesco: la luce, la musica, che nella *Commedia* diventa dolce sinfonia e "circulata" melodia, i colori, l'ineffabilità delle visioni (come Dante, anche il Profeta prova enorme difficoltà nel descrivere la visione divina, e in seguito ricorda solo una specie di sospensione dell'animo, l'inesistenza di paragoni possibili);
- comuni sono anche alcuni aspetti psicologici dell'itinerario celeste, per cui Muhammad e Dante, trovandosi dinanzi alla visione divina, sentono la vista offuscata e temono di diventare ciechi, anche se, per la verità, alla conclusione suprema della *Commedia* questo viene scongiura-

to dall'intervento della Vergine Maria, cui è rivolta la celeberrima preghiera innalzatale da San Bernardo insieme con tutti i beati. La metafisica della luce è, comunque, un motivo presente nel Paradiso musulmano, per cui gli occhi dell'uomo possono cogliere la luce divina solo indirettamente, e così, infatti, la luce di Dio si rispecchia negli occhi di Beatrice, fissati da Dante;

- l'arcangelo Gabriele invita Muhammad a guardare la Terra, così come fa Beatrice con Dante, anche se questo tratto si trovava già nel *Somnium Scipionis,* là dove il futuro Scipione Emiliano viene condotto in sogno, dal nonno Scipione l'Africano, tra le stelle della Via Lattea.

La scala di Muhammad

E' quindi possibile riassumere le analogie nel seguente schema riassuntivo:

IL VIAGGIO DI MUHAMMAD E QUELLO DI DANTE

LIBRO DELLA SCALA	DIVINA COMMEDIA
Limbo, Inferno, Purgatorio, Paradiso Terrestre (Heden), Paradiso.	Percorso Sostanzialmente analogo.
Guida e accompagnatore del Profeta è l'arcangelo Gabriele.	Guida e accompagnatore di Dante è Virgilio.
Due fiere sbarrano il passo a Muhammad all'inizio del viaggio.	Tre fiere fanno lo stesso con Dante.
L'Inferno visto da Muhammad: un antro ad imbuto che sprofonda fino al centro della Terra, lungo il quale i dannati sono disposti a seconda della gravità delle loro colpe.	L'Inferno dantesco è simile a quello visto da Muhammad, strutturato nello stesso modo, sulla stessa verticale e organizzato secondo gli stessi criteri.
La città di Dite viene descritta come "habitatio diabuli" e con immagini del fuoco che arde continuamente con diavoli scatenati nell' inseguire i dannati, immersi nel fuoco.	-Idem.
Nel testo arabo i serpenti hanno veleno che brucia e riduce in cenere i dannati.	Nella settima bolgia, in Dante, i ladri diventano serpenti e dopo la punizione ritornano uomini perché la punizione prosegua.
Iblis (Lucifero), con due facce è immerso nel ghiaccio al centro della Terra, legato con un braccio davanti al petto e uno dietro alla schiena, come il gigante Fialte del XXXI canto.	Lucifero, tre facce è immerso nel ghiaccio al centro della terra.
Nella nona bolgia subiscono un identico contrappasso (punizione in rapporto alla colpa diffusa in tutta la tradizione islamica) i seminatori di discordia, fatti a pezzi.	- Idem.
Il Purgatorio è distribuito lungo gradoni, sul monte più alto della Terra e sulla sommità si trova l'Eden.	- Idem.
Identica è la cosmografia: Luna, Mercurio, Marte, ecc., le sfere concentriche in cui i cori angelici, ordinati gerarchicamente, ruotano attorno al Trono divino (il più veloce, il Primo Mobile, nel testo arabo è quello dei Cherubini, mentre in Dante è	Cosmografia identica, a parte il fatto che il Primo Mobile è affidato ai Serafini.

quello dei Serafini).	
Empireo come sede effettiva dei beati, che scendono nelle varie sfere per incontrare il viaggiatore Muhammad.	Empireo come sede effettiva dei beati, che scendono nelle varie sfere per incontrare il viaggiatore Dante.
La luce, la musica, l'ineffabilità delle visioni. Come Dante, anche il Profeta prova enorme difficoltà nel descrivere la visione divina, e in seguito ricorda solo una specie di sospensione dell'animo, l'inesistenza di paragoni possibili.	La luce, la musica, l'ineffabilità delle visioni. Come il Profeta, anche Dante prova enorme difficoltà nel descrivere la visione divina, e in seguito ricorda solo una specie di sospensione dell'animo, l'inesistenza di paragoni possibili.
La vista offuscata e il timore di diventare ciechi.	- Idem.

Dante leggeva moltissimo e non è detto, in ogni caso, che qualche elemento in comune col testo arabo, come, ad esempio, il tema della metafisica della luce, provenga necessariamente dal *Libro della Scala*, visto che tra le sue varie fonti , con una *curiositas* unica e una capacità di arrivare ovunque, il poeta attinge anche alla letteratura mistica di Riccardo di San Vittore e a quella scientifica di Bartolomeo da Bologna.

Per entrare ancora più nello specifico dei riferimenti danteschi al *Libro della Scala*, è utile consultare il commento alla *Commedia*, curato da Bianca Garavelli, con la supervisione di Maria Corti (Bompiani, Milano 1993), che ha approfondito negli ultimi anni lo studio del *Libro della Scala* come possibile serbatoio di spunti, dettagli e suggestioni visive per la *Commedia*. Maria Corti lo definisce un «caso suggestivo di modello analogico», perché appartiene a una cultura religiosa completamente diversa da quella dantesca , ma non può essere stato considerato dall'autore un vero e proprio modello.

Da tale studio è possibile riportare le seguenti corrispondenze:[8]

Inferno, IV, vv.80 e 100. L'onore tributato a Dante e a Virgilio nel Limbo da parte dei poeti della "bella schola", Omero, Orazio, Ovidio, Lucano, richiama un passo del *Libro della Scala* (IV,10), in cui

---

[8] *Libro della Scala*, IV, 10—*Inferno*, IV, vv.80 e 100; *Satana nel Libro della Scala—Inferno*, XXXI, vv.86-88; capitoli IX e XXIX del *Libro della Scala—Paradiso*, XXXI, vv.13-15.

Muhammad viene onorato dai profeti biblici nel tempio di Gerusalemme. Come Muhammad riceve in quell'occasione l'investitura di profeta, così Dante quella di poeta.

Inferno, XXXI, vv.86-88. Nel pozzo che collega l'ottavo cerchio al nono, Dante descrive il gigante Fialte, che sfidò Zeus e che per punizione è incatenato e impossibilitato a muoversi. La posizione di Fialte è identica a quella di Satana nel *Libro della Scala.* Poiché i giganti sono un'anticipazione di Lucifero, è possibile che la posizione incatenata del Satana arabo, creatura gigantesca, abbia contribuito alla loro raffigurazione.

Paradiso, XXXI, vv.13-15. Nell'Empireo Dante descrive gli angeli come creature dai volti di fiamma viva e dalle ali d'oro, ma anche dall'aspetto tanto bianco quanto mai può arrivare ad esserlo la neve. Questa descrizione, oltre a luoghi dell'*Antico* e del *Nuovo Testamento,* sembra avere punti di contatto con i capitoli IX e XXIX del *Libro della Scala,* in cui viene descritto un angelo dai tratti di fuoco e neve allo stesso tempo.

Il riconoscere queste influenze non toglie nulla alla grandezza di Dante; tanti autori grandissimi hanno posto orecchio a tradizioni letterarie precedenti (ad esempio, Ariosto), e tuttavia hanno poi concepito e realizzato opere assolutamente originali.

Ai giorni nostri, turbati dalle barbare follie dei fondamentalismi islamici, si tende a dimenticare i rapporti che ci sono sempre stati tra la cultura occidentale e la ricchissima e progredita cultura araba dei secoli passati, e si tende a far prevalere la paura dell'altro sulla curiosità e sul desiderio di conoscere l'altro più da vicino.

Un filosofo e naturalista svizzero, Albrecht von Haller, scriveva alla metà del XVIII secolo:

Niente dissipa i pregiudizi meglio del conoscere popolazioni dotate di usanze, leggi e opinioni diverse dalle nostre; una diversità che, con poca fatica ci insegna a respingere tutto ciò in cui gli uomini si differenziano e a considerare come voce della natura tutto ciò in cui si assomigliano: le leggi primarie della natura sono infatti uguali in tutti i popoli. Non offendere nessuno, riconoscere a ciascuno quanto gli spetta.

La modernità, invece, ha sancito l'inizio del predominio europeo sul mondo attraverso atti di feroce intolleranza verso l'altro.

Di fronte alla presenza attuale in Occidente di milioni di cittadini di religione musulmana, e di contro al recente fanatismo terroristico e alla chiusura xenofoba di certa cultura, diviene allora importante riflettere sui legami e sugli scambi profondi tra le civiltà, e leggere Dante anche da un punto di vista interculturale rende ragione dell'immensa attualità del poeta anche da questa angolazione, riconoscendo alla tradizione araba un ruolo non estraneo ma costitutivo della nostra storia.

Tav.1

Avicenna (Ibn Sina, 980-1037)

Averroè (Ibn Rushd, 1126-1198)

Algazel (al-Ghazzali, 1058-1111)

Albumasar (Abu Ma'shar, 787-886)

Alfragano (al-Farghani, 800/805-870)

Alpetragio (al-Bitrūyī (1185-1192)

Tav. 2

La Corte di Alfonso X di Castiglia a Toledo (sin.) e la Corte di Federico II in Sicilia (dx.)

Il gioco della "zara"

Francesco e il Sultano

Tav. 3

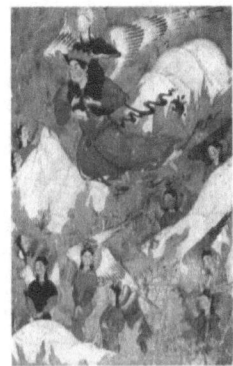

Il Profeta Muhammad e l'Arcangelo Gabriele

Iblis (Lucifero)

Bibliografia

Asìn Palacios, Miguel (1994), *Dante e l'Islam. I. L'Escatologia islamica nella Divina Commedia. II. Storia e critica di una polemica*, trad. di Roberto Rossi Testa, Younis Tawfik, pres. di Carlo Ossola, Parma: Nuova Pratiche Editrice.

Auerbach, Erich (2002), *Studi su Dante*, Milano: Feltrinelli.

Baroncini, Daniela (1995), *Asìn Palacios e le fonti arabe della Commedia*, in *Studi di Estetica*, XXIII, 11-1 pp.192-198.

Bausani, Alessandro (Giugno 1977), "La tradizione arabo-islamica nella cultura europea", in *I quaderni di Ulisse*.

Cardini, Franco (2001), "I musulmani", in L. Cavazzoli, ed., *La diversità in età moderna e contemporanea*, Genova: Name.

Cerulli, Enrico (1949), *Il Libro della Scala e la questione delle fonti arabo-spagnole della Divina Commedia*, Città del Vaticano.

Cerulli, Enrico (1972), *Nuove ricerche sul Libro della Scala e la conoscenza dell'Islam in Occidente*. Città del Vaticano.

Corrao, Francesca Maria (1987), *Poeti arabi di Sicilia*, intr. di L. Anceschi, Milano: Mondadori.

Corti, Maria (1983), *La felicità mentale. Nuove prospettive per Cavalcanti e Dante*, Torino: Einaudi.

Corti, Maria (1993), "La "favola" di Ulisse: invenzione dantesca?", in *Percorsi dell'invenzione. Il Linguaggio poetico e Dante*, Torino: Einaudi.

Corti, Maria (2013), "Dante e la cultura islamica", in Anna Longoni, ed., Il *Libro della Scala*, Milano: BUR Rizzoli.

Divina Commedia, Bianca Garavelli – Maria Corti, edd., (1993), Milano: Bompiani.

Fadl, Salah (1989), *L'influenza della cultura islamica sulla Divina Commedia di Dante*, Il Cairo.

Gabrieli, Francesco (1954) "Nuova luce su Dante e l'Islam", in *Dal mondo dell'Islam. Nuovi saggi di storia e civiltà musulmana*. Milano-Napoli: Ricciardi.

Gagliardi, Antonio (1992), *Ulisse e Sigieri di Brabante. Ricerche su Dante*, Catanzaro: Pullano.

Guènon, Renè (1932), *L'esoterisme de Dant*, Paris.

Il Corano, Hamza Roberto Piccardo (2006), Roma: Newton Compton Editori.

Luperini, Romano – Cataldi, Pietro – Marchiani, Lidia, Tinacci, Valentina (2004), *La scrittura e l'interpretazione*, vol. I, Firenze: Palumbo.

Mappe della letteratura europea e mediterranea, vol. I, a cura di G. M. Anselmi (2000), Milano: Paravia Bruno Mondadori Editori.
Nardi, Bruno (1983, prima edizione 1942), *Dante e la cultura medievale,* Roma-Bari: Laterza.
Roncaglia, Aurelio (Giugno 1977), "Gli Arabi e le origini della lirica neolatina", in *I quaderni di Ulisse.*
Santarone, Donatello (2001), *Multiculturalismo,* Palermo: Palumbo.
Segre, Cesare (1990), "Viaggi e visioni d'oltremondo sino alla Commedia di Dante", in *Fuori dal mondo,* Torino: Einaudi.
Taguieff, Pierre André (1999), *Il razzismo.* Milano: Cortina.

Sitografia

http://badwila.net/dante/index.html (17-11-2015).
www.treccani.it/enciclopedia/bonaventura-da-siena-(Dizionario-Biografico)/ (17-11-2015)
www.treccani.it/enciclopedia/sigieri-di-brabante-(Enciclopedia-Dantesca) (17-11-2015)
www.arab.it/islam/tradizione-arabo-islamica-nella-cultura-europea-html (17-11-2015)

Dall'esemplarità di Esopo alle *Novelle esemplari* di Cervantes

Alessia A. S. Ruggeri
Università degli Studi Roma Tre

Il presente lavoro pretende evidenziare il legame esistente tra la cultura ellenica e quella spagnola all'interno del mondo cervantino. In particolare si cercherà di analizzare quali siano i tratti caratterizzanti e riconducibili alle favole esopiane all'interno delle *Novelle Esemplari* di Cervantes e definire il concetto di esemplarità tanto in Cervantes quanto in Esopo. Per brevità si è deciso di analizzare una delle novelle, *El coloquio de los perros*, all'interno della quale è possibile osservare un rimando esplicito alla favola CCLXXV, *Il cagnolino, il padrone e l'asinello* di Esopo.

Prima di addentrarci nell'analisi della suddetta novella, è indispensabile comprendere e delineare il concetto di esempio da cui deriva anche quello di esemplarità. È per questo motivo che, innanzitutto, si cercherà di presentare un breve *excursus* volto a circoscrivere e indicare alcuni degli autori che hanno contribuito a definire l'*exemplum*, così da evidenziarne l'evoluzione all'interno del panorama letterario. È con Aristotele che l'*exemplum* inizia ufficialmente la sua storia come elemento centrale della tecnica retorica. Tra le varietà dell'esempio, Aristotele distingueva la parabola (παραβολή) rimandando all'uso che ne faceva Socrate e la favola (λόγος) prendendo come riferimento il nome e il modello di Esopo. In particolare quest'ultima varietà si prestava molto all'oratore giacché in essa era possibile trovare sostegno per le argomentazioni.

Naturalmente affrontare e analizzare il concetto di esempio—e pertanto anche quello di esemplarità—implica prendere come riferimento anche Cicerone e Quintiliano. Il primo, nel *De Inventione*, lo definisce come un fatto esistente nella realtà che viene addotto come elemento di prova per la cosa in esame. Per Quintiliano l'*exemplum* consiste nel richiamo a un precedente storico, religioso, che dia credibilità al proprio discorso.

Ma è con la *Rhetorica ad Herennium*, che il concetto di *exemplum* inizia ad assumere le caratteristiche di un vero e proprio genere letterario; esso deve essere mutuato da uno scrittore di fama, per evitare che ciò che deve servire come prova abbia bisogno di essere provato. Gli *exempla* vengono associati a regole, a norme stilistiche impiegate dallo scrittore e dall'oratore nell'arte del periodare e divengono, dunque, una forma volta a conferire eleganza, evidenza, attendibilità e veridicità al discorso.

Attraverso questo breve *excursus* è possibile constatare come l'*exemplum*, che nasce ed è strettamente legato alla retorica, nel corso dei secoli acquisisca lentamente una sua autonomia diventando un vero e proprio genere letterario. La prima opera che segna questo passaggio in modo decisivo è il *Factorum et dictorum memorabilium libri IX* di Valerio Massimo. All'interno della sua opera egli raccoglie fatti e aneddoti ripresi da fonti diverse, tra le quali si ricordano Cicerone, Tito, Livio, Varrone e, fra i Greci, Erodoto e Senofonte. Essa racchiude novantacinque categorie di vizi e virtù riferite a fatti appartenenti alla storia romana e in misura minore a quella greca. Tutti gli aneddoti hanno un carattere moraleggiante ed è per questo motivo che l'influenza di Valerio Massimo all'interno della letteratura esemplare è decisiva. Infatti, grazie alla sua opera, la memoria storica e leggendaria dell'antichità viene rievocata e fissata in centinaia di episodi memorabili. Egli in realtà tentava di riordinare i fatti della storia, astraendoli e pertanto riattualizzando i casi del passato in contemporanei così da costituirne una teoria di modelli perenni. In questo senso anticipa la concezione medievale della storia.

Tra il XIII e il XV secolo l'esempio inizia ad essere inserito all'interno dei sermoni. In questo caso esso racconta una storia, dichiarata come vera, in cui il protagonista, grazie ad un determinato comportamento, raggiunge un certo risultato, corrispondente di solito alla salvezza dell'anima. Spesso il racconto del fatto scaturisce da una sentenza o da un momento della vita di un santo (si pensi alle agiografie). Tali *exempla* venivano usati dai predicatori e, infatti, la ragione del successo e della diffusione di questi racconti si collega all'ascesa degli ordini mendicanti. Successivamente tali racconti sono stati messi per iscritto, a volte dall'autore stesso che dava vita a vere e proprie enciclopedie di *exempla* (si veda la *Disciplina Clericalis* di Pedro Alfonso). Inoltre era importante portare al lettore *exempla* attraverso i comportamenti virtuosi o sleali dei grandi uomini del passato affinché i retori potessero farne uso nei loro discorsi per dare peso alle loro argomentazioni. Ne deriva pertanto il concetto di astoricità, così come viene definito da Salvatore Battaglia, secondo cui gli *exempla* venivano ereditati perché gli uomini vi si specchiassero e vi si riconoscessero. Ciascuno di essi era un mito dell'esperienza, un emblema della realtà. Insieme formavano i temi perenni del vivere, nel cui labirinto gli uomini si aggirano instancabilmente con la scorta preziosa e consolante dei proverbi, delle sentenze, degli ammonimenti, delle storie esemplari: gli *exempla*, cioè che valgono per oggi come per ieri, per ciascuno e per tutti.

In tal modo l'*exemplum* diventa il veicolo più adatto a trasmettere il messaggio religioso alle grandi folle, proprio per la capacità di registrare gli aspetti marginali della realtà e della cultura folclorica. Non è indispensabile che l'*exemplum* contenga un racconto edificante: l'importante è allegare una testimonianza sempre esemplare. Infatti, se ci si sofferma anche un solo istante a pensare alla Bibbia si potrà facilmente constatare come anche in essa l'animo umano riveli persino le zone più torbide, perverse o tenebrose. La varietà del contenuto biblico costituisce, dunque, per la cultura medievale un incentivo e un'autorizzazione a trattare questi temi. Quel che conta è l'intenzione, la finalità a cui mira il racconto. La letteratura esemplare rappresenta, in un certo senso, la bibbia della vita quotidiana, l'esistenza dell'uomo comune. Vi campeggiano quegli affetti e passioni e quegli episodi e circostanze in cui l'esperienza si rivela ambigua, insidiosa, astuta oppure anche aggressiva. Registra quella realtà che la norma etica condanna e la fede pretende di escludere o respingere. Ciascuna raccolta di *exempla* presenta un'alternanza del bene e del male, della virtù e del vizio al fine di costituire una sorta di *vademecum* nel viaggio della vita. Ogni aneddoto risponde all'esigenza di chiarire un'azione, un caso, un intrigo.

In che modo il concetto di novella si relaziona con il mondo degli *exempla*? È il sistematico confronto con le più rilevanti fonti del racconto breve (*fabliau*, *exemplum*, leggenda e miracolo) a definire l'originalità della novella, in particolare quella decameroniana che nasce proprio dal rapporto con esse e che al tempo stesso le rinnova manifestandone le potenzialità estetiche. Il confronto con la letteratura esemplare può diventare un controcanto e giungere a un tale livello di parodia da rendere la novella un *antiexemplum*. Naturalmente fare riferimento a Cervantes e alle sue novelle implica presentare cenni dell'influenza italiana all'interno della sua produzione letteraria. Américo Castro, per esempio, interpreta, ricollega e giustifica il pensiero di Cervantes, la sua visione della vita e del mondo riflessa nella sua produzione, al Rinascimento italiano. Per primo, egli esamina il punto di vista cervantino come dipendente dalla concezione del mondo tipica del Rinascimento suddividendolo in quattro aree tematiche quali l'arte e la letteratura, l'interpretazione della natura, la religione e la morale. Egli sostiene ed evidenzia come, grazie all'originalità di Cervantes, anche la Spagna diventi parte attiva e originale del Rinascimento europeo. Non a caso, Cervantes aveva soggiornato in Italia dal 1569 al 1575 e come è ormai universalmente riconosciuto, fu fortemente influenzato da Torquato Tasso per quanto riguarda la problematica relativa alla relazione tra storia e poesia. In Cervantes il binomio storia-poesia coesiste attraverso i personaggi principali de *El Quijote*: da un lato, sul piano poetico, si colloca Don Quijote, portavoce della verità universale e verosimile; dall'altro Sancho, il cui compito è quello di difendere la verità sensibile e particolare. È attraverso questi due personaggi che Cervantes fa convivere il possibile con l'impossibile e il verosimile con l'inverosimile, Don Quijote con Sancho, il loro punto di vista e la loro psiche. Per far ciò l'autore si serve, in certa misura, della tecnica della prospettiva che consente la variazione continua della relazione tra il soggetto e l'oggetto. In ambito letterario egli allude all'inquietudine che ispirava l'aspetto cangiante della realtà e l'importanza del proprio giudizio. Pur non essendo un filosofo, Cervantes fa trasparire nelle sue opere le problematiche del tempo e il suo mondo presenta attenzione ai singoli punti di vista, a volontà particolari e all'esperienza dei sensi che per lui è fonte di conoscenza. La novità straordinaria risiede proprio in questo, nella distinzione e nella coesistenza del ragionamento teorico (*docens*) dei personaggi intorno alla realtà dalla dimensione dell'apprendimento diretto (*utens*) del mondo reale attraverso la realtà stessa.

A questo punto viene da chiedersi come siano collegati tra loro Cervantes, le *Novelas ejemplares* e la favola. Se ci si sofferma sulla definizione di favola si potrà affermare che si tratta di una storia, scritta o orale le cui caratteristiche sono la *brevitas*, la provenienza da una tradizione, l'impiego per fini sociali e retorici e l'uso strategico della metafora in essa contenuta. La struttura della favola esopica è stata definita da vari autori; tra le varie definizioni si distingue quella di Nojgaard che la considera una narrazione fittizia di personaggi allegorici, in cui è presente un'azione morale che serve da giudizio e distingue all'interno della narrazione stessa tre momenti imprescindibili caratterizzati da una situazione di partenza, dall'azione dei personaggi e dalla valutazione del comportamento e delle scelte fatte dai protagonisti. Le favole di Esopo sono state adattate da autori come Fedro, La Fontaine e Samaniego. Attraverso la rappresentazione della scena fantastica e del mondo animale la favola si applica alla realtà di tutti i giorni. Gli animali sono antropomorfi, possiedono il dono della parola e inducono a una meditazione sull'universo umano.

Ogni favola racchiude in sè un'intenzione morale, dato che implica la valutazione di una condotta, e ogni personaggio incarna un valore specifico. Tra questi l'intelligenza è l'elemento dinamico volto a determinare la sconfitta o il prevalere degli antagonisti. Anche all'interno de *El coloquio de los perros*, i protagonisti sono due animali, Scipione e Berganza, cani del *Hospital de la Resurrección* nella città di Valladolid che ricevono per una notte la facoltà di dialogare tra loro e ragionare come esseri umani. Iniziano un colloquio/dialogo in cui trattano e "sermoneggiano" sui difetti e sulle mancanze di molte persone. I suddetti protagonisti hanno un istinto naturale, così vivo e acuto in molte cose da far intendere che possiedono capacità di comprensione e dunque son capaci di sostenere una conversazione.

La trasformazione di cani in persone razionali è antica e si ritrova all'interno della novellistica medievale. Basti soffermarsi su Pedro Alfonso autore della *Disciplina Clericalis*.

Gli animali, muti di natura però dotati magicamente del dono della parola, diventano strumenti per l'autore in grado di raccontare la vita, e in alcuni casi di camuffare la propria satira nei confronti di bersagli non esplicitamente dichiarabili. Per quanto riguarda l'uso del dialogo occorre ricordare che Cervantes faceva parte di una corrente rinascimentale che, per tutto il secolo XVI aveva utilizzato con frequenza il dialogo o il colloquio come forma letteraria, in modo particolare all'interno di opere di carattere satirico. Si tratta di una forma di elocuzione già impiegata abbondantemente da autori quali Platone, Cicerone, Luciano, ecc.

Dunque qual è la relazione che ha Cervantes con Esopo? Tra le letture di Cervantes, Esopo occupa un posto di rilievo. Le *Favole* di Esopo erano uno dei primi libri che si dava in mano agli alunni nelle scuole non appena iniziavano a leggere e con questi testi i bambini si accostavano allo studio della letteratura classica. Le *Favole* di Esopo sono state il libro più letto in Spagna per ben tre secoli e grazie ad esse, è possibile che sia sorta l'idea nell'autore che gli animali parlassero tra loro. Tuttavia occorre ricordare anche il ruolo della tradizione orale e popolare che accanto agli autori greci e latini rappresenta un'altra fonte importante.

Come nelle favole esopiche nelle quali l'intelligenza è l'elemento dinamico soggetto a valutazioni morali è importante per Cervantes presentare e sviluppare gli aneddoti delle *Novelas ejemplares* come il frutto dell'ingegno di distinti protagonisti. Il titolo dell'opera, *Novelas ejemplares*, rimanda a un ampio spettro di significati: ci si riferisce alla tradizione degli *exempla* o racconti, all'esemplarità della novellistica italiana e all'originalità del genere in Spagna. Infatti, Cervantes è il primo a pubblicare un'opera non tradotta in lingua straniera bensì originale. Già dal *Prólogo al lector* (Cervantes: 2010, 79-80) è possibile riscontrare quanto sopra indicato:

> Heles dado el nombre de ejemplares, y si bien lo miras no hay ninguna de quien no se pueda sacar algún ejemplo provechoso; y si no fuera por no alargar este sujeto, quizá te mostrara el sabroso y honesto fruto que se podrá sacar, así de todas juntas como de cada una de por sí. Mi intento ha sido poner en la plaza de nuestra república una mesa de trucos donde cada uno pueda llegar a entretenerse sin

daño de barras; digo, sin daño del alma ni del cuerpo, porque los ejercicios honestos y agradables antes aprovechan que dañan.

Il titolo riporta "esemplari" perché dalle novelle possiamo trarre esempi vantaggiosi; ma il termine "esemplari" rinvia anche a un giudizio formale, vale a dire al modo in cui il racconto viene detto. Proprio qui Cervantes sottolinea l'originalità delle sue novelle, che non sono traduzioni di novelle italianeggianti, ma opere originali. Sono questi i motivi essenziali delle novelle cervantine: da una parte la volontà di mostrare la variabilità delle cose nella vita umana, dall'altra la voglia di ritrovare una valida forma espressiva. Esse sono immagine di umorismo e ironia espressa attraverso il concetto di *anti-exemplum* che è, in realtà, la maschera dello scrittore per presentare al pubblico la sua finzione.

Ritornando al fine del presente contributo e al legame che lega l'*exemplum* alla novella si potrà comprendere come il passaggio dal primo alla seconda, non possa intendersi come la morte del genere esemplare. Al contrario quest'ultimo si servirà di questa, «in una rete di reciproci scambi letterari fitta e complessa soprattutto tra Tre e Quattrocento, ma destinata a continuare fino agli inizi dell'Ottocento» (Delcorno: 1989, 13). Infatti:

> [...] dalle forme semplici dell'*exemplum* si passa, nel tardo Medio Evo, alla struttura complessa della novella, attraverso la dissoluzione o l'allentamento dei legami che stringono il racconto al contesto e alle sue finalità didattiche. L'affermarsi della novella non implica il declino irreversibile dell'*exemplum*, che conserva una funzione ideologica insostituibile almeno fino all'età dell'Illuminismo. In Toscana, nei primi decenni del Quattrocento, accanto alla versione novellistica del nostro racconto, continua a circolare la versione dei predicatori. [...] Uno dei punti di massima divaricazione della novella dall'*exemplum* è certamente da identificare nella tendenza a dare più spazio ai motivi statici della narrazione: presentazione e caratterizzazione dei personaggi, descrizione di ambienti e di circostanze. La ricerca della verosimiglianza obbliga il novelliere alla precisione, mentre il predicatore può limitarsi a indicazioni sommarie, mutabili di volta in volta a seconda dell'uditorio. [...] I confini tra

> novella ed esempio si fanno più incerti, se si esamina il modo con il quale i diversi scrittori descrivono i dettagli del racconto; e a questo proposito occorre notare che lo stile degli esempi varia a seconda che si tratti di una *reportatio*, [...] oppure di un sunto scarno consegnato ai repertori di esempi e ai sermonari. [...] La linea di demarcazione tra la novella e l'*exemplum* risulta pressoché cancellata quando si osservino le modalità del discorso. L'uso del discorso diretto, e soprattutto del dialogo, è frequente nella novella, mentre l'*exemplum*, di norma, si affida per intero alla forma indiretta, e tutt'al più ricorre alla *pointe* finale, o ad una sentenza per sottolineare con particolare forza il senso dell'aneddoto. Si tratta tuttavia di una tendenza, che subisce notevoli variazioni, a seconda degli autori, e in proporzione all'influsso che la letteratura profana esercita sulla predicazione, soprattutto dal Trecento in poi. [...] Il sistema letterario medievale, e in particolare il sottosistema della narrazione breve, si definisce [...] non solo per la distinzione degli elementi che lo compongono, ma anche e soprattutto per le loro interrelazioni. Una sorta di osmosi si stabilisce tra la novella e l'*exemplum*, particolarmente evidente nelle redazioni più tarde del racconto (Ivi, 175-180).

La varietà delle storie raccontate da Esopo mostra quanto le favole differiscano l'una dall'altra in tipologia e lunghezza secondo il contesto e l'occasione. Esse si presentano come istruttive e utili nell'educazione.

Di seguito viene indicato il passaggio in cui Cervantes (2008, II, 457) fa esplicito riferimento alla favola CCLXXV di Esopo, *Il cagnolino, il padrone e l'asinello*:

> [...] Come mi viddi ritornato in libertà, corsi da lui a fargli giri tutt'attorno, senza osar toccarlo colle zampe, ricordandomi della favola d'Isopo, quando quell'asino fu tanto asino che volle fare al suo padrone le simili carezze che aveva veduto fargli da una cagnolina, ch'esso amava, e se ne guadagnò l'animalone le buone bastonate.

Il riferimento esplicito ad Esopo, raccontato e trasmesso con il valore emblematico dell'esempio, press'a poco come avviene nel mito o nella favola, fa sì che l'agire dei personaggi trovi giustificazione nella prospettiva della favola stessa.

Di seguito si riporta la favola di Esopo CCLXXV, *Il cagnolino, il padrone e l'asinello*:

> Un tale che possedeva un cagnolino maltese e un asino, continuava a far moine al cane e, se per caso andava fuori a pranzo, portava a casa qualche bocconcino per gettarglielo, quando la bestiola gli veniva incontro scodinzolando. Allora l'asino, geloso, corse incontro al padrone e, a forza di saltellare, gli lasciò andare un calcio. Adirato, il padrone ordinò di allontanarlo a randellate e di legarlo alla greppia. La favola mostra che non tutti sono nati per le stesse cose.

Com'è possibile osservare, Esopo ci mostra l'immagine di un mondo "bestiale" e pragmatico. L'intenzione morale delle *Favole* implica una valutazione della condotta umana tanto in modo esplicito, espressa attraverso una morale opportuna, quanto in modo implicito rappresentando l'esito o il fallimento di un personaggio per il suo modo di agire all'interno della storia narrata. In egual maniera, le *Novelle Esemplari* di Cervantes, sono immagine di un umorismo e un'ironia derivanti da un concetto di esemplarità rivisitata che è, in realtà, la maschera di cui lo scrittore si serve per presentare al pubblico la sua finzione. Non vi è una novella dalla quale non si possa trarre un esempio: serie o umoristiche, fantasiose o realistiche, spesso vicine, per struttura e tecnica, alla novella italiana del Rinascimento, le novelle cervantine riprendono la tradizione della narrazione breve da Boccaccio in poi e inaugurano i toni del racconto psicologico moderno.

Bibliografia

A.A.V.V. *Boccaccio geografo. Un viaggio nel Mediterraneo tra le città, i giardini e... il 'mondo' di Giovanni Boccaccio*, Roberta Morosini (ed), Firenze: Mauro Pagliai Editore, 2010.

AA.VV. *Escribir y leer en el siglo de Cervantes*, Antonio Castillo (ed), Barcelona: Gedisa editorial, 1999.

AA.VV. *La novella italiana. Atti del convegno di Caprarola, 19-24 settembre 1988*, Roma: Salerno editrice, 1989.

AA.VV. *Proverbia in Fabula. Essays on the relationship of the Fable and the Proverb*, Pack Carnes (ed.), Bern-Frankfurt am Main-New York-Paris: Peter Lang, 1988.

A.A.V.V. *Teoria e storia dell'aforisma*, Gino Ruozzi (ed.), Milano: Mondadori, 2004.

A.A.V.V. *Traduzioni, riscritture, ibridazioni. Prosa e teatro fra Italia, Spagna e Portogallo*, Michela Graziani, Salomé Vuelta García (edd.), Firenze: Olschki, 2016.

ARAGÜÉS ALDAZ José. *Deus Concionator. Mundo predicado y retórica del exemplum en los siglos de oro*, Amsterdam- Atlanta: Editions Rodopi B. V., 1999.

BATTAGLIA Salvatore. *La coscienza letteraria del Medioevo*, Napoli: Liguori, 1965.

BLECUA PERDICES José Manuel. "Notas para la historia de la novela en España", *Serta Philologica F. Lázaro Carreter*, II, Madrid: Cátedra, 1983.

BRAGANTINI Renzo. "Dal proverbio alla novella, e viceversa", in *Il proverbio nella letteratura italiana dal XV al XVII secolo, Atti delle giornate di studio*, Giuseppe Crimi e Franco Pignatti (edd.), Manziana (Roma): Vecchiarelli Editore s.r.l., 2014.

BREMOND Claude, LE GOFF Jacques, SCHMITT Jean-Claude. *L'«Exemplum»*, Turnhout (Belgio): Brepols, 1982.

CASTRO AMÉRICO, *El Pensamiento de Cervantes*, Madrid: Centro de Estudios Históricos, 1925.

CERRI Giovanni. "La brevità greca e i sette sapienti" in *Dialogoi*, I, Roma: Aracne editrice, 2014, 11-16.

CERVANTES Miguel de. Novelas ejemplares, Barcelona: Crítica, 2010.

CERVANTES Miguel de. *Novelas ejemplares—Il novelliere castigliano – Novelle*, Carmen Castillo Peña (ed.), Padova: Unipress, 2008.

CHEVALIER Maxime. *Cuento y novela corta en España*, M. Jesús Lacarra (ed.), Barcelona: Crítica, 1999.

DELCORNO Carlo. *Exemplum e letteratura. Tra Medioevo e Rinascimento*, Bologna: Il Mulino, 1989.

EL SAFFAR Ruth. *Novel to Romance: Study of Cervantes' "Novelas Ejemplares"*, Baltimore: Johns Hopkins University Press, 1974.

GRILLI GIUSEPPE. "De la brevitas", in *Dialogoi*, Roma: Aracne editrice, I, 2014, 7- 9.
GRILLI Giuseppe. *Literatura caballeresca y re-escrituras cervantinas*, Alcalá de Henares: Centro de estudios cervantinos, 2004.
MELETINSKIJ Eleazar Moiseevič. *Poetica storica della novella*, Massimo Bonafin (ed.), Macerata: Eum edizioni università di Macerata, 2014.
NOJGAARD Niels. *La fable antique*, Copenhagen: Arnold Busck, 1964.

SITOGRAFIA

Isabel Lozano-Renieblas. *Porque invenciones noveles, admiran, o hacen reír. La propuesta cómica de las Ejemplares* in http://cvc.cervantes.es/literatura/cervantistas/congresos/cg_VIII/cg_VII I_08. pdf (07/11/2016)

Arabismi di ambito agricolo e alimentare in Sicilia e nel Mediterraneo

Roberto Sottile
UNIVERSITÀ DI PALERMO

1. CORRENTI CIRCOLARI DI LINGUE E CULTURE NEL MEDITERRANEO PLURILINGUE

Che cos'è il Mediterraneo?

> Mille cose insieme. Non un paesaggio, ma innumerevoli paesaggi. Non un mare, ma un susseguirsi di mari. Non una civiltà, ma una serie di civiltà accatastate le une sulle altre. Viaggiare nel Mediterraneo significa incontrare il mondo romano in Libano, la preistoria in Sardegna, le città greche in Sicilia, la presenza araba in Spagna, l'Islam turco in Iugoslavia. Significa sprofondare nell'abisso dei secoli, fino alle costruzioni megalitiche di Malta o alle piramidi d'Egitto. Significa incontrare realtà antichissime, ancora vive, a fianco dell'ultramoderno: accanto a Venezia, nella sua falsa immobilità, l'imponente agglomerato industriale di Mestre; accanto alla barca del pescatore, che è ancora quella di Ulisse, il peschereccio devastatore dei fondi marini o le enormi petroliere. Significa immergersi nell'arcaismo dei mondi insulari e nello stesso tempo stupire di fronte all'estrema giovinezza di città molto antiche, aperte a tutti i venti della cultura e del profitto, e che da secoli sorvegliano e consumano il mare. Tutto questo perché il Mediterraneo è un crocevia antichissimo. Da millenni tutto vi confluisce, complicandone e arricchendone la storia: bestie da soma, vetture, merci, navi, idee, religioni, modi di vivere (Braudel 1987:7-8).

Queste parole, del grande storico del Medioevo Fernand Braudel, danno la misura della profonda complessità di un luogo e di un mare che oggi, più che mai, torna a configurarsi come la cerniera tra mondo orientale e mondo occidentale. Ma la complessità "disegnata" da Braudel si mostra ancora più intricata quando si guarda alla lingua con le sue forti dinamiche variabili. Come ha più volte osservato Giovanni Ruffino, per il linguista può essere utile adottare la formula "lingue circolari/lingue marginali" o, ancora meglio, la formula "correnti marginali e correnti circolari di lingua e cultura" (Ruffino e Sottile 2015: 6). E ciò per riferirsi a una molteplicità di condizioni linguistico-culturali che si sono manifestate nel bacino del Mediterraneo sin dall'antichità. Da un lato i rapporti tra greco, latino e dialetti berberi poi arabizzati; dall'altro i rapporti tra questi e l'italiano (con i suoi dialetti), lo spagnolo, il catalano, il francese, le lingue dell'area balcanica. Una molteplicità di attraversamenti pluridirezionali con diverse direttrici, diverse altezze cronologiche, diverse implicazioni areali: movimenti da nord a sud (come nel caso della conquista normanna); movimenti da sud verso nord e poi da nord verso sud (come nel caso dei percorsi dall'afro-berbero al mozarabico della penisola iberica che diventa filtro di numerosi approdi siciliani). Ma non mancano casi di movimenti linguistici pluridirezionali, con irradiazioni multiple e diffusioni e sedimentazioni circolari. È il caso della parola turca *yelek* 'giubbone di panno con maniche a tre quarti, usato dagli schiavi sulle galere' (Fig. 1): a Oriente, essa 'sale' dal turco verso le coste adriatiche—attraverso il greco, il rumeno, l'arumeno. Un secolo dopo, nel '500, muove, sempre dal turco, alla volta delle coste maghrebine da dove 'riparte' verso la Sicilia (*cileccu*) e la Spagna (*jaleco*). Attraverso il mar Tirreno giunge nel sardo (*gileccu*), nel ligure (*gilecco*) e nell'italiano (*giulecco*); dalla Spagna approda, infine, in Francia (*gilet*) e da qui "ritorna", nel '700, in Italia nella forma *gilè*.

Altra parola con dinamiche analoghe è il turco *dukkan* 'sedile in muratura nelle case di campagna', che anticamente valeva 'loggetta coperta' (Fig. 2), con un significato, più vicino, dunque, a quello di 'banco del mercante', tipico della corrispondente voce araba. Si tratta di una parola di ampia diffusione, essendo penetrata, attraverso molteplici vie, nello spagnolo e in tutta l'area balcanica.

2. Arabismi solo siciliani

Le voci viste al par. precedente ci dicono, dunque, che siamo in presenza di parole che crescono in uno scambio continuo tra Oriente e Occidente. Ma lungo il Mediterraneo esse viaggiano e penetrano con diversa forza espansiva. Si osservi la fig. 3.

Dal Maghreb è partita la parola *marǧ* 'prato' alla volta delle opposte sponde del Mediterraneo. Nei dialetti siciliani ha assunto il significato di 'terreno paludoso', con ampi riflessi toponomastici e con qualche propaggine calabrese meridionale (Reggio Calabria e pochi altri centri penisulari estremi). L'arabo *marǧ* (che in sicilia ha anche dato il verbo *ammargiari* 'inzuppare d'acqua') è alla base, oltre che del maltese *marġ*, dove conserva il significato originario, anche di diverse voci della penisola iberica che però non hanno alcuna relazione diretta con la parola siciliana. La specificità insulare della voce risiede nel passaggio dal valore di 'prato' a quello di 'palude' che sembra essere proprio ed esclusivo del siciliano: nei dialetti continentali questo significato è solo del reggino, dove deve essere giunto dalla Sicilia, mentre a Pantelleria *margettu* ha, in effetti, un valore più prossimo a quello arabo significando lì 'appezzamento di terreno coltivato'.

Anche la parola araba *qasrīya* 'vaso per fiori' è giunta in Sicilia con le genti afro-berbere arabizzate, ma si è arrestata in una piccola porzione del territorio occidentale estremo (nella provincia trapanese, nella forma *casirìa*)[1].

3. ARABISMI SICILIANI PENETRATI NEI DIALETTI ITALIANI

La voce araba rappresentata in fig. 5, e che indica una specie di confettura, ha avuto invece una forza espansiva molto più importante: dalla Sicilia, dove nelle forme *cubbàita*, *cubbeta* e *cubbarda* si riferiva e si riferisce a un torrone di sesamo, o anche di noci o di mandorle, si è

---

[1] Altri arabismi soltanto siciliani, attribuibili alla terminologia agricola e delle acque, sono: 1) *naca* 'fossa nel letto di un torrente nella quale si forma un gorgo o una pozza d'acqua' o, più genericamente, 'avvallamento del terreno nel quale ristagna l'acqua'. Piccole propaggini di questo arabismo siciliano sono anche presenti nella Calabria meridionale e, in Sicilia, nella toponomastica; 2) *gammitta* < ar. *ǧammīṭ* 'che assorbe l'acqua', in siciliano 'canale d'irrigazione' e anche 'solco maestro destinato a ricevere le acque di scolo, spesso convogliate verso una cisterna'; 3) *nuara* < ar. *nuwwār*, che pur significando in arabo 'fiore, germoglio' in Sicilia ha assunto il valore di 'orto irriguo'; 4) *salibba* 'solco principale attraverso i campi, per sversarne fuori l'acqua', ma anche 'striscia di terreno risultante dal terrazzamento di un pendio' verosimilmente connesso a ar. *salaba* 'togliere' da cui *salīb* 'tolto', con un possibile riferimento alla terra che viene rimossa per creare il canale di scolo o il terrazzamento (Caracausi lo aveva invece ricondotto a ar. *salīb* 'croce'); 5) *bbiru* 'pozzo' < ar. *bi'r* (cfr. Trovato 2013:40), parola che oggi sopravvive solo nella Sicilia occidentale estrema.

poi diffusa in tutta la penisola sino alla Liguria, ed è penetrata anche nell'italiano[2].

4. ARABISMI A DIFFUSIONE PARALLELA IN SICILIA E NELLA PENISOLA IBERICA

Ma a proposito di sesamo, ingrediente del torrone, l'arabismo *ġulġulān* (fig. 6) è attecchito parallelamente in Sicilia e nella penisola iberica. Riguardo al percorso di questa parola, è come se dall'area maghrebina fossero partiti due carichi, una verso la Spagna, l'altro verso la Sicilia. Così, gli spagnoli ebbero i loro semini di *aljonjolì* e i portoghesi quelli di *gergelim*, mentre il carico siciliano consegnò nei porti dell'Isola la *giuggiulena* che da qui mosse verso il Continente (italiano *giuggiolena*). Altrettanto generoso fu lo spagnolo che permise alla voce di varcare i confini francesi.

Condizioni simili si trovano per la parola siciliana *burnìa* 'recipiente di terracotta invetriata per conservare alimenti' (fig. 7). La voce siciliana si è diffusa nel Meridione estremo e nell'area ligure-piemontese, mentre lo stesso termine arabo alla base della parola siciliana, si irradiava in Sardegna dopo essere attecchito anche in Spagna e in Catalogna.

La stessa condizione presenta, inoltre, la parola *gebbia* che designa, come l'arabo *ġābiyah* da cui deriva, una 'vasca per la raccolta di acqua per irrigazione o abbeveratura' (fig. 8). Si tratta di un termine

---

[2] Altre parole siciliane di orgine araba, penetrate poi nelle varietà dialettali meridionali, e anche più a nord, sono: 1) *zimmili*, presente anche nel maltese, 'ciascuna delle due grandi sporte o bisacce, intrecciate con fibre vegetali o anche di olona, di varia forma e dimensione, adibite al trasporto sull'asino o sul mulo di prodotti agricoli o di stallatico' < ar. *zinbīl* 'paniere fatto con foglie di palma'; 2) *vattali* 'striscia di terreno piuttosto stretta e più o meno rilevata fra due solchi, nella quale si usa piantare ortaggi', < ar. *baṭṭāl*; 3) *bùrgiu* 'mucchio, spec. di paglia, fieno, grano' < ar. *burġ* 'torre'. È interessante notare come lo stesso senso di 'mucchio' si sia sviluppato anche a Malta dove la parola suona *borġ*. Ma i suoi riflessi toponomastici, in particolare il nome di un paese dell'agrigentino, rinomato per la produzione della ceramica (ma si consideri anche l'antico nome di Menfi, in provincia di Agrigento, *Burgio Milluso*), si riallacciano al senso originario di 'torre'. Da *bùrgiu* si è anche creato, per formazione parasintetica, il verbo *abburgiari* col valore di 'ammucchiare, affastellare, sovrapporre, ammonticchiare'. Per l'area italiana, con lo stesso significato siciliano, la voce *bùrgiu* è documentata solo per il dialetto di Catanzaro, mentre nella penisola iberica l'arabismo ha lasciato tracce esclusivamente toponomastiche. 4) *nziru* 'recipiente d'argilla per conservare acqua e altri liquidi (olio ecc.)', che continua l'ar. *zīr* 'grande giara' e si riscontra, oltre che in Sicilia, anche in tutta l'Italia centro-meridionale, in Sardegna, in Liguria e in Toscana, con attestazioni anche in italiano (*ziro*). Da questa parola hanno tratto origine non pochi soprannomi, poi divenuti cognomi, tra i quali *Zerilli*, *Zirilli*, *Inzerillo*.

capillarmente diffuso in Sicilia da dove è penetrato anche in Calabria. Ma la presenza della stessa parola nella penisola iberica (*aljibe*) non ha alcuna relazione con la storia di quella siciliana: essa si deve invece a una corrente parallela di penetrazione.

5. ARABISMI A DIREZIONE SUD-NORD-SUD (AFRICA BERBERA-PENISOLA IBERICA-SICILIA)

Le parole i cui percorsi sono rappresentati nelle figg. 6, 7 e 8 del par. precedente sono solo alcuni esempi di voci con diffusione parallela in Sicilia e nella penisola iberica[3]. Altri gruppi di parole disegnano percorsi diversi, tra i quali sono molto interessanti quelli con movimenti che dapprima vanno da sud verso nord e poi da nord verso sud. Tra questi si può considerare l'esempio di *azzalora* 'la pianta e il frutto del lazzeruolo' (Fig. 9). Dal Maghreb è partita la parola araba *zu'rūr* che è approdata sulla penisola iberica nella forma *azza'rūra* (movimento sud-nord). Ma poiché la Sicilia conosce la forma *azzalora*, è indubbio che l'arabismo sia qui giunto non direttamente dall'arabo maghrebino, ma attraverso la mediazione del mozarabico, l'arabo medievale di Spagna (ulteriore movimento nord-sud). La spia di questo percorso è la parte iniziale della parola, dove in *az-zalora* vediamo una traccia dell'articolo arabo *al-* che caratterizza tutte le parole spagnole di origine araba. In effetti, dal mozarabico *az-za'rūra* si è sviluppato poi il catalano *atzerola* al quale si deve infine il siciliano *azzalora*, arabismo siciliano, sì, ma filtrato dalle lingue iberiche.

Presenta la medesima condizione la parola siciliana *giannettu* 'cavallo da corsa' (fig. 10), che deriva dal catalano (ma la voce è anche spagnola). Con essa ci si riferisce a un cavaliere armato. E infatti l'ori-

---

[3] Altre voci di origine araba caratterizzate dallo stesso percorso sono: 1) sic. *sàia* 'canale artificiale murato per l'irrigazione", da ar. *sāqiyah*, che si è diffuso nelle due direzioni siciliana e iberica (sp. *acéquia* 'canal de riego'); 2) sic. *sènia* 'noria' < ar. *saniya* 'congegno per sollevare l'acqua in superficie', presente anche nello spagnolo (*aceña*) e nel catalano (*sinia*), oltre che nel calabrese (*sena*); 3) sic. *favara* 'sorgente d'acqua' (termine assai diffuso nella toponomastica, con i diversi nomi di luogo *Favara, Favarotta, Favaredda*) con penetrazione parallela siculo-ispanica (spagn. *alfaguara*) < ar. *fawwāra*). Per l'ambito alimentare si considerino invece a) il sic. *tria* 'tipo di pasta: vermicelli', corrispondente allo spagnolo *aletría* < ar. *itrīya*; b) il sic. *sfincia* 'frittella di pasta dolce', parola che probabilmente ha la stessa origine da ar. *isfanǧ* (di uguale significato) da cui deriva il catalano *esfenja* 'frittella'.

gine di queste parole (tra cui l'it. *ginetto* e il sardo *ginette*) risale al nome della tribù berbera degli *ženeti*, nota per la sua cavalleria.

A volerci ben pensare, molti degli arabismi che viaggiano attraverso il Mediterraneo appartengono al mondo dell'agricoltura. Ciò deve indurci a riflettere su come nel Medioevo il mondo arabo abbia impresso nel Mediterraneo, in Sicilia e in Europa una straordinaria impronta con i suoi saperi ergologici, senza i quali, per esempio, la Palermo medievale che emerge dai libri di Henri Bresc non sarebbe stata il "giardino" che era. E sono sempre le parole a darci la misura di questo scambio fecondo di tecniche e saperi. L'impressionante abbondanza di arabismi europei di ambito agricolo (cfr. Ruffino e Sottile 2015) ci racconta una storia per la quale l'arabo è stato per i nostri avi ciò che, per l'ambito informatico, è oggi per noi l'inglese. Eppure, per attecchire e diffondersi, quegli arabismi non ebbero allora alcun bisogno di passaporti e permessi di soggiorno; non ebbero bisogno di passare per la *dogana* (altra parola di origine araba!). Ecco perché il Mediterraneo resta, anche retrospettivamente, un grande laboratorio di multiculturalità, uno straordinario crocevia di flussi culturali la cui complessità è svelata dalle "parole migranti" che abbracciano gli ambiti i più disparati: dall'agricoltura alle tecniche irrigue, dalla fitonimia alle culture arboree.

6. ARABISMI SICILIANI E MEDITERRANEI DI AMBITO ALIMENTARE

La parte principale, però la fa la cucina, il cibo, con un importante scambio di sapori e ricette che viaggiano attraverso i contatti, gli spostamenti di uomini e cose, la trasmissione orale. Una "traversata dei sapori: da Bagdad a Cordoba, da Tunisi a Palermo", come ha scritto recentemente Lilia Zaouali nel suo libro dal titolo *L'Islam a tavola*. Sapori esotici e ricette complesse, ma anche "concetti di base": fino a quarant'anni fa, la panificazione domestica era ancora assai diffusa in Sicilia. Riscaldare il forno si dice(va) in buona parte dell'Isola *camiari* dall'arabo *ḥamma* (fig. 11). Ma, a riprova del grande impatto della lingua e della cultura araba, ancora più interessante è il fatto che in molte zone della Sicilia la consonante iniziale di questa parola è ancora oggi pronunciata con una forte frizione, velare o faringale (cfr. Ruffino 1991), che testimonia la sopravvivenza nel siciliano dell'originaria struttura fonetica araba (per cui non solo *camiari* o *famiari*, ma anche *hamiari*). Gli Arabi giunsero in Sicilia nell'827. Si potrebbe dire che 12 secoli sono ieri.

Più in generale, tra le parole e le cose dell'alimentazione spicca, certamente, il *cùscusu* (questa la pronuncia siciliana). Le vie del *couscous* nel Mediterraneo sono state più volte ricostruite (cfr. Rebora 2000:15-16). Dal Maghreb il prodotto si diffuse in tutto il Tirreno, probabilmente introdotto dai pescatori di corallo genovesi che vivevano nell'isola di Tabarca, spostatisi poi nel 1720 a Carloforte e a Calasetta, in Sardegna, e poi in Spagna e in Liguria. In Sardegna il maghrebino *kuskussù* prese il nome di *soccu*, in Liguria di *succu*, a Carloforte e Calasetta di *cascà*. D'altra parte, in Sicilia la pratica tradizionale del *cùscusu* appare arealmente limitata alla provincia di Trapani (con le Egadi e Pantelleria), ed è prevalentemente a base di pesce (cfr. La Perna 2011:81-116).

Certo, le ricette viaggiano con i libri, ma ancor prima con la trasmissione orale e i contatti diffusi. In questa rete di contatti e di circolazione di pratiche alimentari di origine araba, le innovazioni si irradiano—come per le parole—in certi casi con direzione sud-nord (cioè, in questo caso, dalla Sicilia e dall'Italia meridionale verso l'Italia settentrionale, la penisola iberica e l'area francese); in altri casi, con direzione inversa (dalla Spagna e dalla Catalogna alla Sicilia e al napoletano); in altri ancora con andamento circolare, con inclusione della Sardegna, della Liguria, di altre regioni italiane e di altri territori europei. La consuetudine—comune alla Sicilia e alla Spagna—di imbottire variamente le melanzane, per esempio, deriva certamente dalla rielaborazione di modelli islamici. Ma un esempio emblematico della circolarità linguistico-culturale è quello dello *scapece* (Fig. 12). Lo *scapece* è al tempo stesso un modo di cucinare il pesce, e anche di conservarlo. L'origine della parola è nell'arabo volgare *iskebeğ* (evoluzione della forma antica *sikbağ*) da dove è giunto nello spagnolo, nel catalano e da qui in Sicilia, in Italia e in gran parte del Mediterraneo, in una miriade di forme assai variate (*schibbeci, scapeccio, scabbeci, scapeci*).

Comunque, è indubbio che la cucina medievale sino al XIV e XV secolo si sviluppi con forti differenziazioni e rotture rispetto alla gastronomia antica (cfr. Montanari 2002). In questo processo di radicale rinnovamento, i contatti e i rapporti con la cucina araba attraverso la penisola iberica e la Sicilia hanno avuto un influsso significativo. In Sicilia, per esempio, non mancano esempi di compresenza di "dolce" e "salato". In molte località si usa aggiungere dello zucchero alle polpette di carne. Piatti a base di pesce possono essere insaporiti con frutta essiccata. In certi tipi di insalata, l'arancia e il limone coesistono con olio, sale, zucchero, e talvolta acciughe sotto sale e origano. Anche la ricotta e il formaggio vengono frequentemente combinati con lo zucchero e altri sapori dolcificanti e aromatizzanti, così come—in certe località occidentali siciliane—i ceci vengono ridotti a impasto e addolciti con un miele di fichi. A Modica, in provincia di Ragusa, un tipo di pasticcini (*mpanatigghi*) ha un ripieno di tritato di carne addolcito con miele e zucchero. Ed è ancora la parola con cui si chiamano questi "pasticcini salati" a darci la misura degli scambi e delle contaminazioni da cui le elaborazioni grastronomiche hanno preso vita. Il nome *mpanatigghi* deriva significativamente dallo spagnolo *empanadilla*. Un altro caso speciale di parole (e pratiche culturali) mediante le quali è possibile ricostruire complessi e interessanti percorsi e dinamiche spaziali e cronologiche.

7. CAVALLI DI RITORNO

Ma all'interno della serie di parole che per diverse direzioni e con diversi movimenti hanno attraversato e attraversano il Mediterraneo plurilingue, mostrano un interesse speciale i "cavalli di ritorno". Sono detti così i termini di una lingua che, penetrati in una o più lingue di ceppo diverso, sono stati poi accolti in una o più lingue appartenenti allo stesso ceppo della lingua da cui essi erano partiti. L'arabo è una lingua semitica, geneticamente distante dal siciliano e dall'italiano che sono sistemi linguistici neolatini, ma esistono molte parole di origine latina che sono giunte nel Mediterraneo e in Europa non direttamente dagli antichi romani, bensì grazie al ponte arabo. Un caso interessante e istruttivo riguarda la parola per 'pistacchio' (Fig. 13). Dal greco-latino muovono *pistákel*/PISTACIUM e giungono nell'arabo. Da qui parte *fustūq* che in Sicilia si radica nella forma *fastuca* per risalire via via in tutto il Mediterraneo (nord)occidentale.

Ma, tra i cavalli di ritorno, emblematico resta il caso del nome dell'albicocca (Fig. 14). I latini chiamavano questo frutto PRAECOQUUM "precoce" (perché importato dall'Oriente è più precoce rispetto alla pesca). La voce giunse con gli antichi Romani anche nel Maghreb e qui venne incorporata nella forma *barqūq*, col significato di "prugna". Quando gli arabi giusero in Sicilia, portarono questa parola che venne "adattata" nella forma *varcocu* per designare l'albicocca. In Sicilia, dunque, la forma *varcocu* è un cavallo di ritorno, come lo è l'italiano *albicocca* (che, come il francese *abricot*, deriva dal catalano *abercoc* e si deve, a sua volta, sempre dall'arabo *barqūq*, riconducibile alla voce latina). Ma in Sicilia il caso del nome dell'albicocca è vieppiù interessante perché qui convive con il sinonimo *pircocu* che non si deve all'arabo, ma direttamente al latino. Quindi in Sicilia il nome dell'albicocca si dispone su due strati: quello latino, *pircocu*, sviluppatosi da PRAECOQUUM, e quello arabo, sviluppatosi da *barqūq*, ma che deriva esso stesso dal latino PRAECOQUUM. Un caso di convivenza felice e pacifica, si potrebbe dire: la forma di origine latina (diretta, patrimoniale) e quella di origine araba (indiretta, "straniera") hanno finito per ritagliarsi ognuna il proprio spazio (dove l'albicocca si chiama *pircocu* non si chiama *varcocu* e viceversa), con un equilibrio e una tolleranza reciproca che una volta ancora, ma stavolta non più retrospettivamente, ci svelano come il Mediterraneo e la Sicilia siano un impareggiabile laboratorio di integrazione multiculturale.

Fig. 1

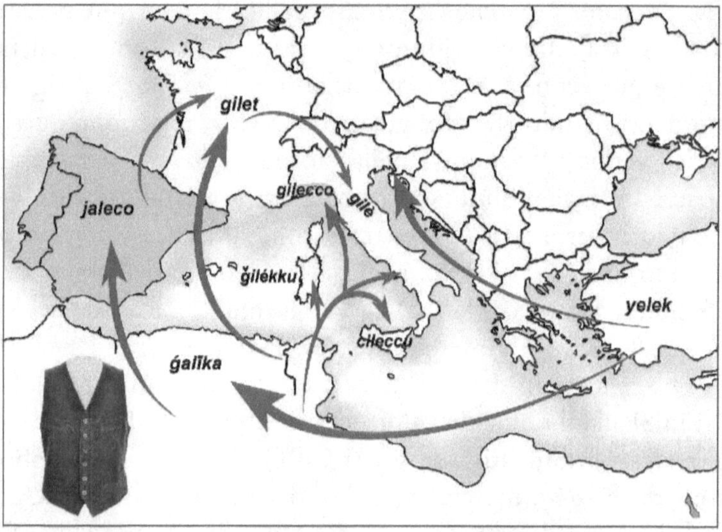

Panciotto

Fig. 2

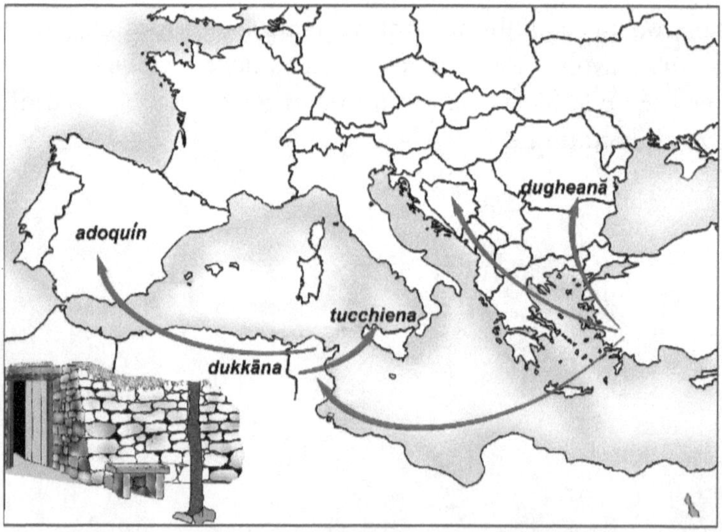

Sedile in muratura o in monoliti posto davanti all'abitazione

Fig. 3

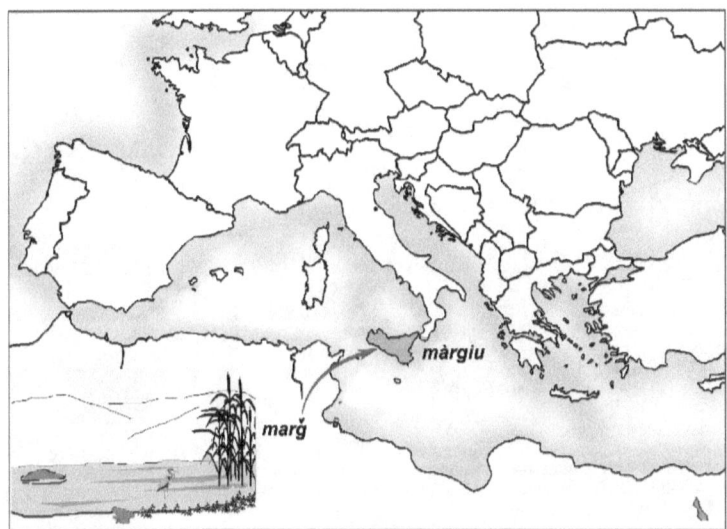

Terreno paludoso

Fig. 4

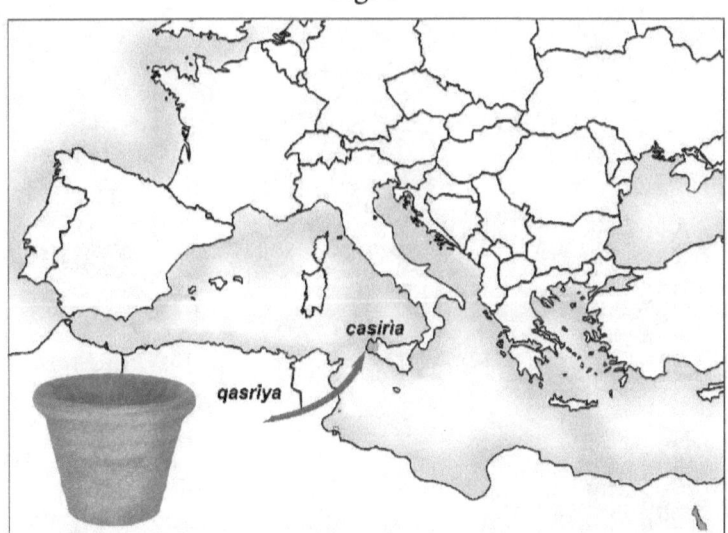

Vaso da fiori

Fig. 5

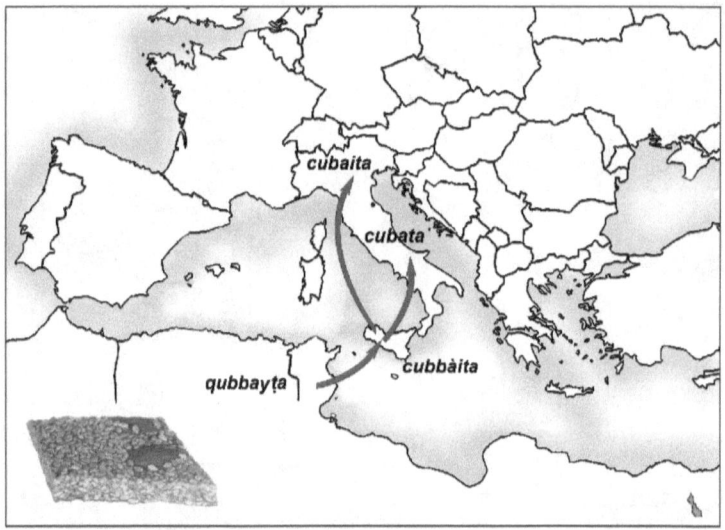

Torrone di caramello con semi di sesamo o anche con mandorle, noci e ceci

Fig. 6

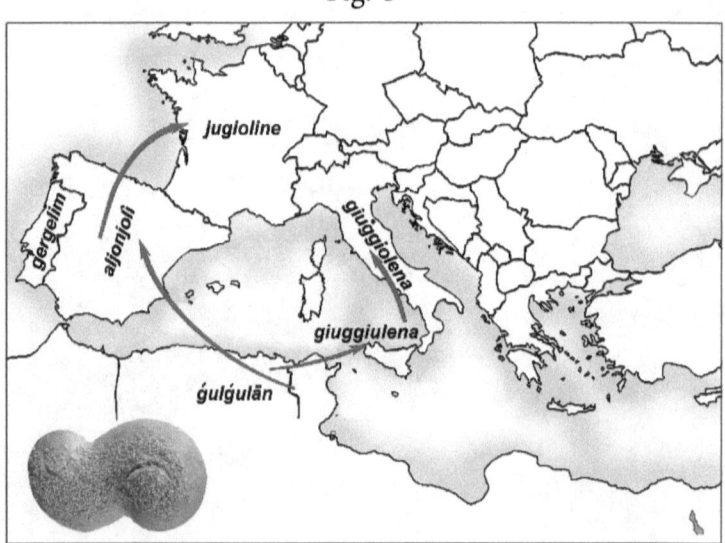

Semi di sesamo con cui si guarniscono esternamente alcuni pani

Fig. 7

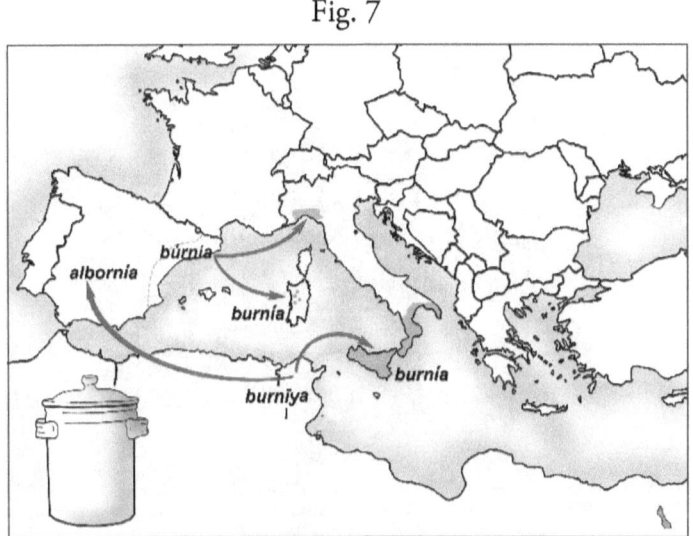

Recipiente di terracotta invetriata per alimenti

Fig. 8

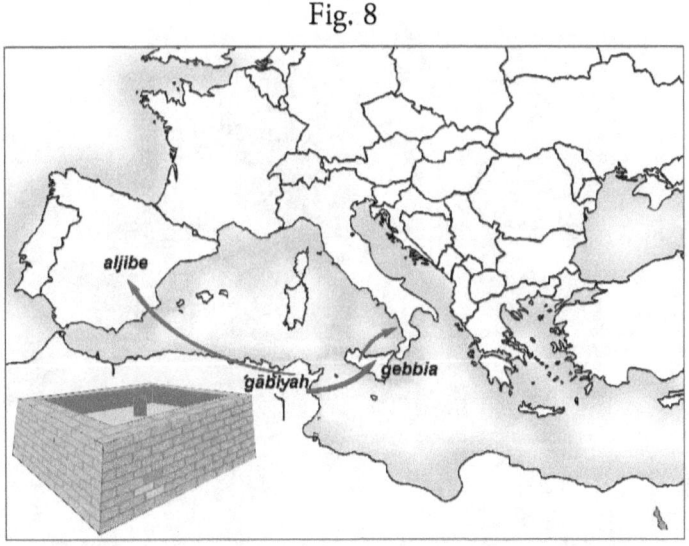

Vasca d'accumulo di acque per uso irriguo

Fig. 9

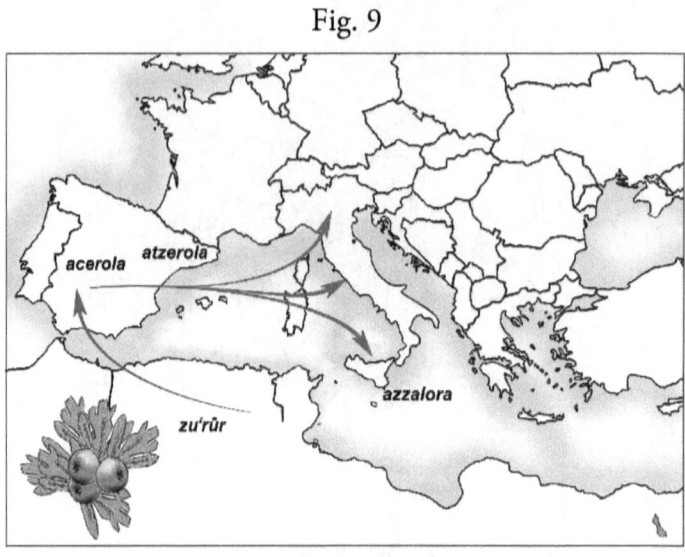

Lazzeruolo

Fig. 10

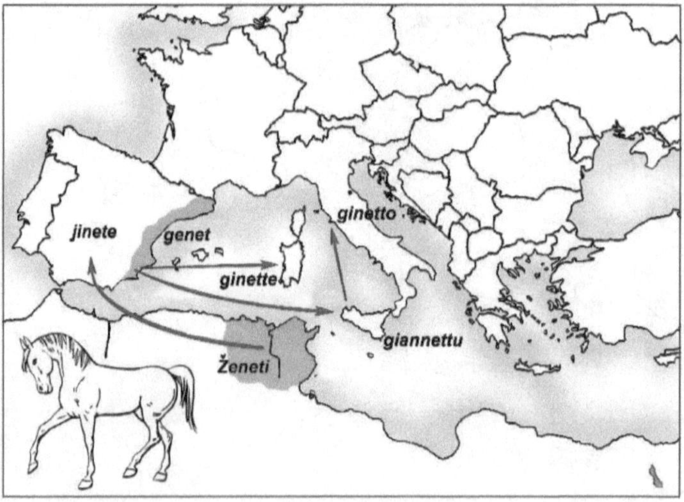

29. Cavallo da corsa

Fig. 11

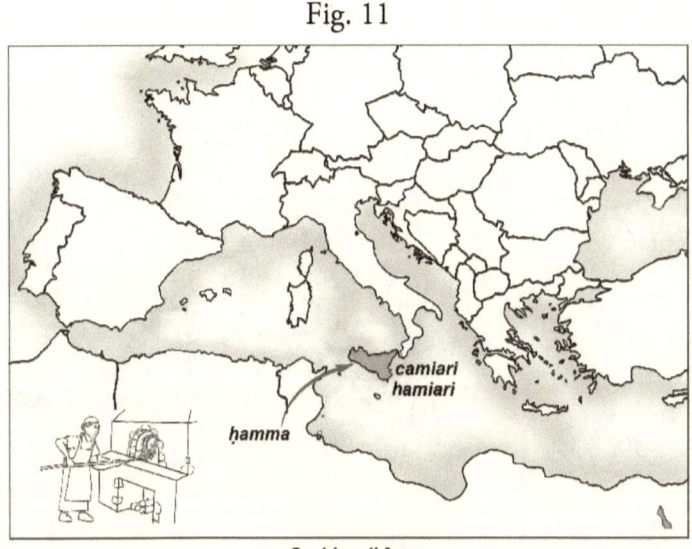

Scaldare il forno

Fig. 12

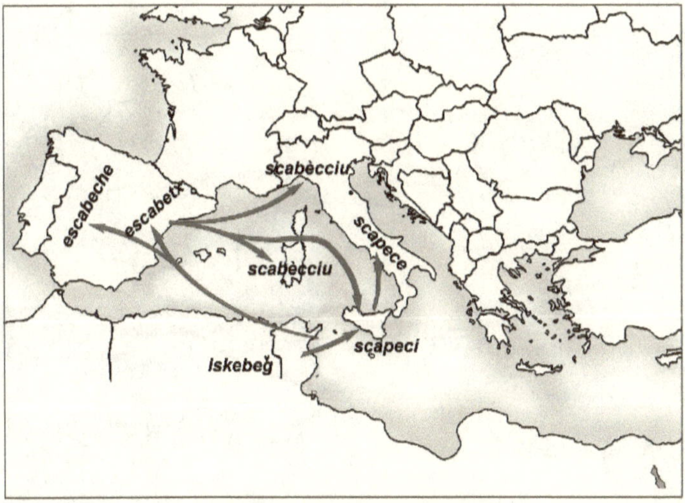

Scapece, una ricetta mediterranea

Fig. 13

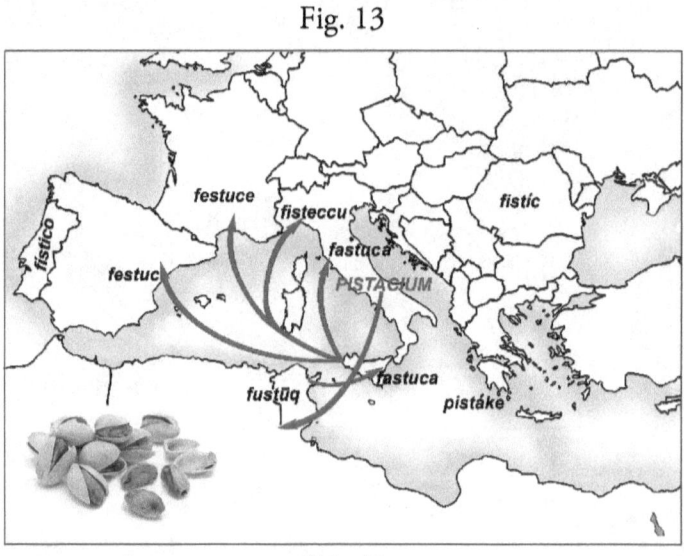

Pistacchi

Fig. 14

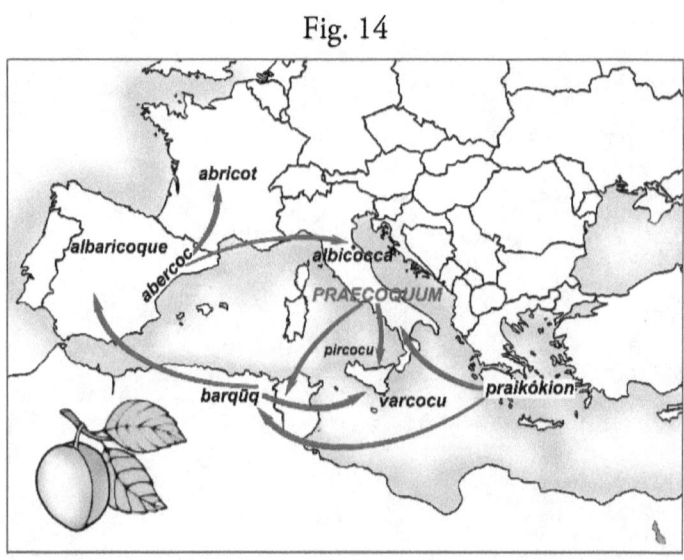

Albicocca

Bibliografia

Braudel, Ferdinand 1987. *Il Mediterraneo. Lo spazio, la storia, gli uomini, le tradizioni*. Milano: Bompiani.

Bresc, Henri 2014. *Palermo al tempo dei normanni. Una passeggiata nella Palermo medievale tra mestieri e giardini, tra storia e cultura*. Palermo: Dario Flaccovio Editore.

Caracausi, Girolamo 1983. *Arabismi medievali di Sicilia*. Palermo: Centro di Studi Filologici e Linguistici Siciliani.

La Perna, Rosalia 2011. *Uno sguardo ad Occidente: l'area del cuscus*. In Marina Castiglione (ed.), *Tradizione, identità, tipicità nella cultura alimentare siciliana. Lo sguardo dell'Atlante Linguistico della Sicilia*. Palermo: Centro di Studi Filologici e Linguistici Siciliani.

Montanari, Massimo (ed.) 2002. *Il mondo in cucina. Storia, identità, scambi*. Roma-Bari: Laterza.

Pellegrini, Giovan Battista 1972. *Gli arabismi nelle lingue neolatine con speciale riguardo all'Italia*. Brescia: Paideia.

Pellegrini, Giovan Battista 1989. *Ricerche sugli arabismi italiani con particolare riguardo alla Sicilia*. Palermo: Centro di Studi Filologici e Linguistici Siciliani.

Piccitto, G. e Giovanni Tropea (eds) 1977-2002. *Vocabolario Siciliano*. Catania-Palermo: Centro di Studi Filologici e Linguistici Siciliani.

Rebora, Giovanni 2000. *La civiltà della forchetta: storie di cibi e di cucina*. Roma-Bari: Laterza.

Ruffino, G. e Roberto Sottile 2015. *"Parole migranti" tra Oriente e Occidente*. Palermo: Centro di Studi Filologici e Linguistici Siciliani.

Ruffino, Giovanni 1991. *Dialetto e dialetti di Sicilia*, Palermo: CUSL.

Trovato, Salvatore Carmelo 2013. *Lingua e storia*. In Giovanni Ruffino (ed.), *Lingue e culture in Sicilia*. Palermo: Centro di studi filologici e linguistici siciliani.

Varvaro, Alberto 2014. *Vocabolario Storico-Etimologico del Siciliano. VSES*. Strasbourg: Éditions de Linguistique et de Philologie / Palermo: Centro di Studi Filologici e Linguistici Siciliani.

Zaouali, Lilia 2004. *L'Islam a tavola dal Medioevo a oggi*. Roma-Bari: Laterza.

La città di Messina luogo di accoglienza, terra di incontri, scambi di culture ed esperienza umana

Giuseppe Spathis, Fabio Prestipino
LICEO ARCHIMEDE, MESSINA

Messina, "la più 'continentale' delle città siciliane" (De Miro d'Ajeta 31), ma anche la più tormentata da calamità naturali, rifiorisce a fine Settecento proprio dopo un disastro di proporzioni notevoli, il terremoto del 1783, diventando il principale centro commerciale dell'isola e il più vicino all'Europa. Nel 1784 Ferdinando IV di Borbone concede alla città una serie di agevolazioni per rilanciarne l'economia: in particolare restituisce ed amplia il privilegio del porto franco, con eliminazione dei dazi nelle transazioni commerciali; tutto ciò grazie all'Editto del 5 settembre 1784. A mercanti e negozianti stranieri si garantisce:

> Reale, libero e amplissimo salvacondotto, facoltà e permesso di trasferirsi da qualunque parte del Mondo e stabilirsi in Messina, d'immettervi mercanzie e derrate di ogni genere, tanto per mare, quanto per terra; di trafficarvi, transitarvi, abitarvi con le loro famiglie, e senza di esse; di partirne, tornarvi, vendervi, comprarvi, ed estrarne qualunque genere di cose (*Editto* 1784).

Siamo nel periodo dell'ascesa di Napoleone, il quale impone il blocco continentale per eliminare la concorrenza commerciale; molti mercanti inglesi, ma anche greci, francesi, svizzeri, austriaci, tedeschi, russi- circa una quarantina di famiglie—si stabiliscono allora a Messina, che vanta un porto efficientissimo (La Corte Cailler; D'Angelo, *Comunità straniere*). Ferdinando IV nel 1793 aderisce alla coalizione antifrancese guidata dalla Gran Bretagna; qualche anno dopo le truppe di Napoleone occupano Napoli e il re borbonico si rifugia in Sicilia, scortato dalla marina inglese. Nell'isola arriva un piccolo esercito anglosassone, ed un contingente si stanzia proprio a Messina (Gallo e Oliva 209- 210). Quando nel 1806 nuovamente i francesi occupano il Regno di Napoli, il re per la seconda volta cerca scampo nell'isola;

questa volta gli alleati inglesi si stabiliscono per un periodo più lungo, il cosiddetto "decennio inglese", che va dal 1806 al 1815.

A Messina si installa la maggior parte della British Army, circa 20000 uomini; questa presenza massiccia, che a sua volta attira mercanti, artigiani, imprenditori anglosassoni, cambia radicalmente la città negli usi e costumi: si diffonde un'altra lingua, nuovi stili di vita, giornali, le idee progressiste (D'Angelo, *Mercanti inglesi in Sicilia*). Le insegne dei negozi e degli alberghi hanno questi nomi: "Caffè Trafalgar", "Garrison coffee house", "London Hotel", "Crocodile Tavern and Coffee House"; la "Gazzetta Britannica", un giornale stampato per impulso e con l'aiuto dell'Armata Britannica dal 1808 al 1814, "rappresentava un importante strumento di informazione e di diffusione di idee liberali" (D'Angelo, *Il Cimitero degli Inglesi* 203). In pochi sanno che il collegamento fra i laghi di Ganzirri e il mare venne costruito proprio dagli inglesi per facilitare il passaggio delle imbarcazioni.

Appartiene alla comunità inglese Ernesto Coop (1812- 1879), autore di ben centocinquanta composizioni per pianoforte, "tipica figura del virtuoso-compositore ottocentesco" (Bini 1983), notissimo all'epoca negli ambienti culturali messinesi. Anni dopo Luigi Pirandello scrive alla sorella Lina nel 1889 di avere sempre nell'anima le note della *Smania*, un *Improvviso* di Coop.

È il 1817 quando il britannico William Sanderson sbarca a Messina. Lui sarà il primo ad iniziare il commercio di agrumi messinesi nel mondo e il primo in Europa a creare una azienda di trasformazione degli agrumi nella nostra città. Fondato il suo impero monetario, comincia la costruzione del "Castelletto", oggi conosciuto come "Villa Pace" o "Villa Bosurgi"; lo splendido edificio ospita nel corso dell'Ottocento personalità di spicco di tutta Europa. Circa 150 anni dopo la villa viene utilizzata come museo storico degli agrumi e della società di Sanderson – Bosurgi (D'Angelo, "Una famiglia di mercanti-imprenditori").

Ma a parte gli inglesi, la città di Messina, che è divenuta dai primi dell'Ottocento un importante centro di scambi commerciali, ospita individui e famiglie da tutta Europa. Ricordiamo Johannis Walser (1769-1833) appartenente ad una nota famiglia di mercanti e banchieri di Heyden (Appenzal); Federico Grill (1784-1868), banchiere, nato ad Augusta in Baviera. Il primo fonda, e il secondo consolida, la "casa di commercio" elvetica "Giovanni Walser & C."

Figlia di mercanti della Svizzera tedesca è Laura Gonzenbach (1842-1878), fra i primi etnologi italiani, autrice di un'importante raccolta di leggende e fiabe dei contadini siciliani, edita oggi a cura del noto scrittore Vincenzo Consolo. Importante ancora la figura di Arsenio De Julinetz, nobile del Governo di San Pietroburgo e Consigliere di Stato, Console Generale di Russia in Sicilia. Il figlio Giorgio De Julinetz, compositore, è autore di una delle prime versioni per il teatro musicale dei *Promessi Sposi,* la prima in Sicilia, su parole del messinese Vincenzo D'Amore.[1]

La presenza inglese diminuisce drasticamente alla fine delle guerre napoleoniche, quando i Borbone tornano a Napoli e la «British Army» lascia la Sicilia. Oggi gli unici resti delle opere inglesi sono la strada inglese (che va dai monti Peloritani verso il mar Tirreno), e l'omonimo cimitero abbandonato a se stesso (Attard; Rol).

Come abbiamo visto Messina ha sempre accolto svariate minoranze straniere, per varie ragioni: le agevolazioni economiche, le vicende politiche da cui è scaturito il confronto con altri popoli, ad esempio gli inglesi; infine la posizione geografica, che ha reso la città un tramite fra la Sicilia e l'Europa. Questi *stranieri* sono stati personaggi importanti nella storia e nella vita culturale della città; accolti senza nessun pregiudizio, hanno arricchito la società messinese con le loro iniziative commerciali, le loro ricerche e capacità artistiche.

---

[1] "Tra i musicisti più noti in ambito nazionale vi era anche un componente della colonia russa, Giorgio De Julinetz, valido collaboratore di riviste culturali come "La Farfalletta": autore di opere teatrali e di diversi brani musicali […]. La sua fama arrivava anche oltre lo Stretto, dato che si sa di un carteggio presente nel fondo musicale del violinista di San Benedetto del Tronto Guglielmo Neroni" (Di Giacomo 2005: 106- 107). Lo studioso messinese Giorgio La Corte Cailler, in *Notizie sulla cultura musicale in Messina,* saggio introduttivo a *Musica e musicisti in Messina,* afferma: "Chiudendo questi ricordi, aggiungiamo che i numerosi dilettanti di musica, con a capo Giorgio De Julinetz (autore di molte composizioni e primo a musicare i Promessi Sposi), si riunirono nel 1832 e fondarono una Filarmonica ove conveniva quanto di più eletto vantasse la città, ed in quel teatrino S. Ferdinando ebbero esecuzione importanti opere" (3).

Messina da ieri ad oggi

Anche in ricordo di ciò circa 250 anni dopo l' attuale sindaco Renato Accorinti ha favorito in ogni modo il libero accesso ai rifugiati politici e ai richiedenti asilo. Messina quindi è diventata quindi un centro di accoglienza per migliaia di profughi, senza però sviluppare le strutture adeguate; la città ha lasciato e lascia in condizioni disumane centinaia di immigrati, ammassati in pochi centri di accoglienza.[2]

A Messina, come d'altra parte nel resto d'Italia, esistono i seguenti centri di prima accoglienza: i CAS, nati come centri di accoglienza straordinaria, che dovrebbero ospitare soprattutto i richiedenti asilo; i CARA, istituiti nel 2002 in tutta la nazione con il nome di CDI, Centri d'identificazione; all'inizio avevano un carattere detentivo, cioè tenevano "imprigionati" i migranti, poi sono diventati 'Centri aperti' con un Decreto del 2008. Il fatto è che il tempo di permanenza all'interno dei Cara dovrebbe essere di circa un mese, massimo 60 giorni, in attesa del visto o dello smistamento in centri di seconda accoglienza, dove queste persone potrebbero svolgere corsi ed acquisire competenze per diventare autonomi e trovare un impiego.

Tutto questo non avviene: i migranti vengono stipati per mesi in centri di prima accoglienza, che però non utilizzano adeguatamente i

---

[2] Questa è la situazione a metà 2016, esposta in un articolo dal titolo *Servizi pro-rifugiati a Messina. La grande abbuffata*, 9 giugno 2016, del giornalista Antonio Mazzeo: "Con la sapiente regia dell'amministrazione comunale di Messina, sindaco il pacifista e nonviolento Renato Accorinti, gli attori economici e sociali più diversi si sono uniti per implementare un ambizioso e costosissimo programma di accoglienza "diffusa" dei richiedenti e dei titolari di protezione internazionale e umanitaria. Il 30 maggio scorso, il ministro degli Interni Angelino Alfano ha firmato il decreto di finanziamento per il biennio 2016-2017 dei progetti presentati dagli enti locali per la realizzazione dei servizi Sprar a favore dei richiedenti asilo e rifugiati. Al 5° posto in graduatoria nazionale per gli interventi di accoglienza integrata di persone con necessità di assistenza sanitaria, sociale e domiciliare, specialistica e/o prolungata, c'è il progetto presentato dal Comune di Messina e dai suoi partner operativi. Alla città dello Stretto, il ministero ha assegnato risorse finanziarie pari a 947.715,18 euro per l'anno 2016 e 1.616.430,10 euro per il 2017 che consentiranno di ospitare 71 rifugiati (15 persone singole di sesso maschile, 15 di sesso femminile e 41 membri di nuclei familiari monoparentali)".

In realtà gli ingenti finanziamenti hanno risolto solo in minima parte una situazione di costante emergenza, anche perché i vari centri di accoglienza sono stati gestiti da cooperative conniventi con strutture mafiose; l'articolo completo di Mazzeo, del quale abbiamo citato solo una parte, traccia anche un quadro degli sprechi e delle illegalità che stanno purtroppo alla base del sistema di accoglienza messinese.

45 euro al giorno per migrante, dati alle cooperative che gestiscono questi istituti.

In questo modo si entra in un circolo vizioso perché i richiedenti asilo si accumulano: ne arrivano continuamente e non ci sono le persone e le strutture necessarie per far fare loro un percorso di integrazione; molto spesso non viene neanche fatta la richiesta di asilo.

Questi centri non hanno riscaldamenti; ai migranti, invece di 2,50 di consueta diaria, vengono forniti un pacco di sigarette e una scheda telefonica; l' unico abbigliamento in loro possesso è una tuta con cui dovranno passare interi mesi; ai piedi portano scarpe aperte, spesso infradito. Anche d'inverno.

I centri di prima accoglienza a Messina sono i seguenti: il Palanebiolo; la caserma Gasparro; l'hotel Liberty; il Centro Ahmed, che ospita minori.

Molto più limitati i centri di seconda accoglienza: l'Ipad Regina Elena; lo Sprar di villa Lina.[3]

Fra tutti i profughi che arrivano a Messina c'è anche una buona parte di minori; ad essi non può essere rifiutata la richiesta d'asilo, quindi vengono portati negli appositi centri di accoglienza minorili in attesa dell'iter che li porterà nei centri di seconda accoglienza.

Un problema frequente è quello del tutore per i minori che è, secondo la legge italiana, obbligatorio.

Una storia che ci ha molto colpito è quella di Carmen Cordaro, la quale è diventata avvocato cautelare di circa 400 ragazzi; infatti molti avvocati rifiutano di assumersi questa responsabilità, poiché si tratta di un servizio che non prevede compensi. Ecco un altro intoppo nel sistema dell'immigrazione messinese; molti dei ragazzi, quindi, che

---

[3] Gli Sprar (acronimo per *Sistema di Protezione per Richiedenti Asilo e Rifugiati*) in tutta Italia sono gestiti dai Comuni; fanno parte di una diversa filosofia di accoglienza, che prevede unità abitative piccole, dove non solo gli extracomunitari sono accolti ma hanno anche la possibilità di frequentare corsi, e soprattutto di apprendere l'italiano. Le strutture governative quali i CARA, di cui si è già parlato, si limitano invece ad ammassare un gran numero di migranti nello stesso luogo, senza garantire nulla: spazi, assistenza, educazione. Negli Sprar alla fine del percorso il migrante dovrebbe essere in condizione di svolgere un lavoro; inoltre, in conclusione della sua esperienza nel centro di accoglienza, riceve dei soldi di buonauscita e viene aiutato nella ricerca di un appartamento in affitto. L'Arci di Messina è partner degli Sprar esistenti in città.

dai loro paesi sono venuti in Italia per una vita migliore non hanno neanche, in realtà, il diritto allo studio.

Il centro Ahmed è a Messina l'unica struttura di una certa capienza destinata ai minori, ma è sovraffollato: può ospitare 60 ragazzi e ne accoglie quasi 200. Patrizia Maiorana, direttrice dell'Arci di Messina che ci ha fornito le principali notizie sui centri di accoglienza della città, ci ha raccontato questa storia: un ragazzo risiedente al centro aveva appena conseguito un corso di cucina nella speranza di trovare in seguito un lavoro; invece, raggiunta la maggiore età, è stato portato al centro di prima accoglienza di Mineo, struttura indagata per vari casi di pedofilia, violenza e suicidio.

In una nota informativa, pubblicata il 30 marzo 2016 dal quotidiano online messinese *Tempostretto*, l'assessore alle Politiche sociali, Nina Santisi, ha affermato:

> Casa Ahmed [...] sta funzionando [...] da struttura "cuscinetto" tra la prima e la seconda accoglienza. Pur accreditata come centro di prima accoglienza, la struttura, che fino ad oggi ha accolto 1193 minori, ha organizzato il proprio lavoro fornendo servizi e prestazioni per cui tutti i ragazzi sono iscritti al servizio sanitario e a scuola e quando necessario ricevono le apposite terapie. L'accoglienza è inserita in una rete territoriale con l'istituzione scolastica pubblica (Centro istruzione provinciale adulti "Verona Trento" per la formazione scolastica; istituto "Antonello", istituto "Cuppari", istituto "Basile" per la formazione professionale) che sta fornendo concretamente ai minori l'opportunità di integrarsi e di proiettarsi con speranza al proprio futuro. (*Tempostretto* 30/3/2016)

La realtà è ben diversa: dalla sua attivazione, il 25 novembre 2014, la struttura, convenzionata prima con la Prefettura e poi con il Comune di Messina, ha ospitato sino al 9 marzo 2015 1.108 ragazzi. Solo tre minori sono stati poi inseriti in famiglie italiane; 476 sono finiti in comunità-alloggio, 16 in SPRAR per minori, 138 in SPRAR adulti mentre ben 284 si sono allontanati arbitrariamente, secondo i dati forniti dall'Arci. Le convenzioni con le scuole non sempre funzionano: è stato attivato soprattutto qualche corso di italiano, ma non è assolutamente vero che questi ragazzi siano regolarmente iscritti a scuola, come imporrebbe invece la legge italiana.

L'INFERNO DI PALANEBIOLO.

Il Palanebiolo è un centro di prima accoglienza, nato nell'ottobre del 2013 e allestito in un ex campo da baseball; in un grande spiazzo vi sono circa una trentina di tende per 250 persone e un grande tendone usato come mensa; il campo è stato creato come luogo temporaneo per identificare e rilevare le impronte digitali ai migranti sbarcati al porto di Messina.

Secondo la legge il tempo massimo di permanenza previsto in strutture di questo tipo è di 72 ore; in questo luogo invece gli immigrati stazionano per lunghi periodi, anche dei mesi. E' stato quindi necessario sistemare alloggi all'interno del campo, in una zona coperta.

Si è creata una struttura estremamente carente: i migranti, quasi tutti uomini, sono sistemati soprattutto nella parte interna, una specie di grande palestra, con letti a castello; una sorta di immensa camerata. Quando ne arrivano troppi, quelli "in eccesso" hanno i posti peggiori: sono costretti a dormire in delle tende all'aperto, umidissime e gelide d'inverno, caldissime d'estate; a causa delle terribili condizioni in cui si trovano a vivere, molti di loro hanno sviluppato malattie della pelle o forme di depressione.

Una domande che ci siamo fatti a questo punto è la seguente: come vedono l'emergenza migranti gli abitanti di Messina?

Come vedremo dall'analisi del successivo questionario, i messinesi tendono a accettare con difficoltà i migranti e i richiedenti asilo solo fino a quando non conoscono il problema e non ne hanno diretta esperienza. Se invece vengono a contatto con queste persone il loro atteggiamento cambia.

Un caso emblematico è quello di Casa Mosè, un centro accoglienza minori non accompagnati, chiuso nel 2014 per mancanza di contributi da parte delle istituzioni. La popolazione del quartiere si è mobilitata, manifestando la solidarietà ai migranti con cartelloni del tipo: "A Camaro siamo tutti africani".

AL CENTRO DEL PROBLEMA

Per avere un'idea più chiara della situazione abbiamo allora elaborato un questionario a risposta multipla con domande riguardanti il punto di vista dei messinesi sull'immigrazione, e il loro parere riguardo all'integrazione degli immigrati; Il questionario è stato sottoposto ad un campione di 200 ragazzi dai 13 ai 17 anni e di 200 adulti dai 18 anni ai 60. Si tratta di un numero non grande ma rappresentativo della popolazione cittadina; gli intervistati infatti sono stati i genitori e gli alunni di due scuole di media grandezza di Messina: la scuola media Elio Vittorini e il Liceo Felice Bisazza. Entrambi gli istituti hanno un'utenza mista; questo vuol dire che i ragazzi e i loro genitori appartengono a classi sociali diverse. Il questionario è stato somministrato in forma anonima, per cui è stato possibile schedare i risultati solo in base all'età, e non alla provenienza sociale o al sesso. Abbiamo deciso di fare così per evitare che le persone rispondessero in modo non veritiero nel momento in cui erano costrette a indicare il proprio nome in un sondaggio scritto.

Il questionario consiste in cinque domande; in ogni caso è prevista la possibilità di dare una risposta aperta, in aggiunta alle risposte chiuse.

DOMANDA N. 1: *Cosa ne pensa/i del fatto che il comune di Messina accoglie immigranti e profughi?*

Risposte: 1) Mi sembra un fatto positivo; 2) Mi sembra un fatto negativo; 3) Mi sembra un fatto positivo ma può comportare problemi; 4) Mi sembra un fatto positivo ma andrebbe gestito diversamente.

I giovani hanno risposto rispettivamente: 5%, 15%, 27%, 53%.

Gli adulti hanno risposto rispettivamente: 8,1%, 5,4%, 32,4%, 54%

Da questi dati abbiamo dedotto le seguenti osservazioni: gli adulti sono in generale più positivi rispetto ai ragazzi, per quanto abbiano più timore delle conseguenze del fenomeno; entrambi comunque pensano che andrebbe gestita diversamente l'accoglienza dei migranti.

DOMANDA N. 2: *Conosce/i la differenza fra migranti e profughi?*

Risposte: 1) non c'è differenza, entrambi provengono da paesi poveri; 2) Sì, i migranti si trasferiscono nel nostro paese per motivi economici, i profughi per sfuggire a guerre e persecuzioni; 3) Sì, i profughi sono dei migranti che fanno finta di essere perseguitati per poter entrare nel nostro paese; 4) Non la conosco, non credo sia importante; mi sembra una distinzione creata dai mass media.

I giovani hanno risposto in questa percentuale: 5%, 86%, 0%, 9%

Gli adulti hanno risposto in questa percentuale: 8%, 88,8%, 0%, 0%

Il nostro commento è positivo: sia adulti che giovani sono abbastanza informati, anche se i ragazzi risultano più indifferenti. E' importante il fatto che il messaggio che volevano trasmettere i partiti contrari all'immigrazione non è stato recepito dalla popolazione: nessuno crede che i profughi siano degli imbroglioni, che *fanno finta* di essere perseguitati.

DOMANDA N. 3: *Secondo lei/te il fenomeno della migrazione di individui e famiglie verso il nostro paese e il nord Europa costituisce…*

Risposte: 1) un pericolo, poiché buona parte di queste persone sono criminali, o comunque si situano ai margini della società; 2) un'occasione di confronto e di arricchimento, poiché venendo a contatto con loro possiamo conoscere altre culture, e differenti stili di vita; 3) un problema dal punto di vista economico e sociale, poiché non abbiamo soldi e strutture per far vivere al meglio i nostri poveri, e quindi è impensabile che riusciamo ad occuparci di questi stranieri; 4) nessuna delle tre.

I giovani hanno risposto: 7%, 20%, 70%, 3%

Gli adulti hanno risposto: 5,8%, 26,4%, 61,7%, 5,8%

Ricaviamo da questi dati la considerazione, piuttosto sorprendente, che gli adulti sono più aperti e più disposti ad accogliere nella società gli immigrati.

DOMANDA N. 4: *Crede/i che i centri di accoglienza svolgano in modo efficace il loro lavoro?*

Risposte: 1) non lo so, non mi interessa; basta che riescano a controllare il fenomeno; 2) dipende dalle situazioni, e dalle disponibilità economiche; 3) credo di si; 4) assolutamente si.
I giovani hanno risposto: 12%, 64%, 23%, 1%
Gli adulti hanno risposto: 6,06%, 66,60%, 24,20%, 3%

Le risposte confermano il fenomeno dell'indifferenza dei giovani, in generale più negativi nei confronti non solo degli immigrati ma anche delle strutture di accoglienza.

DOMANDA N. 5: *Quali sentimenti suscita in lei/ te il recente fenomeno della migrazione di massa?*
E' possibile inserire più di una risposta.
Risposte: 1) tristezza e compassione; 2) paura; 3) desiderio di aiutare, di manifestare la mia solidarietà; 4) rabbia nei confronti di chi o cosa ha provocato tutto questo; 5) curiosità ed interesse nei confronti di questi individui che provengono da culture diverse.
Le risposte dei giovani: 25%, 15%, 13%, 25%, 22%
Le risposte degli adulti: 33,8%, 10,7%, 12,3%, 32,3%, 7,6%

I ragazzi quindi mostrano più curiosità e vogliono anche aiutare gli immigrati, ma al tempo stesso provano maggiore paura; invece gli adulti sono tristi per questo fenomeno ma mostrano un minore desiderio di aiutare.

Per completare il quadro riportiamo anche alcune fra le più interessanti risposte aperte.

Alla prima domanda, in cui veniva chiesto un parere sull'accoglienza di migranti e profughi, due adulti rispondono che il fatto è positivo ma può comportare problemi, e aggiungono, rispettivamente: "Tutti questi profughi il Comune li potrebbe impegnare in attività di pulizia dei cimiteri e dei luoghi aperti, anziché vederli per strada, che a volte infastidiscono anche e disturbano"; "I profughi devono essere accolti e aiutati ma anche loro devono fare "la loro parte", sapersi comportare rispettando le regole del nostro paese e non solo pretendere!"

Alla quarta domanda, sulle strutture di accoglienza, un giovane afferma, piuttosto arrabbiato: "Stiamo usando dei bei centri sportivi per aiutare queste persone che non hanno fatto niente per guadagnarselo".

Infine alla quinta domanda, sui sentimenti che queste persone suscitano, un giovane dichiara di avere: "paura perché prima o poi queste persone si possono ribellare". Un adulto, che ha risposto "tristezza e compassione e paura", espone il suo punto di vista: "Da un lato vedere le loro condizioni che sono specchio della situazione del loro paese è una tristezza, ma è pur vero che a causa loro si sono verificati casi di violenza e fastidi e poi fa paura vederli camminare sempre in gruppo".

Giudizio complessivo: dal questionario emerge che la popolazione messinese ha accettato la presenza degli immigrati, ma si rende conto del fatto che è gestita male; in qualche caso ha anche paura di queste persone. I ragazzi sono più indifferenti, a volte anche più tradizionalisti dei genitori; ci siano chiesti il perché, e siamo arrivati alla conclusione che il continuo bombardamento di notizie sull'arrivo dei profughi e sulle condizioni in cui vivono, diffuse a scuola e dai mass media, ha ottenuto il risultato contrario: i giovani sono quasi indifferenti al problema, ma più curiosi, magari, nei confronti delle singole persone.

IN CONCLUSIONE…

In realtà la nostra ricerca non ha una vera e propria conclusione: abbiamo solo presentato una situazione molto difficile, quasi disperata, alla quale non siamo certo noi ragazzi che possiamo dare delle soluzioni. Quello che si è fatto sino ad ora non è molto, e forse è vero che, come alcune persone affermano nel sondaggio, il problema andava gestito diversamente: ma si tratta di un fenomeno dalle proporzioni allarmanti, di fronte al quale non si capisce bene come comportarsi, e cosa fare.

Dal test che abbiamo somministrato emerge che i messinesi non sono contrari all'arrivo degli extracomunitari, cercano di comprenderli, e di accoglierli, per quanto è possibile. Ma mentre scriviamo la situazione si evolve, e non in meglio: dall'inizio del 2016 Messina ha accolto quasi 10000 migranti, secondo i dati diffusi dal Comune,[4] e i centri collassano; il 31 dicembre 2016 il prefetto Francesca Ferrandino ha ordinato la chiusura della tendopoli di Palanebiolo, e sembra che siano stati stanziati dei fondi per ampliare la caserma Gasparro, dove comunque i migranti sono ospitati in condizioni impossibili, con pochissimi servizi igienici, e costretti a dormire in camerate, simili a quelle di Palanebiolo.

Intanto i migranti continuano ad arrivare: uomini, donne anche gravide, bambini. É soprattutto il destino di questi che ci colpisce: sono ragazzi come noi, ma non hanno una famiglia, una casa loro, amici, la scuola.

Soprattutto, non hanno un futuro.

BIBLIOGRAFIA

Attard, Vincenzo Giorgio. *Il Cimitero degli Inglesi. Appunti, epigrafi, elenchi.* A cura di Michela d'Angelo, Messina: Perna, 1995.

Bini, Annalisa. Voce "Ernesto Coop". Dizionario Biografico degli Italiani. Volume 28 (1983) http://www.treccani.it/enciclopedia/ernesto-antonio- luigi-coop_(Dizionario-Biografico)/

De Miro d'Ajeta, Barbara. *Il seme, il germoglio e il fiore: Pirandello fra biografia, narrativa e teatro.* Roma: Aracne, 2008.

Editto Reale per lo Stabilimento e Ampliazione de' Privilegi, e del Salvacondotto della Scala, e Porto Franco della città di Messina. Napoli, 1784.

---

[4] In realtà sembra siano di più: secondo un articolo senza firma de *Il Sole24 ore,* dal titolo "Migranti, record di sbarchi nel 2016", Messina ha accolto nel 2016 15.188 migranti.

Qualche dato sugli sbarchi, ricavato dagli articoli del quotidiano online *Tempostretto* (tutti gli articoli sono firmati da Veronica Crocetti): 17 maggio il pattugliatore irlandese Le Niamh consegna 349 profughi; 26 maggio, 493, nave Enterprise; 29 maggio, 392; 10 giugno, 536; 7 luglio, 452, nave Aquarius; 20 luglio, 451, nave Dignity One; il 28 luglio la nave Corsi sbarca 233 profughi, fra cui 26 donne (una incinta) e 14 minori; 18 agosto, 245 (5 donne gravide, 13 bambini), dalla nave Corsi; il 31 agosto avviene uno sbarco di grandi proporzioni, 1159 migranti scendono dalla Virginia Fasan, e fra loro vi è un bambino di 15 giorni; 3 settembre, 814 migranti; 12 settembre, 355 dalla nave Dignity; 5 ottobre, 656 dalla nave Boat Refugee; 7 ottobre, 360; 14 ottobre, ancora 360; 24 ottobre, 840; il 26 ottobre la nave Dattilo sbarca ben 1038 migranti, più sei cadaveri; 15 novembre, 350; 20 novembre, 219 più sette morti. La maggior parte provengono dall'Africa Subsahariana, ma nell'ultimo sbarco sono presenti anche dei siriani. L'articolo del *Il Sole24 ore,* che abbiamo citato nella nota precedente, sottolinea il fatto preoccupante che in Italia sono in aumento gli arrivi di migranti: 181.436 nel 2016, il 18% in più del 2015; il fenomeno più angosciante è quello dell'aumento dei minori, 25.772 rispetto ai 12.360 dell'anno precedente.

D'Angelo, Michela. *Mercanti inglesi in Sicilia 1806-1815. Rapporti commerciali tra Sicilia e Gran Bretagna nel periodo del Blocco continentale.* Milano: Giuffrè, 1988.

D'Angelo, Michela. "Una famiglia di mercanti-imprenditori tra Malta e Sicilia: i Sanderson". *I Whitaker e il capitale inglese tra l'Ottocento e il Novecento in Sicilia.* A cura di Claudio D'Aleo e Salvatore Girgenti. Trapani: Libera Università di Trapani, 1992. 109-130.

D'Angelo, Michela. *Comunità straniere a Messina tra XVIII e XIX secolo.* Messina: Perna, 1995.

D'Angelo, Michela. *"Il Cimitero degli Inglesi". Un libro aperto sulla città: il gran camposanto di Messina.* A cura di Giovanni Molonia e Pippo Azzolina. Messina: Provincia regionale di Messina, 2004. 195- 218.

Gallo, Carlo Domenico, e Gaetano Oliva. *Annali della città di Messina,* Vol. V. Messina: Tip. Filomena, 1892.

Gonzenbach, Laura. *Fiabe siciliane.* A cura di Vincenzo Consolo e Luisa Rubini. Roma: Donzelli, 1999.

La Corte Cailler, Gaetano. *Colonie straniere in Messina dopo il terremoto del 1783.* In "Il Marchesino", 8 e 22 maggio 1926.

Mazzeo, Antonio. *Servizi pro-rifugiati a Messina. La grande abbuffata,* 9/ 1/ 2016. http://antoniomazzeoblog.blogspot.it/2016/06/servizi-pro-rifugiati-messina-la-grande.html

"Migranti, record di sbarchi nel 2016", *Il Sole 24 ore* 6/ 1/ 2017

Rol, Giacomo. "Sulle tombe in S. Rainerio. Meditazioni di Giacomo Rol dedicate all'ornatissimo Sig. Giacinto Duca". *Giornale di scienze, letteratura ed arti per la Sicilia,* a. 19, vol. 75, Palermo: Oretea, 1841: 311-321.

Santisi, Nina. Nota informativa. *Tempostretto* 30/ 3/ 2016. http://www.tempostretto.it/news/migranti-messina-accoglienza-minori-stranieri-non-accompagnati-assessore-santisi-strumentalizzazioni-critiche.html.

PALANEBIOLO LE CAMERATE

PALANEBIOLO LA TENDOPOLI ALLAGATA

PALANEBIOLO LE MALATTIE

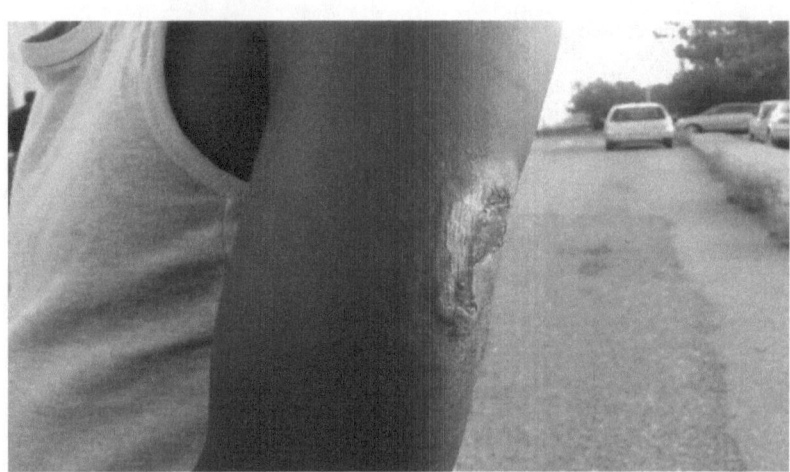

QUESTIONARIO SUL FENOMENO DELL'IMMIGRAZIONE

ETA' ■ 13- 19   ■ 20- 60   SESSO ■ M   ■ F

COSA NE PENSA/I DEL FATTO CHE IL COMUNE DI MESSINA ACCOGLIE MIGRANTI E PROFUGHI?

- Mi sembra un fatto positivo
- Mi sembra un fatto negativo
- Mi sembra un fatto positivo ma può comportare problemi
- Mi sembra un fatto positivo ma andrebbe gestito diversamente

Risposta aperta

_____
_____
_____
_____

CONOSCE/I LA DIFFERENZA FRA MIGRANTI E PROFUGHI?

- Non c'è differenza, entrambi provengono da paesi poveri
- Sì, i migranti si trasferiscono nel nostro paese per motivi economici, i profughi per sfuggire a guerre e persecuzioni
- Sì, i profughi sono dei migranti che fanno finta di essere perseguitati per poter entrare nel nostro paese
- Non la conosco, non credo sia importante; mi sembra una distinzione creata dai mass media

Risposta aperta

_____
_____
_____
_____

SECONDO LEI/TE IL FENOMENO DELLA MIGRAZIONE DI INDIVIDUI E FAMIGLIE VERSO IL NOSTRO PAESE E IL NORD EUROPA COSTITUISCE

- Un pericolo, poiché buona parte di queste persone sono criminali o comunque si situano ai margini della società
- Un'occasione di confronto e di arricchimento, poiché venendo a contatto con loro possiamo conoscere altre culture, e differenti stili di vita
- Un problema dal punto di vista economico e sociale, poiché non abbiamo soldi e strutture per far vivere al meglio i nostri 'poveri' e quindi è impensabile che riusciamo ad occuparci di questi stranieri
- Nessuna delle tre.

Risposta aperta

_____
_____
_____

CREDE/I CHE I CENTRI DI ACCOGLIENZA SVOLGANO IN MODO EFFICACE IL LORO LAVORO?

- Non lo so, non mi interessa; basta che riescano a controllare il fenomeno
- Dipende dalle situazioni e dalle disponibilità economiche
- Credo di sì
- Assolutamente sì

Risposta aperta

_____
_____
_____

QUALI SENTIMENTI SUSCITA IN LEI/ IN TE IL RECENTE FENOMENO DELLA MIGRAZIONE DI MASSA? E' POSSIBILE INSERIRE PIU' DI UNA RISPOSTA

- Tristezza e compassione
- Paura
- Desiderio di aiutare, di manifestare la mia solidarietà
- Rabbia nei confronti di chi o cosa ha provocato tutto questo
- Curiosità ed interesse nei confronti di questi individui che provengono da culture diverse

Risposta aperta

_____
_____
_____

The Strange Case of Italian Diaspora Articulations: Rethinking the "Italian" Writer

Anthony Julian Tamburri
JOHN D. CALANDRA ITALIAN AMERICAN INSTITUTE

As we know, Italian/American studies constitute on the one hand a notably vibrant field of intellectual interrogation; in both the social sciences and the humanities, a plethora of studies and critiques have appeared over the past century, for sure, especially within the social sciences. One need only think back to the many sociologists and anthropologists who began publishing their studies soon after the first decades of the twentieth century.[1] Save history, within the humanities—and, more specifically, the literary and cinematic fields—studies are more recent, dating back to the 1970s for the written, and to the 1980s for the visual.[2] Considering both major fields together, we have indeed an impressive number of books and articles that number in the hundreds.

That said, one may indeed wonder why Italian/American studies, on the other hand, do not enjoy the favorable positioning one might think it does—or should—within Italian studies (especially when conceived within the mind-set of the above-mentioned *italianistica*)—and I reference here both inside and outside of Italy—or, in similar geo-cultural fashion, within American studies. This, I submit, is the strange case of Italian diaspora articulations.

---

[1] In addition to Herbert J. Gans, *The Urban Villagers: Group and Class in the Life of Italian-Americans* (New York: The Free Press of Glencoe, 1962), I would add: Edward C. Banfield, *The Moral Basis of a Backward Society* (New York: The Free Press of Glencoe, 1958); Irvin L. Child, *Italian or American? The Second Generation in Conflict* (New Haven: Yale University Press, 1943); Jerre Mangione, *Mount Allegro* (Boston: Houghton Mifflin, 1942); William F. Whyte, Jr., *Street Corner Society* (Chicago: University of Chicago Press, 1943); Robert Foerster, *The Italian Emigration of Our Times* (Cambridge, MA: Harvard University Press, 1919).

[2] In addition to what we might find in the early proceedings of the then American Italian Historical Association, the pioneering works I have in mind are the following: (1) for literature, Rose Basile Green, *The Italian-American Novel: A Document of the Interaction of Two Cultures* (Madison, NJ: Fairleigh Dickinson UP, 1974); (2) for visuality, see essays by Joseph L. Monte, Joseph Papaleo, Michael Parenti, and Allen L. Woll and Randell M. Miller in *Ethnic Images in American Film and Television*. Ed. Randall M. Miller. Philadelphia: Balch Institute, 1978.and Brizzolara, Andrew. 1980. "The Image of Italian Americans on U. S. Television." *Italian Americana* 6.2 (Spring/Summer): 160-8.

THE SITUATION AT HAND

With regard to American studies in Italy, I have already discussed the situation of the American studies journal in Italy, *Ácoma*. Within its first seven years (1994-2000), two essays appeared that were dedicated to Italians in America, both of which are translations of studies that had already been published in the United States; the first an abbreviated version of a three-year-old essay, the second a complete translation of a two-year-old essay.[3] One might readily expect that such attention paid to Americans of Italian descent is not limited to a recycling via translation of what had already appeared earlier in the United States. The key notion is here the "limited to" that I would underscore. The translation of what has developed in the U.S. is, I would submit, extremely significant for the further development of an intellectual discourse in Italy on Italian Americans. Much has already been done, especially if one takes into consideration those books published on the subject matter by Fairleigh Dickinson University Press's "Italian Studies" series, Fordham University Press's series "Italian Cultural Studies," Palgrave's "Italian and Italian/American Studies" series, and SUNY press's series "Italian/American Culture." I have, in fact, recently dealt with the current situation at hand in the opening chapter of my *Re-reading Italian Americana*.[4]

Most egregious, in any event, is what we do not find in the journal's special issue dedicated to the theme "L'America che leggiamo: saggi e aggiornamenti." In it, any reference, however oblique, to any U.S. writer of Italian descent, not to mention the notion of any semblance of a thematics that we might categorize as Italian/American literature, is absolutely non-existent.

---

[3] The essays are: Robert Orsi, "Il colore dell'altro: confini, religione, identità in mutamento tra gli italiani di Harlem," *Ácoma* 5 (1995): 5-12, and Rudy Vecoli, "Emigranti italiani e movimenti operai negli Stati Uniti. Una riflessione personale su etnicità e classe sociale," *Ácoma* 5 (1995): 13-22. Subsequently, *Ácoma* did publish three essays dedicated to, respectively, Don DeLillo, Louise de Salvo, and Pietro di Donato and John Fante in issue 19 (2000): Alessandro Portelli, "I rifiuti, la storia e il peccato in *Underworld* di Don DeLillo" (4-15); Caterina Romeo, "*Vertigo* di Louise de Salvo: vertigine della memoria" (33-9); Martino Marazzi, "Pietro di Donato and John Fante" (55-9).

[4] See chapter one of my *Re-reading Italian Americana: Specificities and Generalities on Literature and Cinema* (Madison, NJ: Fairleigh Dickinson UP, 2014/2015).

As I have already stated elsewhere as early as 2007,[5] one would be hard-pressed not to include Italian Americans among the "the many ethnic and social components of the United States cultural fabric"; for better or for worse, Italian Americans are constantly represented in the various media as U.S. ethnics. Second, Italian/American writers could readily fit into at least two of the three categories above. Indeed, a "Renaissance" of Italian Americana, especially literature and film, has already manifested itself, if only by the increased critical activity both from within and outside the Italian/American community. With regard to an outside forum, to be sure, I would recall at this juncture the 1987 and the 2003 special issues of *Melus* dedicated to Italian/American literature and film. This becomes most poignant precisely because it is not an Italian/American venue; rather, one dedicated to the study of "multi-ethnic literatures of the United States," as the siglum MELUS, the journal's title, communicates. In the 1987 issue, in fact, one essay is aptly entitled "Italian-American Fiction: A Third Generation Renaissance."[6] Thus, one may wonder, what are people in Italy reading from the States with regard to ethnic studies if not—especially concerning literature and, sometimes, cinema—the journal *MELUS*.

The paradox of such an omission clamors ever more loudly when one looks to the aesthetic positioning of someone like John Fante in Italy, or the cultural/literary history of the United States with regard to the American writer of Italian descent.[7] They are writers who have, and continue, to be published by presses that range from the boutique,

---

[5] See my "Note sulla cultura diasporica degli Italiani d'America: ovvero, suggerimenti per un discorso di studi culturali," *Campi immaginiabili* 34–35 (2007): 247–64, now in my *Una semiotica dell'etnicità: nuove segnalature per la scrittura italiano/americana* (Florence, Italy: Franco Cesati Editore, 2010).
[6] Fred Gardaphe, "Italian-American Fiction: A Third Generation Renaissance," *MELUS* 11.3-4 (1987): 69-85.
[7] Yes, it is a long list of many, indeed not all, whom we should surely know: Tony Ardizzone, Helen Barolini, Mary Jo Bona, Grace Cavalieri, Mark Ciabattari, John Ciardi, Peter Covino, Don DeLillo, Rachel Guido deVries, Louise DeSalvo, Emanuel di Pasquale, W. S. DiPiero, Louisa Ermelino, Gil Fagiani, Maria Famà, Lawrence Ferlinghetti, Mario Fratti, Fred Gardaphe, Dana Gioia, Daniela Gioseffi, Maria Mazziotti Gillan, George Guida, Gerry La Femina, Philip Ma Mantia, Annie Rachel Lanzillotto, Frank Lentricchia, Maria Lisella, Paul Mariani, Donna Masini, Stephen Massimilla, Fred Misurella, Joey Nicoletti, Jay Parini, Joseph Ricapito, Nicole Santalucia, Felix Stefanie, Maria Terrone, Lewis Turco, Joseph Tusiani, Anthony Valerio, Pasquale Verdicchio, Richard Vetere, Robert Viscusi, Arturo Vivante, Frances Winwar, and so on.

specialized publisher (e.g., Bordighera Press; Guernica Editions; Legas) to the larger more popular publisher (e.g., Farrar Straus, Giroux; Harper Collins; Knopf; Random House). Or, better still, in a desire to complicate further the matter at hand, there are those who have and continue to write poetry and/or fiction in Italian and live in the U.S.[8]

Fortunately, and contrary to the above-cited Americanist journal in Italy, the Italian studies journal, *Studi italiani*, housed at the Università degli Studi di Firenze and edited by Gino Tellini, launched in 2014 the section "Oltreconfine," which is dedicated to the Italian diasporic voice outside Italy, especially that voice articulated in Italian. Then, at the AISNA (Associatione Italiana di Studi Nord Americani) biannual conference at the Università degli Studi di Napoli L'Orientale last September 2015, the Association dedicated a plenary session to the volume, *Transcending Borders, Bridging Gaps: Italian Americana, Diasporic Studies, and the University Curriculum*, a collection of essays that originated from a four-day workshop at the Rockefeller Foundation Center in Bellagio, Italy. So, surely, *Spes ultima dea*! Things are looking up!

Given as much, then, a few simple questions arise, "Why do Italian diaspora studies linger in the academy, both in the United States and in Italy?" and, "What is its position within ethnic studies across the U.S.?" Alternatively, one might ask, "Why, then, haven't programs of Italian studies outside Italy picked up the mantle, given the vast number of Italians who left Italy during the great wave of emigration?"[9] One might assume, for instance, that many of Italian descent

---

[8] Luigi Ballerini, Emanuel Carnevali, Peter Carravetta, Alessandro Carrera, Tiziana Rinaldi Castro, Giovanni Cecchetti, Ned Condini, Alfredo de Palchi, Rita Dinale, Franco Ferrucci, Luigi Fontanella, Arturo Giovannetti, Ernesto Livorni, Irene Marchegiani, Mario Moroni, Pier Maria Pasinetti, Emanuele Pettener, Mario Pietralunga, Giose Rimanelli, Joseph Tusiani, Annalisa Saccà, Victoria Surliuga, and Paolo Valesio are some of the names that come to mind in this regard.

[9] In this regard, let us not forget that the current numbers of Italian residents abroad is not insignificant. The Registry of Italian Residents Abroad (AIRE), for instance, counts more than 85,000 Italian citizens living in the greater New York area for more than twelve months, which is the period recognized by AIRE. Yet, there is another intriguing aspect to this phenomenon of Italians living abroad and those who are involved in departments of Italian studies at many universities in the United States. Thus, the question becomes more specific: namely, "How is it that departments and programs of Italian studies, in which there is a notable number of more recent Italian immigrants—those, that is, who left Italy after earning their "laurea" and came to the United States to complete a PhD in Italian —, do not include course-work, if not concentrations as well, in Italian/American culture and history?" Of course, the

have, perhaps, engaged in an act of identity dissension (pun intended) for which any reference to their Italian ancestry is null and void, and, consequently, their identity politics is solely articulated within a U.S. profile.[10] In yet another sense, one might readily assume that there indeed exists a sort of hegemonic privilege among scholars of "Italian"—Read, peninsula. (Yes, the privilege of hegemony, I would submit, is restricted to those on the peninsula; the islanders are not always invited into the club, so to speak.)—cultural history and practice—read, literature and cinema especially—for which any notion of an extra-Italy articulation of something that resembles "Italian" in some manner or form, simply does not exist. Ultimately, then, one might speak in terms of an historical omission of any sort of cultural manifestation of an Italian diaspora.

It is, indeed, a doubled-edged sword. On the one hand, Italian Americans who write in English seem to garner very little if no attention at all from those in the positions of cultural power in the United States. In a similar fashion, those who write in Italian and live beyond the geo-cultural borders of Italy extract even less attention from their confreres in both Italy and elsewhere from those in Italian studies, a.k.a., *Italianistica*. Then, of course, there are the new Italian writers, the so-called "migrants," the veterans among whom we find the likes of Pap Khouma, Amara Lakhous, and Igiaba Scego, yet a third wheel in this greater categorization of migration writing or, to use a term not yet in vogue but has it qualities for sure, *Italici*, as Piero Bassetti might consider all three groups mentioned at this point.[11] Namely, that ever encompassing term that collects under its large umbrella these groups for sure: (a) Italians, (b) those of Italian origin living outside of Italy, and (c) those who love things Italian though not of Italian descent:

---

question is further complicated by those departments and programs that allow students to study migration literature in Italy, a phenomenon that is less than 30 years old, give or take a few.

[10] The one thing we must recognize here is that self-identity in one manner or another should not be required. If someone of Italian heritage decides not to identify as "Italian," "Italian American," or the like, that is entirely acceptable.

[11] I realize that I might be problematizing Bassetti's notion to some degree, my slightly particularized version with the addition of Lahiri is still in full concert with what Bassetti has been articulating since 1998. See his latest publication in this regard: *Svegliamoci italici: manifesto per un future glocal* (Venice: Marsilio, 2015), available in English, *Wake Up, Italics! Manifesto for A Glocal Future* (New York: Calandra Institute, 2016)..

or, simply stated, Italian wannabes, as we say in more informal parlance. Of course, in this regard, we can surely complicate the issue even further by adding the likes of Jhumpa Lahiri, someone who is not of Italian origin, is not an Italianist, does not permanently live in Italy, but yet did spend three years in Italy and, eventually, wrote and published a book that she composed in Italian.[12]

Where Do We Go from Here?

So what are our options to remedy some of what we've seen above, and what might be some of the reasons that have occasioned such issues? The very first step is a change in the dominant cultural thought paradigms that reign both in Italy and in the United States with regard to not only Italian/American studies but, more important, Italian diaspora studies; they go hand in hand notwithstanding a possible initial resistance to such coupling. I could hear the purists telling us how the [im]migrants are not of "our culture" and cannot understand what it means to be Italian.[13]

I have already mentioned some of the examples with regard to an obstacle to American writers of Italian descent that we have seen in Italy. There are analogues, to be sure, in the United States. For example, in spite of names like John Ciardi, Paul Gallico, Mario Puzo, Henry Rago, Frances Winwar, and, to mention once more, Don DeLillo, Italian/American studies has no standing whatsoever within the most powerful organization dedicated to American Studies in the United States, namely, the American Studies Association. Yes, it is true that some *infiltration* into mainstream United States culture has already been successful; as mentioned earlier, for the past twenty-plus years a handful of university presses and American studies journals have published or republished significant work.[14] In this sense, then, a

---

[12] I refer to her most recent literary deed, her *In altre parole* (Parma: Guanda, 2015), which also appeared subsequently in a bilingual edition, *In Other Words*, trans. Ann Goldstein (New York: Knopf, 2016).

[13] Among the many items on Italian and Italian/American identity I refer the reader to Anthony Julian Tamburri, editor, *Meditations on Identity • Meditazioni su identità* (New York: Bordighera P, 2014).

[14] Some examples include: SUNY Press series in Italian/American Studies, directed by Fred Gardaphè; Josephine Gattuso Hendin's "The New World of Italian American Studies," *American Literary History* 13.1 (2001): 141-57, or Thomas Ferraro's less conspicuously titled essay, "'My Way' in 'Our America': Art, Ethnicity, Profession," *American Literary History* 12.4 (2000): 499-522; other mainstream press

good part of a foundation has been laid. But much more has yet to be done. In perusing the last seventeen annual addresses of the American Studies Association, for example, it is a curious fact that, among all the topics mentioned dealing with issues immediate also to Italian Americana, there is no mention at all of Italian/American studies, not even an occasional, oblique reference to the ethnic origin of an American writer of Italian descent.[15]

Now, Fred Gardaphé has maintained in various venues and conversations that the future of Italian/American studies is in Italy, referring specifically to members of the younger generation who, among other things, are both methodologically and linguistically equipped to investigate such subject matter. I am not going to rehearse all that he has said; he would do a much better job at unpacking his new geo-cultural cartography. But what I would like to do, in recognizing his geo-cartographic lens, is make my point of departure for a call for paradigm shifts from an Italian point of origin. That said, there are at least three individuals who come to mind.

One of the most poignant observations in this regard—and one, I would contend, that has gone unnoticed, as I have not seen it mentioned before by any of the expounders of "[im]migrant" literature—is something Armando Gnisci stated almost fifteen years ago. In his *Creolizzare l'Europa: Letteratura e migrazione*, he stated the following with regard to Italian migration literature, that which is written in Italian by the "new" [im]migrants to Italy:

> We Italians have to learn to learn from our migratory past, beyond the brief to exaggerated (in every sense) experience of colonial power, to dealing with the intercultural present, at home and wherever

---

books include: Mary Jo Bona. *Claiming a Tradition: Italian American Women Writers* (Carbondale: Southern Illinois UP, 1999); Edvige Giunta's *Writing with An Accent: Contemporary Italian American Women Authors* (New York: Palgrave, 2002); as well as Gardaphé's earlier pioneering *Italian Signs, American Streets: The Evolution of Italian American Narrative* (Durham: Duke UP, 1996). Most recently, Thomas Ferraro published *Feeling Italian* (New York: NYU Press, 2005), Robert Viscusi published *Buried Caesars* (New York: SUNY 2006), and Fred Gardaphè published his *From Wiseguys to Wise Men* (New York: Routledge, 2006). Let us not forget that the first study to be published in this area was Rose Basile Green's *The Italian-American Novel* (Madison, NJ: Fairleigh Dickinson UP, 1974).

[15] The addresses are readily available in the ASA's journal, *American Quarterly*, in either the first or second issue of the year.

in the world. This last consideration helps us in the end to formulate in a more complete manner the claim of an Italian literature of migration. It needs to be considered first and foremost as a phenomenon of advanced modernity, without precedent. It begins with the migrations of entire populations of Italians throughout the world in search of work, beginning with the immediate post-unification period, and it finds its completion in the literature written by immigrants, having arrived in Italy from all over the world in search of work, beginning with the last decade of the twentieth century.[16]

To invoke the emigrants of the past, as we read Gnisci's words above, was at the time a solitary act for sure. There were a few other voices with no doubt, but they, too, found themselves working in an environment that, for reasons beyond their means, did not include a community of scholars who envisioned the one-hundred-fifty-plus-year diaspora as a resource in a variety of ways. Instead, they found obstacles if not barriers in their respective paths. In this regard, I have in mind the scholar who has written books and anthologized Italian diaspora writers in both Italian and English; yet, to keep his current position and hope for promotion, he should publish, first and foremost, on *Italianistica*. Then, of course, there are the two anthologies that truly made history—*Italoamericana* I (2001) and *Italoamericana* II (2005)—which, first, were never issued in paperback, and, second, are now out of print.

These voices are not alone. Others, as well, are beginning to abound in Italy and/or in Italian with regard to the "migrant" writer in Italy today: Franca Sinopoli and Daniele Combierati are two names of later generations engaged in profound interrogations of this

---

[16] "[N]oialtri italiani dobbiamo imparare a imparare dal nostro passato migratorio, oltre che dalla breve ad esagerata (in tutti i sensi) esperienza di potenza coloniale, ad avere a che fare con il presente interculturale, in casa e dovunque nel mondo. Quest'ultima considerazione ci aiuta, infine, a formulare in maniera più compiuta la rivendicazione di una letteratura italiana della migrazione. Essa deve essere pensata innanzitutto come un fenomeno della modernità avanzata, senza precedenti. Inizia con le migrazioni di intere popolazioni di italiani verso tutto il mondo alla ricerca di lavoro a partire dall'immediato periodo post-unitario e trova il suo completamento nella letteratura scritta dagli immigrati, venuti in Italia da tutto il mondo in cerca di lavoro, a partire dall'ultimo decennio del XX secolo" (See, Armando Gnisci, *Creolizzare l'Europa: Letteratura e migrazione* [Rome: Meltemi, 2003] 83).

and other pertinent issues.[17] I would, at this juncture, further contend that we can readily see the "migrant" writer in Italy as a parallel experience to the writer in the United States who is (a) of Italian origin, or (b) born and socialized in Italy but later moved to the United States and has lived there for a significant amount of his/her life. What I am stating here has not only been expressed by Gnisci, in fairly general terms as we saw above, but even earlier, Graziella Parati stated the following with specific regard to the aesthetic literary act:

> It is not enough to displace our attention to Italian American literature to discover that the fact that a first generation did not have the language to express their experience has by far not suffocated the later creation of a large Italian American literature. It is a literature that is generationally marked, which might also be the case in Italy. In Italian cultural history there are a number of repressed historical narratives, among them the history of Italian migration and of Italian colonialism.[18]

More pertinent to the discussion at hand is, obviously, the comparison of Italian migration literature to Italian/American literature. Equally important—and one might say it is something many have stated *ad nauseam* and yet always falls by the wayside—is Parati's mention of "repressed historical narratives," especially the "history of Italian migration." Such repression of "historical narratives" is, to be sure, what we have seen above in the example of both *Ácoma* in Italy and, to mention one, the collection *Italian Mobilities* that originates from the U.S. In this same introduction, Parati goes on to underscore the necessity of such a comparison: "I would argue that the link between the two Italys—the Italy of both immigration and migration—must not be broken because it offers a way to read recent migration issues in Italy" (21). In so doing, she brings to the fore yet another issue equally as important: the recognition of the emigrants and their

---

[17] See, especially, Daniele Combierati, *Scrivere nella lingua dell'altro: la letteratura degli immigrati in Italia (1989-2007)* (Bruxelles: Peter Lang, 2010) and Franca Sinopoli, *Interculturalità e transnazionalità della letteratura: questioni critiche e studi di casi* (Rome, Bulzoni 2014).

[18] Graziella Parati, "Introduction" in Graziella Parati, ed., *Mediterranean Crossroads: Migration Literature in Italy* (Madison, NJ: Fairleigh Dickinson University Press, 1999): 21.

progeny as belonging to "Italy", be it another "Italy," when she states ever so naturally, "the link between the two Italys."[19]

Yet a third voice I would invoke here is Michele Cometa and, specifically, his work on cultural studies, and I am referring here to his book *Studi culturali*.[20] Thus, his notion that migration literature should not remain enclosed within either a "marginality" or an "exceptionality" of "such experiences" (97) in literature, resonates to a significant degree with what I had brought up elsewhere in my *A Semiotic of Ethnicity* with regard to a different geo-cultural arena and different manifestations of ethnic literature. I was specifically interested in a couple of types of writers, those in both English and Italian, and thus suggested that "we expand our own reading strategy of Italian/American art forms in order to accommodate other possible, successful reading strategies"; and "[w]ith regard to Italian/American literature we should thus consider it a series of on-going written enterprises which establish a repertoire of signs, at times *sui generis*, and therefore create verbal variations (visual in the case of film, painting, sculpture, and drama) that represent different versions that are dependent, of course, on one's generation, gender, and socio-economic condition. Turning now to the Italian-language writer, having established such a working paradigm, I would now also add language to this working definition—that is, Italian, English, or some conscious maccheronic combination thereof—of what can be perceived as the Italian/ American interpretant" (110-111).[21] The fundamental idea then, as it is now with Cometa, is that we expand our horizons and thus broaden once and for all the category.

We must, for sure, as Cometa states, "compel Italianists to [engage in] a reformulation of the canon and of canons partially put for-

---

[19] I would add at this point that Parati continued her bi-focused interrogation of migrant literature to Italy in her follow-up book to her 1999 anthology. She later stated that her theoretical framework was not only grounded in the work of those such as Homi Bhabba, Julia Kristeva, Rosi Braidotti, and Alex Hargreaves, but that "the work of Fred Gardaphé, Anthony Tamburri, and other scholars of Italian American culture have created the fundamental work without which my discourse on Italian multiculturalism throughout the centuries could not be discussed" (see her, *Migration Italy: The Art of Talking Back in a Destination Culture* [Toronto: University of Toronto Press, 2005] 12).
[20] *Studi culturali* (Napoli: Guida, 2010).
[21] See my *A Semiotic of Ethnicity. In (Re-)cognition of the Italian/American Writer* (Albany: SUNY P, 1998), chapter 7 *passim*, and Aijaz Ahmad, "Jameson's Rhetoric of Otherness and the 'National Allegory.'"

ward in recent decades" (97), broadening as a consequence, and necessarily, I would underscore here, the concept of "Italian identity," which currently is changing into something that goes beyond the traditional confines of that concept. An "effective identity," therefore, in as much as it recognizes the quality of everyday activity in which the individual lives out his daily life; an "effective identity" also insofar as it recognizes that what an individual does within a largely Italian milieu—and not necessarily only in Italy—unfolds in that way specifically because s/he feels "Italian-ly"—*italianamente*, let us say—as part of his/her ordinary existence, and not in any honorary or affected sense, but actually "effective," such that whatever s/he does—and that s/he knows, as an Italian—is part of the every-day life of that person. And so, that "Italian effect" of his/her daily life is precisely that blending of Italian characteristics and/or Italian-ness of his identity.

What I am suggesting here echoes what Rebecca West wrote more than twenty-five years ago about a concept of Italian and/or Italian-American identity, of someone who is not of origin Italian but who lives out his daily activities—be they professional or personal—if not specifically within, then at least for the most part close to what is coming to be called *Italianità*, or s/he lives her daily life *italianamente*:

> By bringing non-Italian or Italian/American perspectives to Italian literature and culture [...], we implicitly (and at times explicitly) question essentialist views of ethnicity.... I am, by dint of twenty-five years of study, scholarship, and professional engagement in Italian culture and literature, a kind of "Italian/American" (or "American/Italian"). This identity is not to be found in my genes, my blood, or in any part of my material body, but rather in my orientation, my knowledge, and my commitment. [...] Similarly, adopted cultures may be seen in the same light as adopted children. If those children are more truly the children of their adoptive parents who nurture and cherish them than of their biological parents, then perhaps an adopted culture is eventually as much (or in some cases even more) "mine" as it is that of someone born into it. I recognize that I may never "feel" Italian or Italian/ American in the same way that natural sons and daughters of Italian culture may

feel, but I would at the very least like to believe that my investment in that culture has marked me more than superficially as someone who is part of *italianità*" (337).[22]

If we accept just the very basics of what West is saying, that she in some way—and maybe on the strength of "twenty-five years of study, research, and responsibilities having to do with Italian culture and literature," belongs within the rather vast confines of *italianità*, we must then include in this world of *italianità* also those who, while born and raised in Italy, live elsewhere, and in our case, in the United States.[23] And we can do it fairly easily from the scientific point of view if we are willing to break free from those limiting, and dare I say, arbitrary confines and thus recognize instead that kaleidoscopic mosaic that is North America, as I classified it more than twenty-five years ago,[24] and that Cometa was correct when he said in his *Studi culturali* of the "migrant" writer: "The mosaic of identities that migrant writers carry around with them is much more complex and variegated" (107), as is true, as we have seen above, even in the case of someone like West. Following, then, such an intellectual trajectory with regard to migrant writers, writers of other limitations, and/or of ethnic ones, we can only end up colliding—and happily so—with the Bassettian discourse of "italici" and, in the broader sense of the concept of "Italian" identity, we thus find ourselves in an "Italian" world that surmounts every restrictive, reductive, and essentialist conceptual barrier. This, ultimately, I would submit, should be our end goal in our continued endeavors to change paradigms.[25]

---

[22] "Scorsese's *Who's That Knocking At My Door?*: Night Thoughts on Italian Studies in the United States." *Romance Languages Annual*, a cura di Ben Lawton e Anthony Julian Tamburri (1991): 331-338.

[23] West's comments, in the end, converge with the concept of "Italicity," which Piero Bassetti has been promulgating since 2002. He spoke about it first in his essay "Italicity: Global and Local", in *The Essence of Italian Culture and the Challenge of a Global Age*, edited by Paulo Ianni and George F. McLean (Washington, DC: The Council for Research in Vallues and Philosophy, 2002) 13-24, and he further elaborated it in *Italici. Il possibile futuro di una community globale* (Milano: Casagrande, 2008).

[24] I addressed it for the first time in my *To Hyphenate or Not to Hyphenate* (1991) 48-51, and later in my *Una semiotica dell'etnicità* (2010) 62-64.

[25] For a more detailed articulation of a new paradigm, see my "The Coincidence of Italian Cultural Hegemonic Privilege and the Historical Amnesia of Italian Diaspora Articulations" in *Re-Mapping Italian America. Places, Cultures, Identity*, Sabrina Vellucci and Carla Francellini, eds. (New York: Bordighera, 2017). 45 ms. pp.

Appunti sul cinema italiano e il Mezzogiorno dal dopoguerra ad alcuni film del nuovo millennio

Antonio C. Vitti
INDIANA UNIVERSITY

Per ripercorrere la storia e l'evoluzione del cinema italiano del dopo fascismo la rappresentazione del Meridione è di primaria importanza. Per un cinema di ispirazione civile, politica e progressista come il neorealismo che ipotizzava un influsso sulla società, sarebbe stato più che naturale raccontare le realtà del Sud. D'altro canto, considerando gli aspetti delle problematiche meridionali che sono state messe in risalto dai film che saranno presi in esame, sono dell'avviso che l'argomento richieda un'analisi più approfondita. Lo scopo di questa ricerca è di proporre una riflessione critica su come il cinema italiano di matrice realistica ha rappresentato il Mezzogiorno dal dopoguerra all'oggi attraverso film e generi più importanti.

Nella ricerca di una rappresentazione cinematografica dell'Italia, diversa da quella del Regime è ben noto il ruolo avuto dalla rivista *Cinema* diretta da Vittorio Mussolini, dove Alicata, De Santis, Ingrao, Lizzani, Pietrangeli, Puccini e Visconti furono gli animatori della fronda all'interno della rivista nel dibattito intorno al rinnovamento del cinema italiano che li portò a scegliere le opere di G. Verga come punto di riferimento.[1] Questi giovani frondisti, ai propri inizi, per legittimarsi e non avendo riferimenti o maestri, al fascismo che aveva esaltato G. D'Annunzio e un certo modo di fare letteratura, viene opposto Verga, radice a cui attaccarsi, e autore che aveva narrato la vita dei pescatori siciliani e quella Italia che durante il periodo fascista non si vedeva più, realtà offuscata da un cinema di propaganda e di commedia romantica.[2] Per queste ragioni cercarono i loro

---

[1] Mario Alicata, "Ambiente e società nel racconto cinematografico", *Cinema*, 135, 10 ottobre 1942, pp. 279-81; "Ancora di Verga e del cinema italiano", *Cinema*, 130, 25 novembre 1941, pp. 314-15; e Mario Alicata e G. De Santis, "Verità e poesia: Verga e il cinema italiano", *Cinema* 127,, 10 ottobre 1941.

[2] Nel 1941 Visconti già progettava un film tratto da *I Malavoglia* di Verga. È stata riportata molte volte in varie sedi l'affermazione di Visconti di essere stato attratto, lui lombardo abituato al limpido rigore della fantasia manzoniana, dalla Sicilia di Verga e che Aci Trezza gli era apparsa come l'isola di Ulisse, un'isola di passioni e di avventure. Massimo Mida Puccini aveva anche scritto un trattamento dal romanzo di

punti di riferimento letterari e critici in G. Verga, F. De Sanctis, A. Labriola, e in un tipo di letteratura che evocava un'Italia postrisorgimentale che aveva vissuto drammi sociali dimenticati e che invece erano per loro fonte di nuove ispirazioni per capire meglio l'oggi, d'allora.[3] Verso la fine della guerra, la Resistenza spinse questi stessi giovani a rivalutare la situazione. Lizzani ripensando alla mutata situazione storica ha affermato:

> "Nel 1944 noi pensavamo che il cinema italiano fosse finito. Si sapeva che Rossellini stava girando un film sulla Resistenza con Anna Magnani e Aldo Fabrizi. Noi pensavamo che sarebbe stato un film di maniera che avrebbe sfruttato il momento storico. Non avevamo nessuna sensazione che con quel film sarebbe successo qualcosa di nuovo. *Ossessione* era uscito, aveva raccolto pochissimi spettatori, per cui eravamo piuttosto sfiduciati e in modo un pò ingenuo pensammo che se si fosse andati nelle regioni che avevano avuto una vita civile anche nel passato, comunque più moderna, più democratica, con dentro anche il socialismo, avremmo potuto fare dei film. Il Nord e Milano erano una realtà industriale, se fossimo entrati in quel mondo sarebbe stato più facile per noi. Roma aveva poche industrie, era legata al mondo contadino, alla campagna, andare al Nord significava trovare quella famosa società, quindi da una parte Verga ma dall'altra c'era una società moderna, la città di Cattaneo, la città del Risorgimento."[4]

Verga. Nel 1960 Visconti scrisse che quando nel 1947 riprese il progetto era stato influenzato dalla lettura di Antonio Gramsci. Come ha provato Lino Micciché è molto improbabile che Visconti avesse letto *Quaderni del carcere* di Gramsci che furono pubblicati nel 1948, mentre le riprese del film iniziarono nel 1947.

[3] Per i giovani collaboratori di Cinema, *Ossessione* non era un film neorealista ma il più estremo atto di trasgressione contro il fascismo possibile a quel tempo. Loro lo consideravano il compimento dei loro sforzi e il loro manifesto artistico. Ricordano quel momento anche come l'inizio delle azioni repressive da parte della polizia sull'intero gruppo. Dario e Gianni Puccini furono arrestati assieme a Marco Cesarini Sforza. Una settimana dopo fu arrestato Mario Alicata e Pietro Ingrao sfuggì per poco alla cattura avvisato in tempo da Giuseppe De Santis.

[4] L'intervista ha avuto luogo a Venezia durante il convegno sul neorealismo svoltosi nel dicembre del 2007 presso la sede italiana della Wake Forest University. Tutti i riferimenti al film da parte di Lizzani vengono da questa intervista.

Eppure dopo *Il sole sorge ancora* (1946), *Il bandito* (1946), *Caccia tragica* (1947), *Riso amaro* (1949), il clima di scoprire i volti dell'Italia rimasta offuscata dal Fascismo portò il cinema italiano del dopoguerra alla scoperta di realtà contemporanee che si manifestavano per lo più in città del centro, basti pensare a *Sciuscià* (1946), *Roma città libera* (1949), *Umberto D* (1952), fatta eccezione di *Miracolo a Milano* (1951), e *Achtung! Banditi!* (1951).

Si abbandonò, per certi versi, anche il filone meridionalistico iniziato nel tardo ottocento riassumibile nell'opera di Verga a cui, come menzionato, anche la generazione dei registi e degli sceneggiatori nati dall'esperienza intorno alla rivista *Cinema* si ispirarono. Da Verga erano nate le prime sceneggiature e soggetti per il rinnovo del cinema italiano[5] e più tardi *La terra trema* (1947), che capovolgendo l'insegnamento fatalistico di Verga e la tradizionale rassegnazione del Mezzogiorno, profetizzava un nuovo e utopico ordinamento sociale per il Meridione.[6] Oltre alle divergenze di gruppi diversi, il cinema italiano negli anni del dopoguerra, non soltanto abbandonò il Nord, ma impiegò tanto tempo per trarre film da romanzi come *Fontamara* di Ignazio Silone e *Cristo si è fermato a Eboli* di Carlo Levi, a causa anche della politica dei due grandi schieramenti dell'epoca. Dopo la trilogia della terra di Giuseppe De Santis; *Caccia tragica*, *Riso amaro* e *Non c'è pace tra gli ulivi*, soltanto negli anni settanta il cinema italiano rincominciò a tornare al mondo contadino. Lizzani stesso racconta che quando Carlo Levi vide il suo documentario sul Mezzogiorno, *Qualcosa è cambiato nel Meridione* (1956), ne rimase favorevolmente colpito e gli disse che se il regista avesse trovato un produttore, gli avrebbe concesso i diritti di fare un film dal suo romanzo, ma non se ne fece niente. Forse il ritorno alla (ri)scoperta del mondo contadino, ormai lontano dal dibattito culturale e politico è anche da ritrovare nel successo internazionale di *Novecento* (1976) di B. Bertolucci, se-

---

[5] A L. Visconti e a G. De Santis non fu concesso di realizzare un film tratto da *L'amante di Gramigna*, film realizzato soltanto nel 1969 da C. Lizzani con Gian Maria Volonté e Stefania Sandrelli.
[6] Il film era stato commissionato a Visconti dal PCI e concepito come il primo episodio (Episodio del mare) di una trilogia sui lavoratori siciliani, che avrebbero dovuto tracciare le lotte dei pescatori, contadini e minatori, con la vittoria dei contadini che si sarebbero ribellati e avrebbero occupato le terre con l'aiuto solidale dei pescatori e minatori. Sarebbe servito per la propaganda alle lezione del 1948. Nel 1947 in Sicilia il Fronte popolare vinse le elezioni e nel 1947 ci fu la strage di Portella della Ginestra.

guito da *Padre padrone* (1977) dei Taviani, *L'albero degli zoccoli* (1978) di E. Olmi, e da *Cristo si è fermato a Eboli* (1979) di F. Rosi.[7] Nel dopoguerra, quando tanti intellettuali di sinistra lessero *Fontamara* di Silone, ebbero l'idea che fosse un po' fiabesco, poco realistico e non colsero l'importanza politica che l'opera avrebbe potuto avere nella letteratura meridionalistica, in quanto capovolgeva tutti i temi su cui si era basata la rappresentazione del Meridione, argomento che sarà approfondito nella seconda parte del saggio. Il fatto che i film più meridionalistici di Lizzani e di Rosi, *Fontamara* e *Cristo si è fermato a Eboli*, tratti dai due romanzi spartiacque, sono usciti molto tardi, è la dimostrazione che la rappresentazione del Meridione è un risultato di scelte politiche e commerciali.[8] Per un'esatta formulazione del rapporto tra cinema nazionale italiano e Meridione bisogna richiamare lo sfondo sul quale s'intrecciarono le vicende politiche. Il cinema di ispirazione politica non nacque a caso nel secondo dopoguerra, momento in cui anche la questione Meridionale si riproponeva dopo che dal post-risorgimento al dopoguerra industrialismo-agricoltura aveva determinato il rapporto nazionale tra Nord e Sud. A tal proposito prenderò in esame il documentario *Qualcosa è cambiato nel Meridione* del 1956 e *Fontamara* del 1980, rifacendomi anche a interviste e al legame tra la rivista *Cinema* e l'opera di Giovanni Verga. Questa indagine può essere rivelatrice della politica culturale e di mercato che condi-

---

[7] In discorso a parte si dovrebbe fare sul cinema di De Seta che si accorge che il mondo agricolo sarà definitivamente cancellato e lo fissa per immagini e suoni in un racconto che si snoda attraverso vari luoghi del sud, dalla Sicilia alla Sardegna e alla Calabria. De Seta racconta una vita che si è svolta fino a quel momento per secoli. Restituisce la voce ai poveri pescatori, ai contadini, agli zolfatari siciliani, ai pastori e alle donne sarde, ai derelitti di quel sud lontano da tutto e abbandonato a se stesso.

[8] Lizzani non riuscì a trovare un produttore nel 1956 quando dopo aver girato *Qualcosa è cambiato nel Meridione*, C. Levi gli chiese di realizzare un film dal suo romano. Rosi racconta che durante le riprese di *Salvatore Giuliano* ebbe i primi contatti con Levi che era andato a vedere le riprese del film per scrivere un articolo. Rosi pensa che Levi stesse studiando il suo stile. Si conoscevano poco, Levi non era un frequentatore assiduo del Caffè Rosati, dove gli intellettuali dell'epoca s'incontravano. Fu l'amica di Levi, Lina Saba, la figlia di Umberto Saba a decidere di affidare il progetto del film a Rosi, che lo realizzò soltanto nel 1978 quando Levi era già morto.
Rossellini, Germi, Visconti si erano interessati al film, ma secondo i critici, Rosi era forse stilisticamente il più vicino allo stile di Levi. Fu l'importanza che Rosi aveva raggiunto come regista, ma soprattutto il fatto che il regista riuscì personalmente a combinare con il direttore della seconda rete della RAI, Massimo Fichera, la produzione del film e il fatto che lui aveva personalmente acquistato di diritti del libro di Levi. Rosi riuscì ad ottenere la collaborazione del produttore Franco Cristaldi e poi del produttore della Gaumont, Toscan du Plantier. Fu Rosi che poi fece conoscere i due produttori che non si conoscevano. Si veda *Io lo chiamo cinematografo. Conversazione con Giuseppe Tornatore*. Mondadori: Milano, 2013.

zionarono il rapporto tra cinema nazionale e Mezzogiorno. Un rapporto spesso alterato dalle lotte politiche che non permisero una disanima obiettiva dei veri problemi del Sud, e che spesso mascherava un'antica vocazione egocentrica e spesso paternalistica che a volte precludeva una seria indagine socio-politica.

Il documentario di Lizzani, *Qualcosa è cambiato nel Meridione* del 1956,[9] presenta, invece, una visione filmica diversa da quella tracciata dalla tradizione e dal cinema dell'epoca. Nel mezzogiorno qualcosa è realmente cambiato per Lizzani. I protagonisti non sono umili rassegnati. Le immagini iniziali mostrano, infatti, contadini, braccianti, studenti, operai che si recano a Salerno, Crotone, Bari, Matera e da varie parti del Sud d'Italia, in occasione dell'Assise per la rinascita del Mezzogiorno, cui partecipano esponenti politici e sindacalisti.[10] Una donna descrive le condizioni del proprio paese, e quasi ad accompagnare i suoi commenti, il filmato mostra posti depressi della Puglia e della Calabria. Su uno schermo immagini dirette mostrano la distruzione della guerra e la miseria che affligge la popolazione che a differenza delle commedie paesane del cinema nazionale negli anni cinquanta non è invece mostrata come calamità naturale. Il documentario fa un reso conto dei dati industriali del Sud, sulla redistribuzione dei terreni, e sulla percentuale della terra incolta, e abbandonata, ma soprattutto mostra quello che i film dell'epoca non potevano portare sullo schermo: le lotte degli operai e l'occupazione della terra da parte dei contadini, che nel documentario sono mostrate come movimento per la rinascita del Meridione. Il documentario poi mostra una manifestazione politica a Melissa e chiude con il ritorno a casa dei contadini.[11] Come afferma Vittorio Giacci,[12] questa opera di Lizzani per la

---

[9] Ho trovato il documentario su: http://aamod.archivioluce.com/archivioluce/aamod/ ed è visibile on-line in streaming.
[10] Nel filmato appaiono: Umberto Terracini, Pietro Ingrao, Fausto Gullo, Mario Alicata, Giorgio Amendola, Giacomo Mancini, Emilio Sereni, Francesco De Martino, Giuseppe Di Vittorio, Renato Guttuso, Tommaso Fiore e Ezio Taddei.
[11] Il 29 ottobre del 1949 i contadini di Melissa in provincia di Crotone occuparono delle terre incolte in contrada Fragalà. La polizia chiamata dai proprietari del fondo occupato, dopo vari tentativi di far sgomberare i terreni occupati, dalle maniere pacifiche passarono alle maniere forti, lanciando lacrimogeni: si crearono vari tafferugli tra i reparti della Polizia ed i contadini occupanti dove rimasero uccisi tre contadini colpiti alla schiena. Altri quindici manifestanti furono feriti. G. De Santis tentò invano di girare un film sull'occupazione delle terre e sui fatti di Melissa.

sua unicità rappresentata, è da considerare come la più grande inchiesta cinematografica fatta nel Sud d'Italia. La messa in scena di Lizzani ricorda il cinema popolare francese, il realismo dell'avanguardia sovietica nel modo in cui il popolo viene mostrato gioioso e fiero del nuovo ruolo di soggetto attivo nella storia che sventola bandiere e avanza unito marciando. Il filmato nel rappresentare momenti e realtà nuove di un'Italia minore è stilisticamente in armonia con gli elementi essenziali di rottura del neorealismo, a differenza delle commedie ambientate nel Meridione in cui la rappresentazione filmica ritornava alla produzione narrativa commerciale. Tematicamente il documentario di Lizzani mostra che la questione del latifondismo non è stata risolta e rimane centrale nel dibattito della Questione Meridionale. Anche Silone se n'era fatto portavoce mettendo al centro del suo mondo narrativo il problema della ripartizione del Fucino e denunciando l'alleanza tra capitalismo finanziario e latifondismo, seguendo da vicino la posizione dell'allora PC d'I. In *Fontamara* vediamo realizzarsi un processo di politicizzazione che si matura in modo opposto dell'andare al popolo, in quanto avviene senza intellettualismo o cerebralismo borghese tipico della letteratura italiana impegnata. La caratterizzazione del mondo Meridionale contadino dei cafoni di Silone non rientra neanche nello schema che pone in primo piano nella narrazione l'egocentrismo dell'autore che si pone come guida delle masse passive contadine. Silone si fa portatore dei sentimenti e delle aspirazioni e delle angosce dei contadini senza ricorrere a nessuna mitologia umanitaria populista tipica della letteratura anti-fascista resistenziale. Il popolo non diventa mai atteggiamento letterario o mistico, ma viene rappresentato nella sua naturale semplicità ed ignoranza. Il personaggio di Berardo lotta attivamente contro lo stato che lo opprime. La "rivoluzione personale" di Berardo è un atto politico che si manifesta nella trasformazione da essere umano socialmente passivo a rivoluzionario che si libera dall'oppressione sociale diventando consapevole della sua vera essenza di uomo oppresso. Secondo il pensiero di Silone, una società passiva e individualistica non genererà mai un miglioramento sociale fino a quando non si raggiungerà una coscienza col-

---

[12] Vittorio Giacci, *Carlo Lizzani*. Milano: Il castoro cinema, 2009, p. 62.

lettiva capace di compiere un atto rivoluzionario. Silone ne *L'avventura di un povero cristiano*, scrive che la storia dell'utopia è la storia di una sempre delusa speranza, ma di una speranza tenace. La rivolta dei cafoni rappresenta un'utopia mai raggiunta né dalla politica del PCI né dagli altri scrittori del dopoguerra italiano né da tutto il cinema meridionalistico.

Leonardo Sciascia nel saggio sulla Sicilia e il cinema aveva indicato nei nomi di E. Vittorini, V. Brancati e S. Quasimodo gli ideatori dei tre diversi temi utilizzati nel cinema italiano nel caratterizzare la Sicilia. La Sicilia come mondo offeso che si rifà alla poetica di Vittorini, la Sicilia come teatro della commedia erotica attribuibile a Brancati, e la Sicilia come luogo di bellezza e di verità, che secondo Sciascia non ha avuto fortuna perché difficile da sfruttare fuori della condizione e grazia della poesia di Quasimodo. Ai temi predominanti tracciati dallo scrittore siciliano, si possono aggiungere l'atavica mitica saggezza condivisa da intellettuali meridionali che appartiene ai tanti luoghi comuni assegnati al Meridione, riscontrabile ne *L'oro di Napoli* (1947) di Giuseppe Marotta e nel film omonimo di De Sica del 1954, così come nel film di Luigi Comencini, *Pane, amore, e fantasia* (1953) e in tutta la commedia paesana che precede il boom economico. La rappresentazione del Meridione in queste opere illumina meglio le concezioni radicate nella tradizione culturale italiana che con il cinema arriva a livello di massa. I problemi socio-politici sono presentati esclusivamente come calamità naturali per cui tutti i film sono accomunati da una visione astorica della realtà. Nel negare le cause storiche e politiche dei problemi del Sud, i personaggi vivono di primordiale vitalità e ingenuità che rappresentano l'anima del popolo meridionale.[13] Importante ricordare che la produzione di *Pane amore e fantasia*, aveva opzionato due romanzi di C. Bernari, *Speranzella* e *Vesuvio e pane*, per poi scegliere un altro soggetto, quello poi realizzato. Bernari definì il nuovo progetto "pedissequo" al suo, ma che tradiva la vera vena popolare. Il riscatto sociale richiesto dalla riforma agraria

---

[13] C. Bernari ha curato per l'editore Bideri l'opera completa del poeta napoletano Russo. Com'è noto c'è una diaspora Russo-Di Giacomo. Bernari considerava Russo il vero portatore della Napoli popolare, mentre per lui Di Giacomo edulcorava la realtà di Napoli trasformandola in un'icona stereotipata.

che era al centro della realtà storica di quel momento viene sostituito da una illusoria offerta alle masse contadine del Sud. Lo stesso consolatorio messaggio si ritrova in tanto cinema italiano a partire da R. Castellani in *Due soldi di speranza* (1951). Gli stessi motivi confluiscono nella commedia di costume che nel periodo in esame presenta in modo ambiguo e mistificatorio i luoghi comuni della realtà Meridionale. A partire dagli anni sessanta il Sud diventa anche terra di passioni assolute che passano indenni attraverso la storia e sono utilizzati per una rappresentazione fenomenologica della realtà. Anche la rappresentazione del fenomeno mafioso è destoricizzato come nel caso de *In nome della legge* (1949) di P. Germi. Nel 1950 lo stesso regista realizza *Il cammino della speranza* che racconta attraverso un lungo viaggio la ricerca di lavoro di un gruppo di zolfatari siciliani che, in seguito alla chiusura della miniera locale, ingannati da un losco faccendiere sperano in una vita migliore.[14] Il film segue il cammino difficoltoso e pieno d'insidie dei minatori, accompagnati dalle proprie famiglie che attraversano tutta l'Italia e arrivano al confine con la Francia, dove i doganieri impietositi dal loro stato, invece di respingerli li lasciano sulle montagne coperte di neve. Il problema della miseria e della mancanza di lavoro si risolvono con l'emigrazione clandestina che fornisce al film il tema della solidarietà che suscita un senso di rispetto per i disoccupati. Gli accenti regionali dei personaggi minori contrastano con l'italiano di Saro e di Barbara, i personaggi protagonisti della vicenda. È questa una scelta che Germi fa anche ne *In nome della legge*, uscito l'anno precedente. La canzone siciliana *Vitti 'na crozza*, ha anch'essa un valore antinomico: da una parte rientra nello sforzo di autenticità data dall'uso del dialetto e degli elementi popolari, dall'altra se ne discosta dando un tono folkloristico e talvolta gioviale che strida con le vicissitudini dei personaggi. La canzone fa pensa alla morte e alla fugacità della vita, in concordanza con il culto della morte nella cultura siciliana, ma che in questo caso contrasta con la spe-

---

[14] L'Unità d'Italia e la rinascita nazionale del dopoguerra partono dalla Sicilia, quindi non a caso il cinema programmaticamente con *1960* di A. Balsetti e *Paisà* di R. Rossellini s'ispira a quegli eventi, ma per arrivare a mostrare le realtà nascoste di quello che accadde con lo sbarco dei Mille bisognerà aspettare fino a con *Bronte – Cronaca di un massacro che i libri di storia non hanno raccontato* di Florestano Vancini del 1972.

ranza e l'amore per la vita dei personaggi e con il lieto fine che in realtà è poco credibile per una storia di denuncia della disoccupazione e dell'emigrazione clandestina come movente dell'impegno di denuncia sociale del film.[15]

Negli anni in cui escono i due film di Germi, nel Sud i contadini avevano iniziato l'occupazione dei latifondi. Dalla Calabria in cui nel 1949 circa 14 mila contadini dei comuni orientali delle provincie di Cosenza e Catanzaro occuparono le terre per seminarle. La sommossa si estese in Puglia, Basilicata e in Sicilia. In tutto il Meridione le condizioni socio-economiche dei braccianti erano al limite della sopportazione[16] e con il rientro dei reduci divenne scenario dei moti contadini per l'occupazione delle terre. Secondo lo storico Paul Ginsborg,[17] nel Marchesato di Crotone, l'83 per cento della terra apparteneva al 2 per cento della popolazione e i 9,348 abitanti di un centro della tenuta avevano a disposizione una sola fontana pubblica. Gli usurai imponevano un interesse del 50 per cento sui prestiti a sette mesi per le spese connesse al ciclo di coltivazione e per sopravvivere i braccianti erano costretti a fare vari lavori dopo la mietitura. Data l'estrema precarietà economica dei braccianti della Calabria, la regione era stata scelta come centro delle operazioni di lotta dal PCI, passato all'azione dopo la sconfitta delle elezioni del 18 maggio 1948. Non a caso era stato scelto come segretario regionale della regione il giovane intellettuale calabrese Mario Alicata. Giuseppe De Santis tentò per anni di ambientare un film, *Noi che facciamo crescere il grano*, nel Marchesato di Crotone. I nuovi provvedimenti governativi segnarono la fine definitiva del progetto di girare il film sull'occupazione dei latifondi da parte dei braccianti calabresi, un soggetto che il regista aveva scritto

---

[15] In una conferenza tenuta nel 1951 a Firenze il regista G. De Santis criticò la tendenza pessimista del film di Germi per non aver indicato una soluzione ai problemi esposti. Secondo il regista ciociaro la rassegnazione nell'accettare le ingiustizie sociali e il fallimento nell'indicare una via di uscita erano il risultato di una atteggiamento che i registi avevano verso la realtà storica del momento. Inoltre accusò i suoi colleghi di ignorare le cause all'origine dei problemi negando una soluzione politica.

[16] Secondo la testimonianza di un contadino in quegli anni il nutrimento consisteva di pane cotto. Il pane di grano veniva in tavola a Natale e a Pasqua. Si veda, Angelo Compagni, *Diventare un uomo*, Roma, Edizione Monteverde, 1989.

[17] Paul Ginsborg, *Storia d'Italia dal dopoguerra a oggi*, Torino, Einaudi, 1989, p. 178.

nel 1950 ma che in quegli anni sperava di poter realizzare con il produttore Davanzati con il nuovo titolo: *Nostro pane quotidiano*.[18]

C'era stato un forte interesse da parte del mondo del cinema per il fenomeno dell'occupazione delle terre che aveva sconvolto l'opinione pubblica. I cineasti se ne interessarono ma molte proposte non trovarono una realizzazione. La sceneggiatura di Ugo Pirro, *Ti scrivo questa lettera* fu addirittura acquistata varie volte ma non fu mai realizzata come film. *La strada lunga un anno* di G. De Santis che fu poi realizzato alla fine degli anni cinquanta in Jugoslavia facendo credere che fosse il Meridione, in Italia fu ostacolato dal Ministro Giulio Andreotti.[19] La stessa sorte toccò a un copione: *Il coraggio e la fame* dello stesso Ugo Pirro, che l'aveva scritto per De Sica che poi provò anche a realizzarlo con G. Montaldo. I progetti su questo argomento si scontrarono con tanti generi di difficoltà: censura e condizionamenti economici. Sebbene queste vicende abbiano dato vita a varie interpretazioni secondo lo storico Lorenzo Quaglietti: "[...] gli effetti che vuoi la campagna di stampa, vuoi il comunicato governativo si prefiggevano erano di mettere in guardia i produttori, avvertendoli che il governo avrebbe prorogato o rinnovato la legislazione in materia di contributi e di finanziamento, sempreché non deviassero dalla linea fino allora seguita, di non interferire con il particolare indirizzo che si voleva mantenere nella produzione."[20]

L'industria cinematografica seguendo l'indirizzo scelto nella produzione si interessa al Sud per scoprire abitudini e costume arretrato dopo il fallimento della lotta contadina e dopo la riforma agraria. De

---

[18] La sceneggiatura è stata pubblicata nel 1953 con il titolo originale *Noi che facciamo crescere il pane*, in Cinema nuovo, n. 18, I settembre, 1953, con un'avvertenza del regista De Santis che vorrei riportare: ... L'idea di un film del genere venne a me all'indomani dei luttuosi fatti di Melissa. Da tempo cercavo di fare qualcosa che mi desse la possibilità di approfondire le mie ricerche, sul piano strutturale oltre che contenutistico, di una grande film a carattere corale sulle condizioni etico-politiche-sociali di una vasta categoria di lavoratori italiani. Del resto questa mia ambizione, tentata con *Noi che facciamo crescere il pane* ma stroncata dalla censura governativa, riaffiorò in *Roma ore 11* portato a termine non saprei dirti nemmeno io come, tanto oggi mi sembra un vero miracolo l'aver potuto dirigere un tale film.
[19] Il titolo originale di questo film è *Cesta Duga Godinu Dana* e la versione in italiano fu proiettata per la prima volta a Modena il 4 maggio del 1959 e poi non fu mai distribuito nelle sale nazionali. Il film ricevette una nomination all'Oscar come miglior film straniero nel 1958. Nel 1959 ricevette il Golden Globe come miglior film straniero e Massimo Girotti fu insignito del primo premio come miglior attore al San Francisco Film Festival.
[20] Lorenzo Quaglietti. *Storia economico-politica del cinema italiano*. Roma: Editori Riuniti, 1980, p. 87.

Santis, invece, avrebbe voluto fare un film dal soggetto *Pettotondo* ambientato in Puglia per constare gli effetti della riforma agraria con la giovanissima Claudia Cardinale come protagonista, ma negli anni del boom economico la borghesia e la piccola borghesia diventano i protagonisti della vita nazionale. In questo nuovo clima quando il cinema di denuncia s'interessò del Sud lo fece in modo macchiettistico che riflette anche la rappresentazione del meridionale in auge negli anni settanta in cui l'industria cinematografica promuoveva una rappresentazione deformante della mentalità e dei costumi meridionali basati sulla fortuna di commedie sul matrimonio, sessualità, gelosie, onore tradito e deliri erotici.

La produzione cinematografica ha bisogno di individuare i protagonisti del momento per potersi esprimere e vendere per cui l'affievolirsi delle lotte e anche a causa delle misure governative, si cercarono altri protagonisti e il Sud divenne terreno fertile per qualunque genere di operazione. Il Mezzogiorno attrasse l'attenzione del cinema prima come fatto di costume – ricordiamo le commedie satiriche e grottesche di Germi degli anni sessanta e quelle di Wertmüller negli anni settanta—poi come ricerca sociologica sulla presunta vecchia mafia ancora con Germi, continuando con i film sulla nuova mafia: D. Damiani, E. Petri, F. Vancini. *A ciascuno il suo* (1967) di Petri e *Il giorno della civetta* (1968) di D. Damiani erano film stilisticamente molto moderni in quegli anni, nonostante l'intenzionalità si finì per edificare dei monumenti ai mafiosi raccontando la loro potenza, la loro infallibilità e la loro imprendibilità. All'epoca Ugo Pirro scrisse una sceneggiatura *Avvenimento interno ad un delitto di mafia* nella ricerca di trovare un altro modo dal modello esistente e vincente del momento per raccontare la mafia ma dopo tanti tentativi il film non si fece.[21] Bisognerà aspettare fino a *Johnny Stecchino* (1991) di R. Benigni e *Tano da morire* (1999) di Roberta Torre per avere film profanatori e dissacratori del modello stabilito sul raccontare la mafia.

---

[21] Per un accurato ritratto del mondo del cinema degli anni cinquanta e sessanta e delle difficoltà incontrata nel realizzare le sceneggiature politicamente impegnate si vedano: *Soltanto un nome nei titoli di testa: I felici anni Sessanta del cinema italiano*. Torino: Einaudi, 1998 e *Il cinema della nostra vita*. Torino: Lindau, 2001, entrambi di Ugo Pirro.

Alla fine degli anni cinquanta Francesco Rosi inizia il suo lungo viaggio cinematografico in cui il Meridione assume un posto unico nel panorama del cinema italiano per cui i suoi film richiedono un'analisi più dettagliata. Rosi stesso ha sempre affermato che il suo cinema è lo specchio della realtà e che lui attribuisce al cinema una funzione di testimonianza. Stilisticamente l'importanza era il restituire questa immagine attraverso uno specchio quanto più possibile non deformato dalla fiction cinematografica che ha la fisionomia della storia romanzata. Lo scopo non era quello di rivelare una verità, nel senso di avere una tesi precostituita da rivelare, ma l'esposizione di un metodo conoscitivo che mettesse in luce una realtà, un ambiente, e i motivi dei comportamenti degli uomini in funzione della crescita storica e culturale del Paese e del Meridione. I suoi film sono rivolti alla realtà politica, sociale e antropologica senza eliminare l'interesse per il privato dei personaggi, che non è in primo piano, difatti la caratterizzazione non è di natura psicologica in quanto la convinzione è che attraverso il montaggio interno e il piano sequenza, si riesca a dare in maniera esplicita la psicologia dei personaggi legandola alla ricerca analitica. Nei suoi film Rosi recupera il privato attraverso il pubblico.

> "Nell'intellettuale italiano l'espressione di umile indica un rapporto di protezione paterna e padreternale, il sentimento sufficiente di una propria indiscussa superiorità e l'altra inferiore, il rapporto come fra due razze, una ritenuta superiore e l'altra inferiore, il rapporto come tra adulto e bambino nella vecchia pedagogia o peggio ancora un rapporto da società protettrice degli animali, o da esercito della salute anglosassone verso i cannibali della Papuasia."[22]

Nelle commedie italiane la rappresentazione del Meridione è nata da una visione paternalistica e ricca di luoghi comuni che assegna al Sud una mitica saggezza che dovrebbe risolvere o meglio sopportare mali antichi e recenti che non sono storicizzati, quindi tutto è dovuto a fattori naturali e non storici: basta pensare alla commedia paesana. Questa distorsione del Sud confluisce nella commedia all'italiana de-

---

[22] Antonio Gramsci. *Letteratura e vita nazionale*. Roma: Editori Riuniti, 1971, pp. 98-99.

gli anni sessanta e settanta, che cercava di far venire fuori gli aspetti del vivere quotidiano legati a certi ritardi anche culturali mettendo in evidenza il costume e l'erotismo dei Meridionali in un modo ambiguo in quanto rappresentazione fenomenologica approssimativa e slegata dalla storicità e alimentata dall'industria cinematografica. Nei film di Rosi non si guardano soltanto i comportamenti degli individui ma anche le carenze dello sviluppo di una società come storia dell'Italia e come la sua cattiva coscienza. Difatti già dal suo secondo film Rosi si stacca dalla rappresentazione complice di una assoluzione di quel costume che apparentemente si vorrebbe invece condannare, inoltre Rosi si distingue anche da quella messa in scena da *Il cammino della speranza* che descrive l'emigrazione che si conclude con l'arrivo più o meno fortunoso nella terra promessa, il film del regista napoletano si sofferma invece su quello che avviene dopo e sui modi con cui questa emigrazione si trapianta all'estero. La terra promessa non si rivela quella favoleggiata prima di partire, e l'emigrazione crea seri problemi anche di carattere esistenziale e psicologico più ancora che economici. Ne *I magliari* c'è un notevole scavo nella psicologia dei personaggi, e si va oltre il consueto stereotipo dell'emigrante italiano buono, dai sentimenti cristallini e onesti. Il film ha la doppia faccia che rivela una commistione tra bontà e furfanteria, mentre in altri film Rosi ha messo in risalto soltanto quella criminale, come per esempio in *Lucky Luciano*.

Nel 1976 *Il contesto* di Leonardo Sciascia offrì a Rosi il pretesto di testimoniare con *Cadaveri eccellenti* uno dei momenti più significativi e drammatici del caso Italia-Meridione. I giudici assassinati nel film anticipavano quelli più tardi assassinati per le strade. Il film denuncia la degenerazione del consociativismo in politica, il cinismo dei Poteri che si accordano al di là di ogni diversità politica e ideologica, con la gente nella parte degli spettatori. Il titolo stesso del film diventa metafora che sfoggia nella messa in scena delle sfilate e nei raduni con uniformi militari e funerali di stato per onorare le vittime degli intrighi politici.

Vorrei concludere con una riflessione Il cinema di impegno del nuovo millennio che ha rappresentato il Mezzogiorno. Lo scenario socio-politico del mondo attuale è totalmente cambiato a causa del nuovo scenario internazionale. Con il crollo delle torri gemelle e la guerra in Iraq anche l'ideologia postmodernista della fine della Storia e della riduzione del mondo a linguaggio sembra crollata. Lo dimostrano i testi teorici di sociologia, critica letteraria e cinematografica pubblicati in questi ultimi anni, da *Crolli* di Marco Belpoliti a *La fine del postmoderno* di Romano Luperini. La narrazione nella vita quotidiana del sociologo Jedlowski a *Benvenuti nel deserto del reale* del filosofo sloveno Slavoj Žižek, che riflette sulle conseguenze dell'undici settembre iniziando dal cinema contemporaneo americano. I cambiamenti politici non hanno portato un cambiamento di linguaggio cinematografico nel cinema italiano. Quali effetti hanno avuto questi grandi cambiamenti sul cinema di oggi che in Italia ha rappresentato il Meridione? Il nuovo cinema italiano ha prodotto *Gomorra* (2008) di Matteo Garrone tratto dal testo omonimo di Roberto Saviano. Si è intravista nel cinema di Matteo Garrone una continuazione del cinema neorealista italiano e si è parlato di un neo-neorealismo. Il film di Garrone a tratti si richiama ai codici del realismo e del documentarismo con un approccio sobrio dando molta attenzione allo spazio e all'improvvisazione. Garrone lavora con troupe ridotta, riprese in ambienti reali, uso continuo della cinepresa a spalla, sonoro in presa diretta, attori spesso non professionisti. Il suo cinema rifiuta il "glamour" e la spettacolarità, anche se spesso eccede nella rappresentazione della violenza. Parlando del suo film *Gomorra*, Garrone ha raccontato il modo in cui ha affrontato il best-seller di Saviano spiegando di non aver voluto in nessun modo fare un film a tesi. Al regista non interessava mostrare se la "camorra fosse cattiva", ma affrontare alcuni temi di carattere universale attraverso dei personaggi che fanno delle scelte, attraverso i loro conflitti e, attraverso le conseguenze, per ottenere un valore morale ed etico. Per Garrone un film deve innanzitutto creare emozioni, poi se riesce anche a cambiare lo stato delle cose lui ne sarebbe contento, ma esso non è lo scopo del film.

Nel 2010 esce *Gorbaciof*, regia di Stefano Incerti, sceneggiatura di Diego De Silva e Stefano Incerti. Racconta la caduta in discesa di Marino Pacileo, contabile per la camorra, detto Gorbaciof per la voglia sulla fronte che lo accomuna al passato leader dell'ex Unione Sovieta, che si mette nei guai per aiutare il padre di una ragazza cinese di cui si è innamorato. Il film è basato sulla recitazione di Toni Servillo, mattatore assoluto.

Sempre nel 2010 esce anche *Into Paradiso* di Paola Randi, ma questa volta con Peppe Servillo come uno dei protagonisti. Ambientato nel quartiere popolare di Paradiso nel cuore di Napoli, il film racconta la triste storia di una forzata convivenza tra Alfonso, uno scienziato napoletano disoccupato e Gayan un'ex campionessa di cricket originaria dello Sri Lanka. Il disperato Alfonso, abita abusivamente in un tugurio, per trovare un lavoro si rivolge a suo ex compagno di scuola, impiegato comunale, e finisce coinvolto in una vicenda camorrista in cui Gayan cerca di aiutarlo a venirne fuori. Il racconto è piacevole, la storia scorre ed è ingegnosa come il titolo che giocando con il dialetto napoletano dovrebbe essere capito come int'o Paradiso, che ironicamente rappresenta il contrario di tutto quello che avviene. L'idea del film come la regista dichiara era nata dal desiderio di raccontare i cambiamenti etnici a Napoli, difatti Paola Randi, al suo primo lungo metraggio, parlando del film ha dichiarato:

> "Volevo raccontare l'Italia multietnica con leggerezza e ironia e cercavo una comunità e un luogo che mi permettessero di farlo, l'idea mi è nata da un'immagine. Un giorno mi trovavo a Napoli, in Piazza Dante per l'esattezza, e mi si presentò una scena curiosa: da un lato della piazza un gruppo di scugnizzi giocava a calcio con una pallina da tennis, mentre dal lato opposto una decina di ragazzini srilankesi giocavano a cricket. Era l'immagine che cercavo. Sono stata, quindi, a Napoli quattro mesi per fare ricerche. Ho pensato anche a un modo efficace per rendere un italiano straniero in patria: ho cercato di raccontare che cosa sarebbe potuto succedere se un italiano fosse costretto a vivere nel quartiere srilankese della sua città." [...] . Alla fine, comunque, la mia intenzione era di fare una favola e di dare un messaggio di speranza.[23]

---

[23] Da intervista a Paola Randi, *Into Paradiso*, un gioiello che brilla della luce vigorosa degli abitanti napoletani di Nicoletta Dose, http//www.mymovies.it//film/2010/intoparadiso.

Lo stesso anno (2010) esce anche *Il primo incarico* di Giorgia Cerene, già sceneggiatrice e aiuto regista di Gianni Amelio e di E. Winspeare. La storia ambientata in un paesino pugliese nel 1953, racconta le disavventure amorose di una giovane maestra di scuola elementare che dopo essere stata abbandonata dal fidanzato, ritrova se stessa nell'insegnamento e nell'auto stima. Del suo film Cerene ha dichiarato:

> "Lo spunto non è proprio autobiografico, perché la storia è ambientata negli anni Cinquanta, ma trae ispirazione dalla storia tra mia mamma e mio padre. Diciamo che spesso la vita si inventa particolari, avvenimenti, che neanche lo sceneggiatore più fantasioso sarebbe in grado di mettere su carta [...]. Il primo incarico cerca di svelare in maniera curiosa l'insidia dell'amore romantico, che ancora ci viene continuamente proposto. In poche parole è la storia di alcuni ragazzi di 20 anni, anche se a quell'epoca le cose erano diverse, bisognava già affrontare la vita [...] Da piccola amavo i film dei cow-boy, quelli che alla fine partivano da soli verso mete ignote [....] Il fatto che la storia sia ambientata in un tempo lontano mi ha offerto l'occasione per una ricerca di valore visivo che sentivo necessaria: volevo ricreare un mondo che fosse bello e curioso da guardare, e raccontare l'avventura di questa giovane donna che con fatica e meraviglia scopre ciò che davvero vuole nella vita. Tutte noi siamo state almeno una volta Nena. [...] "[24]

Nel 2011 esce *Tatanka*, regia di Giuseppe Gagliardi, sceneggiatura di Giuseppe Gagliardi, Maurizio Braucci, Massimo Gaudioso, Salvatore Sansone, e Stefano Sardo, che racconta l'ascesa nel mondo del pugilato di Michele nella periferia di Caserta, zona controllata dalla Camorra. Il racconto s'ispira al libro di Roberto Saviano, *La bellezza e l'inferno*. Il film riesce a ritrarre l'ambiente e il legame tra la malavita e la boxe e mettendo in risalto la figura dell'onesto allenatore che sfidando tutto e tutti combatte quasi da solo la cultura malavitosa del

---

[24] Da un'intervista televisiva a Giorgia Cecere, festival Bif&st.(Bari), il 25 genn. 2011.

luogo. Il regista, Giuseppe Gagliardi, parlando del suo film ha dichiarato:

> "Saviano è un autore necessario. È stato bello poter ispirarsi alla sua penna per realizzare il film. Allo stesso tempo era un'operazione rischiosa, avevamo a disposizione poche pagine di un racconto. Con gli sceneggiatori abbiamo cercato di non tradirlo e Roberto si è riconosciuto nel nostro adattamento. Questa è la cosa più importante [...] Mi piace il cinema che dà attenzione agli argomenti e allo stesso tempo abbia una forte aspirazione verso uno stile visivo rigoroso."[25]

I film menzionati sono buoni prodotti ma per contenuto non ritengo che si possa parlare di veri nuovi film meridionalistici ma semplicemente di film ambientati nel Meridione d'Italia che trattano il sociale. Le nuove storie, contrariamente ai film del passato che s'interessavano al Meridione non sono prodotti di un cinema di ispirazione civile, politica e progressista che ipotizza un influsso sulla società. I film ambientati nel Meridione che trattano dell'era fascista che negli anni settanta riportavano i contadini sullo schermo, per controbattere la retorica e la politica colonialista del Regime mostravano un Meridione come una terra abbandonata in cui le istituzioni non intervenivano, con contadini meno consapevoli, meno evoluti, con speranze non realizzate e senza le considerazioni date agli altri ceti sociali. Questa programmatica meridionalistica che era nata con il cinema progressivo del dopoguerra non si estese ai film girati negli anni cinquanta in quanto i film ambientati nel Sud che avrebbero voluto trattare dell'occupazione delle terre come problema socio-politico centrale della Questione Meridionale, per ragioni commeriali e scelte politiche, non furono realizzati. La produzione cinematografica, per evitare censure e per ottenere finanziamenti, puntò sulle commedie leggere oppure su film con temi sociali che ricorrevano a una narrativa commerciale in cui si mostravano le accettazione delle ingiustizie sociali, la rassegnazione e l'emigrazione, come via di uscita, evitando la de-

---

[25] Diretta News, Intervista a Giuseppe Gagliardi a cura di Matteo Fantozzi.

nuncia diretta della mancanza di strutture da tramite tra stato e cittadino e con finali concilianti. Nell'insieme i film che oggi trattano del Meridione non riescono a rivelare l'applicazione sulla questione meridionale delle generazioni del dopoguerra, anche se quella ricerca aveva degli equivoci, poiché da una parte invocava l'ammodernamento industriale e tecnologico del Sud ma in esso traspariva anche un eventuale tradimento rispetto a quanto di vero e di giusto c'era nella civiltà contadina.

Nel nuovo millennio i film che trattano del Sud, raccontano spesso storie accattivanti, ma che mancano del retroterra, non ci sono le cause e gli effetti dei problemi. Molti film contemporanei emarginano le cause dei conflitti sociali inizialmente evidenziati a livello collettivo, con storie che spesso si restringono verso soluzioni personalizzate per i singoli personaggi. Questo li lascia esposti all'accusa che certe forme di arte continuano a utilizzare soluzioni simboliche, personalizzate per appianare profondi antagonismi sociali. I nuovi film sul Meridione non mostrano la fusione individuo e collettività, cronaca e storia, e non riescono a fare del racconto il luogo d'incontro e il punto di fusione di questi elementi, ma si soffermano sull'esteticità dell'immobilismo, sul ruolo dell'intellettuale oppure sul magistrato settentrionale che va al Sud, oppure su quello "italianizzato" che ci torna per portare giustizia e progresso. Le narrative dei nuovi film invece di approfondire le condizioni sociali preferiscono storie individuali di trionfi e sconfitte personali come se la storia e le decisioni storiche dipendessero soltanto dagli individui.

Metafore della *sicilitudine* nella scrittura *autofinzionale* di Gesualdo Bufalino

Mario Inglese
NATIONAL UNIVERSITY OF IRELAND, GALWAY

La scrittura di Gesualdo Bufalino (1920-1996) si segnala, tra tante altre cose, per il suo carattere *autofinzionale*; vale a dire l'invenzione di storie, personaggi e situazioni narrative si coniuga con una matrice indubbiamente autobiografica. Basta fare gli esempi di *Diceria dell'untore* (1981), *Argo il cieco ovvero I sogni della memoria* (1984) o *Calende greche* (1992). Poiché questa produzione letteraria si colloca in una fase piuttosto avanzata della parabola biografica dell'autore, il racconto si tinge giocoforza di un alone di ricostruzione memoriale dove le rievocazioni di luoghi e momenti storici della terra di origine si fondono in una dimensione di sogno che assume i valori del simbolo e della metafora.

Con il presente lavoro intendo esplorare questa dimensione metaforica della Sicilia, ovvero delle varie manifestazioni della Sicilia, e di quella che è stata chiamata *sicilitudine* o, da altri, *siciliania*, attraverso una disamina di alcune delle opere principali dello scrittore di Comiso. La *sicilitudine* così indagata si carica di una forte valenza identitaria intesa sia come peculiarità storico-geografica (si pensi alle descrizioni minuziose ed estremamente vivide dei contesti urbani o del paesaggio) sia come appartenenza a una singolarissima eredità culturale e spirituale in senso lato. A questo scopo mi avvarrò delle recenti riflessioni critiche sulla categoria ancora piuttosto 'giovane', almeno nella sua formulazione teorica, dell'*autofiction*. Tra gli studiosi che si sono occupati di questo genere narrativo segnalo qui almeno i nomi di Serge Doubrovsky, Vincent Colonna, Claude Burgelin, Marie Darrieussecq e Philippe Vilain.

Il termine *autofiction* è di origine piuttosto recente; la sua prima definizione si deve a Serge Doubrovsky, il quale l'ha riportata nel 1977 nella quarta di copertina del suo libro di successo *Fils*. Il termine designa una: "Fiction d'événements et de faits strictement réels".[1] Come chiarisce lo scrittore, l'*autofiction* in quanto categoria letteraria è venuta a colmare il vuoto che si è determinato tra le memorie, l'autobiografia e la scrittura intima in generale.[2] Questo genere narrativo si fonda, come fa notare Burgelin, sul "dosage subtil entre réel et irréel",[3] lascia ampio margine alla meditazione e all'ironia e si caratterizza, altresì, per le sue virtù filosofiche.[4] La stessa memoria del passato vi occupa, naturalmente, un ruolo fondamentale che, a ben vedere, pertiene al regno dell'immaginario.[5] Aggiunge il critico: "En faisant entendre à toutes sortes de niveaux ce qui peut se jouer entre exactitude objective et vérité subjective, [l'autofiction] devient une aventure de la langue, de l'imagination, de l'intelligence particulièrement stimulante".[6] Per Burgelin l'autofinzione, in definitiva, affonda la propria ragion d'essere nelle origini dell'autore, nella Storia e nella morte.[7]

Tuttavia la linea di demarcazione tra autobiografia, romanzo autobiografico e autofinzione appare alquanto porosa. Ciò si evince, infatti, da considerazioni di ordine generativo che Doubrovsky esplicita in maniera persuasiva: nessuna memoria è completa o affidabile; i ricordi sono storie che lo scrittore racconta a se stesso nelle quali si confondono "faux souvenirs, souvenirs-écrans, souvenirs tronqués ou remaniés selons les besoins de la cause".[8] Perché, in fin dei conti, che si tratti di autobiografia o autofinzione, il racconto di sé è sempre "mise

---

[1] Serge Doubrovsky, *Fils*, Paris, Galilée, 1977, quarta di copertina.
[2] Serge Doubrovsky, *Le dernier moi*, in Claude Burgelin, Isabelle Grell, Roger-Yves Roche (sous la direction de), *Autofiction(s). Colloque de Cerisy 2008*, Lyon, Presses Universitaires de Lyon, 2010, p. 384.
[3] Claude Burgelin, *Pour l'autofiction*, in Claude Burgelin, Isabelle Grell, Roger-Yves Roche (sous la direction de), *Autofiction(s)* cit., p. 14.
[4] Ivi, pp. 12-13.
[5] Ivi, p. 14.
[6] Ivi, p. 15.
[7] Ivi, pp. 16-17. Nella "Postilla" a *Calende greche* Bufalino fa espressamente cenno a "problemi di identità" (Gesualdo Bufalino, *Calende greche*, Milano, Bompiani, 1992, p. 229), evidentemente un nodo fondamentale delle vicende narrate. Nella stessa sezione scrive: "Come buona parte dei suoi coetanei, l'autore ha subìto la storia, non l'ha né corteggiata né amata" (ivi, p. 230).
[8] Serge Doubrovsky, *Le dernier moi* cit., p. 391. Anna Maria Mariani si concentra sul potere di distorsione della memoria, al di là della pretesa di veridicità e fedeltà al dato reale. L'autobiografia è esattamente il genere che si fonda sulla dialettica tra memoria e racconto. (Anna Maria Mariani, *Sull'autobiografia contemporanea. Nathalie Sarraute, Elias Canetti, Alice Munro, Primo Levi*, Roma, Carocci, 2012).

en forme, scénarisation romanesque de sa propre vie",[9] aggiunge Doubrovsky.

Per Bufalino il racconto di una vita, a metà strada tra vicenda autobiografica e finzione romanzesca, appare triste e miracoloso allo stesso tempo: "Quale miracolo, questo ingranaggio rubatempo, questa macchina acchiappafantasmi, che ti consente ogni volta destrezza e l'ilarità d'un funambolo",[10] scrive l'autore.

Se seguiamo le argomentazioni di Burgelin, l'*autofiction* presenta sia una necessità etica che poetica.[11] Sul medesimo versante etico Marie Darrieussecq sottolinea, sulla scia del pensiero di Aristotele, la funzione civilizzatrice della finzione, in quanto "elle détourne des jouissances et des horreurs du réel".[12] Infatti tutta la poetica di Aristotele "repose sur la distinction entre réel (insupportable) et fiction (dont le rôle imitatif permet de supporter, justement, le monde (réel)".[13]

Ma qual è il senso profondo di un discorso che vede intrecciati *autofinzione* e metafore della Sicilia e della *sicilitudine*? Ritengo che questo legame possa trovare una sua giustificazione se si tiene presente l'inestricabilità tra le vicende autobiografiche e le istanze autoriali, da una parte, e la specificità del contesto di una terrra variegata, stratificata, complessa come la Sicilia e la cultura che la incarna, dall'altra. A un io 'plurimo' che l'autofinzione esplora con modalità molteplici corrisponde una terra 'plurale', per usare un termine caro allo stesso Bufalino. Come correttamente ricorda Catherine O'Rawe, in *Sicilia e sicilitudine* (1969) Leonardo Sciascia scrive che "certo è che la cultura siciliana ha avuto sempre come materia e come oggetto la Sicilia".[14] Analogamente Bufalino afferma che è "impossibile per uno scrittore

---

[9] Serge Doubrovsky, *Le dernier moi* cit., p. 393.
[10] Gesualdo Bufalino, *Calende greche* cit., p. 201.
[11] Claude Burgelin, *Pour l'autofiction* cit.
[12] Marie Darrieussecq, *La fiction à la première personne ou l'écriture immorale*, in Claude Burgelin, Isabelle Grell, Roger-Yves Roche (sous la direction de), *Autofiction(s)* cit., p. 514.
[13] *Ibid.*
[14] Leonardo Sciascia, *Opere 1956-1971*, Milano, Bompiani, 2003, p. 967, citato in Catherine O'Rawe, *Mapping Sicilian Literature. Place and Text in Bufalino and Consolo*, "Italian Studies", vol. 62, no. 1, Spring 2007, p. 79n. La studiosa ricorda che il termine *sicilitudine* è stato accostato al concetto di *négritude* di Fanon da Roberto Dainotto, *The Importance of Being Sicilian. Italian Cultural Studies, Sicilitudine and Je ne sais quoi*, "Italian Cultural Studies", ed. by B. Lawton and G. Parati, Boca Raton, Bordighera, 2001, pp. 201-19 (p. 209). Cfr. Catherine O'Rawe, *Mapping Sicilian Literature* cit., p. 89n.

siciliano non scrivere della Sicilia".[15] A questo proposito Ilaria Fatta osserva che:

> Il contenuto o le evocazioni di tendenza sicilianista presenti negli scrittori post-unitari [...] o degli anni Ottanta del Novecento, come Bufalino e Sciascia, sono altresì presenti nei più recenti Simonetta Agnello Hornby, Roberto Alajmo, Giuseppe Bonaviri, Vincenzo Consolo, Matteo Collura, e Silvana Grasso che presentano in prevalenza forti richiami e ancoraggi alla terra natia. Ciò dimostrerebbe quanto forte sia il legame fra lo scrittore siciliano e l'ambiente culturale nel quale si è formato, ambiente riproposto come *topos* nelle proprie opere.[16]

Nel saggio del 1988 *L'isola nuda*,[17] puntualizza ancora O'Rawe, Bufalino ci offre non tanto una descrizione delle foto di Giuseppe Leone che esso accompagna, né tanto meno del paesaggio rappresentato dalle foto stesse. Il libro, piuttosto, "is a site in which Bufalino lays out his own poetics of Sicilian identity. Here he coins the term 'isolitudine', in order to describe the historic condition of spiritual insularity which has characterized Sicilians [...]".[18] Per Bufalino i siciliani sono esattamente come "isole dentro l'isola: questo è appunto lo stemma della nostra solitudine, che vorrei con vocabolo inesistente definire 'isolitudine', con ciò intendendo il trasporto di complice sudditanza che avvince al suo scoglio ogni naufrago".[19] Il termine *isolitudine* è coniato in omaggio a quello sciasciano di *sicilitudine*, intesa come—ricorda O'Rawe—"the positive and literary Sicilian identity placed in opposition to an unwanted civic identity of provincial and corrupt 'sicilianismo'".[20] Per Sciascia la *sicilitudine* è, infatti, una for-

---

[15] Gesualdo Bufalino, 'Pre-testo' a *Il fiele ibleo*, Cava de' Tirreni, Avagliano, 1996, p. 7, citato in Catherine O'Rawe, *Mapping Sicilian Literature* cit., p. 79n.
[16] Ilaria Fatta, *Insularità. Note sul rapporto fra gli scrittori siciliani e la loro terra*, "Carte italiane", 2, 10, 2015, pp. 179-180.
[17] Gesualdo Bufalino, *L'isola nuda. Aspetti del paesaggio siciliano*, Milano, Bompiani, 1988, pp. 6-31.
[18] Catherine O'Rawe, *Mapping Sicilian Literature* cit., p. 89
[19] Gesualdo Bufalino, *L'isola nuda* cit., p. 16.
[20] Catherine O'Rawe, *Mapping Sicilian Literature* cit., p. 89.

ma di identità letteraria "which celebrates the ennobling function of literature about the island".[21] Con il termine *sicilianismo* Sciascia si riferisce, invece, agli aspetti più deteriori della sicilianità.

Tuttavia la Sicilia di Bufalino, come quella di Vincenzo Consolo, non è una realtà unitaria, pur nella sua *isolitudine*. In particolare, come in Consolo esiste una Sicilia occidentale e una orientale, con caratteristiche proprie ben definite,[22] per Bufalino la parte greca, orientale, dell'isola è più 'gentile', meno rude.[23] Così, significativamente, si esprime il protagonista di *Diceria dell'untore*, *alter ego* dello scrittore: "Il mio paese è un'altra Sicilia. Con acque dal nome antico in mezzo alla campagna, e fanciulle come disegni di vasi. Là una carne più lieve è cresciuta sopra l'ossame rude dell'isola".[24] Analogamente al personaggio di Livia nei romanzi polizieschi di Andrea Camilleri, Marta, la donna amata dal protagonista di *Diceria dell'untore*, originaria del Nord, non comprende tali distinzioni: "Non ti capisco [...]. Per me siete tutti uguali: piccoli, smaniosi, sofistici. Non riuscirei a stare molto con uno di voi".[25] Ne *L'isola plurale* Bufalino scrive:

> Dicono gli atlanti che la Sicilia è un'isola e sarà vero, gli atlanti sono libri d'onore. Si avrebbe però voglia di dubitarne, quando si pensa che al concetto d'isola corrisponde solitamente un grumo compatto di razze e costumi, mentre qui tutto è dispari, cangiante, come nel più ibrido dei continenti.[26]

---

[21] *Ibid*. O'Rawe ricorda il termine *siciliania* usato dallo storico siciliano Santi Correnti e quello negativo di *sicilianite* impiegato dallo scrittore siciliano Michele Perriera per riferirsi a quegli aspetti negativi, quasi una patologia, dell'identità siciliana. Cfr. Catherine O' Rawe, *Mapping Sicilian Literature* cit., pp. 89-90.
[22] Cfr. Vincenzo Consolo, *Sirene siciliane*, in Id., *Di qua dal faro*, Milano, Mondadori, [1999] 2001, pp. 175-181, e Id., *La grande vacanza orientale-occidentale*, "Quaderns d'Italià" (2005) 10, pp. 11-17.
[23] Ma si ricordi anche la bipartizione sciasciana tra Sicilia dell'est e Sicilia dell'ovest, tra parte romana e parte araba, tra la Sicilia di Brancati e quella di Pirandello. Cfr. Leonardo Sciascia, *La Sicilia come metafora* (Intervista a cura di Marcelle Padovani), Milano, Mondadori, 1979, p. 44.
[24] Gesualdo Bufalino, *Diceria dell'untore*, Palermo, Sellerio, [1981] 1990, p. 116.
[25] *Ibid*.
[26] Gesualdo Bufalino, *L'isola plurale*, in Id., *Cere perse*, Palermo, Sellerio, 1985, p. 33. Si noti, per inciso, una possibile eco del *Giulio Cesare* di Shakespeare nell'impiego del termine "onore", a dimostrazione della vastissima erudizione bufaliniana e della tendenza da parte dello scrittore, come vedremo anche più avanti, a istituire frequenti rimandi intertestuali.

E ancora nel medesimo saggio leggiamo: "Vero è che le Sicilie sono tante, non finiremo di contarle. Vi è la Sicilia verde del carrubo, quella bianca delle saline, quella gialla dello zolfo, quella bionda del miele, quella purpurea della lava".[27] Per Bufalino "[v]i è una Sicilia 'babba', cioè mite, fino a sembrare stupida; una Sicilia 'sperta', cioè furba, dedita alle più utilitarie pratiche della violenza e della frode. Vi è una Sicilia pigra, una frenetica; una che si estenua nell'angoscia della roba, una che recita la vita come un copione di carnevale".[28] Per O'Rawe la lettura pessimistica e deterministica che Bufalino fa della geografia siciliana sarebbe in gran parte debitrice verso l'analoga visione sciasciana di *Sicilia e sicilitudine*.[29] La studiosa qui si riferisce, in particolare, al passo di Bufalino: "Ogni siciliano è, di fatti, una irripetibile ambiguità psicologica e morale. Così come l'isola tutta è una mischia di lutto e di luce".[30]

Leggendo i libri di Bufalino siamo immediatamente messi dinanzi al "barocco di una terra che ama l'iperbole e l'eccesso".[31] Basti vedere il seguente brano tratto dal capitolo II di *Diceria dell'untore*:

> Mariano Grifeo Cardona di Canicarao: così, senza economizzare una sillaba, usava firmarsi il dottore, prolungando il primo nel successivo cognome, non tanto forse per diritto di nascita, bensì fedele a quel pregiudizio mediterraneo (o quantomeno suo e mio), secondo cui l'interiezione e la pletora aggiungono alle parole—e ai climi, alle mimiche, ai cibi—non solo opulenza ma credito, come in un abbigliamento magico, dove maschere e piume, più ridondano, meglio si esaltano e si danno forza a vicenda.[32]

La forza di attrazione esercitata dall'isola è indubbia, come testimoniato anche da quanto scrive l'autore a proposito del personaggio di padre Vittorio in *Diceria dell'untore*:

---

[27] Ivi, p. 34.
[28] Gesualdo Bufalino, *Cento Sicilie*, p. v.
[29] Catherine O' Rawe, *Mapping Sicilian Literature* cit., p. 87.
[30] Gesualdo Bufalino, *Cento Sicilie* cit., p. vi.
[31] Gesualdo Bufalino, *Diceria dell'untore* cit., risvolto di copertina.
[32] Ivi, p. 18.

Chissà com'era venuto a finire fra noi, lui del Nord, mentre avrebbe potuto farsi ricoverare nel sanatorio per religiosi che il Vaticano intrattiene, dicono, dalle parti di Trento, o in una clinica per ricchi, a due passi da casa [...]. Aveva invece preteso di scendere fino alle Madonie, senza temere di esporre alla laica facinorosa luce dell'isola le sue ferite che già galoppavano, che forse s'era lui stesso cercate.[33]

Calende greche riprende situazioni e persino un lacerto di *Argo il cieco*, ma presenta anche analogie con *Diceria dell'untore*. In *Calende greche*, come e soprattutto in *Diceria dell'untore*, un barocco gusto mortuario domina la materia narrata, così come immagini di morte e corruzione abbondano nell'altro capolavoro della letteratura siciliana del Novecento, *Il Gattopardo*. Analogamente a quanto riscontriamo in quest'ultimo romanzo, in Bufalino le numerose immagini di morte[34] sono sovente giustapposte all'arsura dell'estate siciliana. Si leggano, per esempio, da *Diceria dell'untore* (romanzo, sia detto *en passant*, accostabile per tematica e atmosfera al capolavoro di Thomas Mann, *La montagna incantata*) i seguenti due passi:

> I giorni dopo la morte del frate furono di fuoco. Ed io, sebbene per molti versi ci somigliamo, non riesco ad amare l'estate. È un tempo di sfregi, collerico, tracotante; il tempo che nuoce di più a chi sente avvicinarsi la fine e vorrebbe muoversi nella penombra di decenti omertà, con un ordine nei suoi pensieri, e il sangue in pace finalmente.[35]

> Meglio cercare di obbligarsi a uno stallo dei sentimenti, a una sorta di flemma o miopia, di fronte a tanta inimicizia del tempo, e

---

[33] Ivi, p. 35.
[34] Per un'analisi delle figure della morte nel capolavoro di Tomasi di Lampedusa può essere stimolante il saggio di Alessandro Di Prima, *Don Fabrizio e le "figure" della morte*, in Id., *La pagina a fianco. Saggi su scrittori e poeti contemporanei*, Caltanissetta-Roma, Salvatore Sciascia Editore, 2011, pp. 17-35.
[35] Gesualdo Bufalino, *Diceria dell'untore* cit., p. 54.

all'oltranza di quelle morti che la calura disegnava in anticipo, smerigliando le sporgenze delle mandibole come sinopie di teschi.[36]

Oppure si veda ancora la seguente teoria di metafore e similitudini mortuarie reminiscenti, molto probabilmente, del Montale di *Ossi di seppia* (titolo per altro citato espressamente a p. 107 del libro) o, meglio, di una sorta di barocca *Wunderkammer* a cielo aperto: "i resti funebri del solleone: pigne sgranate, festuche strinate, locuste morte, spine come spade".[37] Del resto la cultura di Bufalino è sterminata e il suo stile lussureggiante ne rivela tutto il potenziale intertestuale. Questo apparente ossimoro di luce abbacinante e connotazioni mortuarie è sintetizzato dal titolo stesso di un libro di 'cose siciliane' (o *sicilianerie*), *La luce e il lutto*.[38] Sullo stesso motivo, in *Calende greche* leggiamo: "L'ora è meridiana, il mese è luglio, le basole sono grigioferro per l'uso dei carri, il cielo erutta spurghi di visibile pece. Nulla v'è, come la canicola nell'isola, che in quest'ora insegni meglio, non dico agli uomini e agli animali, ma alle stesse pietre, lo spavento".[39]

Sempre in quest'ultimo romanzo la Sicilia viene paragonata a una "bestia concupiscibile"[40] e il viaggio che il personaggio Iaccarino intende intraprendere intorno all'isola sembra mosso da un "furore di conoscenza";[41] un'espressione dove quest'ultimo termine sembra inglobare una doppia valenza: gnoseologica e sessuale al contempo. Alla voce narrante la Sicilia appare sotto la luce ambivalente dell'attrazione e della corruzione: "è un pesce morto, un cadavere in salamoia, che le correnti assediano d'alghe, che lo scirocco consuma".[42] Per Iaccarino la Sicilia "è una Medusa che impietra; ma anche una Materdolorosa, trafitta da sette pugnali di fuoco [...] una Madonna Erinni",[43] dove iconografia cristiana e mitologia classica si fondono perfettamente. Il

---

[36] Ivi, p. 55.
[37] Ivi, p. 72.
[38] Gesualdo Bufalino, *La luce e il lutto*, Palermo, Sellerio, 1988.
[39] Gesualdo Bufalino, *Calende greche* cit., p. 20.
[40] Ivi, p. 106.
[41] *Ibid*. Questo "furore" richiama gli "astratti furori" del primo capitolo di *Conversazione in Sicilia* di Elio Vittorini (Milano, Rizzoli, 2012).
[42] Gesualdo Bufalino, *Calende greche* cit., p. 107.
[43] Ivi., p. 110.

paesaggio appare nella sua variegata geografia, una cartografia astratta e concreta, terragna, allo stesso stempo: "Pianure come pelli tigrate, altipiani come scacchiere dipinte, dove muretti di sasso architettano geroglifici astrusi che solo da uno zenit un Dio geometra interpreta o un'allodola vertiginosa [...]".[44]

L'accento è sovente posto sulla teatralità non solo del paesaggio naturale e urbano siciliano ma anche di quello antropico, della sua gestualità. La scena che si dispiega ai nostri occhi sembra, infatti, generare spesso "il sospetto di un'intenzione teatrale".[45] Lo stesso teatro dei pupi si fa metafora di un destino universale, oltre che di un atteggiamento esistenziale radicato in una precisa geografia umana: "La voce del puparo ripeteva nell'ombra: 'Ah i destini degli uomini, una spugna bagnata li cancella, come una pittura'".[46] Persino il ricordo delle antiche sacre rappresentazioni si accompagna a un'esperienza dal chiaro gusto teatrale, oltre che devozionale:

> E ripensai a un vecchio del mio paese, un Ecce Homo da Venerdì Santo, che pagavano per mimare ogni anno sul sagrato una posticcia Mort'e Passione. Amava, dopo la recita, pavoneggiarsi un poco fra la folla nella divisa divina, prima di restituirsi alla sua bottiglia di peccatore feriale.[47]

In *Argo il cieco* leggiamo a proposito di Modica: "Un teatro era il paese, un proscenio di pietre rosa, una festa di mirabilia".[48] Teatralità, barocca opulenza e carnalità sono mescidati perfettamente nella rievocazione che il narratore compie di un suo amore di gioventù nel medesimo libro:

> Chiese di un bel barocco carnale, con tonde dritte colonne, le gambe sputate di Maria Venera; chiese con cupole, cupolette, che, se ai miei amici ricordavano forme di mostarda calda nelle crete di

---

[44] *Ibid.*
[45] Ivi, p. 123.
[46] Gesualdo Bufalino, *Diceria dell'untore* cit., p. 119.
[47] Ivi, p. 127.
[48] Gesualdo Bufalino, *Argo il cieco ovvero I sogni della memoria*, Palermo, Sellerio, [1984] 1991, p. 7.

Caltagirone, in me sobillavano un'altra più commovente similitudine: dei luminosi seni di lei, dietro il bottone del corpetto, allacciato solo a metà...[49]

Il recupero memoriale effettuato dal protagonista-narratore di *Calende greche* è alla scaturigine della narrativa autofinzionale di Bufalino. Attraverso la scrittura i sortilegi del ricordo si trasformano in una sorta di operazione 'museografica' ("Ti congedo, dunque, memoria; da oggi chiudo il tuo cinema e lo converto in museo".[50]). Si ricordi, a questo proposito, il saggio di *sicilianerie* dal titolo emblematico *Museo d'ombre*.[51]

I romanzi di Bufalino esibiscono, al limite del manierismo, una prosa raffinata, musicale, poetica, ricca di allusioni culturali, letterarie, quando non di dirette citazioni. Il suo è un lessico vastissimo, elaborato, ora concreto, ora svaporante in associazioni foniche e semantiche. Anche se non assistiamo al vertiginoso plurilinguismo di Consolo, D'Arrigo o Camilleri, il ricorso a forme rare, obsolete o dialettali non è infrequente, tutt'altro. Così, per esempio, la metafora mortuaria del *Quia pulvis...* è declinata in *Calende greche* attraverso un maccheronico latino-siciliano: "*Momentu, uomu, / ca pulviri essu / e pulviri rivirteriu...*"[52] Inoltre, come nella narrativa di Consolo, non manca nella scrittura di Bufalino non solo una fitta trama di riferimenti interstestuali di carattere squisitamente letterario ma anche di ordine più generalmente antropologico, popolare. Ne sono testimonianza i proverbi e i modi di dire riportati nell'originale siciliano. Basti solo qualche esempio da *Diceria dell'untore*: "*Agustu è capu d'inviernu*";[53] "*'U sàbbatu si chiama alleria cori / bbiatu cu avi bedda la muggheri*";[54] il passo che esprime il dolore del protagonista di *Diceria dell'untore* alla morte di Marta: "E allora il pianto mi sciolse finalmente il groppo nel petto e mi ricondusse sulle labbra le vecchie cadenze di lutto im-

---

[49] Ivi, p. 31.
[50] Gesualdo Bufalino, *Calende greche* cit., p. 126.
[51] Gesualdo Bufalino, *Museo d'ombre*, Palermo, Sellerio, 1982.
[52] Gesualdo Bufalino, *Calende greche* cit., pp. 48, 52.
[53] Gesualdo Bufalino, *Diceria dell'untore* cit., p. 107.
[54] Ivi, p. 115.

parate nell'infanzia da grandi contadine vestite di nero",[55] dove l'immagine delle donne si staglia possente nella memoria a ricordare le prefiche greche. Da *Argo il cieco* riporto solo: "*Mula tinta, muggheri tinta—tintu cu nun l'ha né bona né tinta*";[56] "*Sulità santità*".[57]

Nell'indagare le ragioni della scrittura di Bufalino la categoria dell'autofinzione sembra dunque offrire nuove prospettive di analisi in quanto focalizza non solo il sostrato autobiografico ma anche la ricca vena inventiva dello scrittore. In altre parole, è come se l'autore lasciasse elaborare da sola la materia narrativa, quasi seguendo una sorta di spontanea operazione germinativa, come in un procedimento accostabile alla tecnica musicale della variazione a partire da uno o più temi conduttori. Ma mi riferisco altresì, ancora una volta, a quanto dichiarato da Doubrovsky sulla scrittura autofinzionale e sui processi generativi che la sottendono. Riferendosi al suo libro *Départs* lo scrittore dichiara: "Les mots avec lesquels ce récit est écrit surgissent d'eux-mêmes, ils s'appellent les uns les autres par consonance, ils prolifèrent selon les hasards, les rencontres, les chocs, ils inventent même à mesure leur propre syntaxe [...]".[58] Possiamo certamente riscontrare una particolare vicinanza tra la proliferazione lessicale e il *foisonnement* tematico di Doubrovsky e i procedimenti compositivi alla base della narrativa di Bufalino. Va anche ricordata la vasta cultura musicale di Bufalino, attestata dai numerosi riferimenti soprattutto alla tradizione classica e operistica. Che poi la letteratura si costruisce a partire da una mescolanza inestricabile di realtà e finzione, di menzogna e verità, è una costante della narrativa di Bufalino. Indicativo a questo proposito, tra i tanti che si potrebbero citare dai suoi libri, è il seguente passo da *Calende greche*: "Fu ieri o stanotte in sogno? Sempre più spesso m'accade di confondere le fantasie dei sogni con le menzogne del giorno. Né v'è libro o pellicola in cui, leggendo o mirando, io non mi immedesimi fuori d'ogni grammatica, da smemorato o sonnambulo".[59] In un processo di *mise en abîme* il narratore di

---

[55] Ivi, p. 124.
[56] Gesualdo Bufalino, *Argo il cieco* cit., p. 111.
[57] *Ibid*.
[58] Serge Doubrovsky, *Le dernier moi* cit., p. 389.
[59] Gesualdo Bufalino, *Calende greche* cit., pp. 63-64.

Calende greche sa di dover *costruire* la storia della propria vita per afferrarne l'unicità ("Insomma, devo decidermi: nascondere questi anni sotto la sabbia o addobbarli, schierarli in vetrina. Mi sono stati manipolati, d'accordo, e sconciati; ma non sono, essi, pur sempre me?"[60]). Unicità che è costituita da questo "[...] *Io*, e non un altro, nessuno degli innumerevoli possibili altri che sono mancati alla chiama... *Io*, questo barlume inetto e stupendo, questo truciolo di coscienza e particola infinitesima di spazio, questo inquilino *pro tempore* [...]".[61]

Per Bufalino la vita tutta è un romanzo, oltre che sogno (si pensi alla metafora barocca di Calderón de la Barca oltre che al sottotitolo *I sogni della memoria*). Egli sa bene che solo la memoria può imprimere un corso narrativo, un'identità alla vicenda scomposta del vivere, perennemente minacciata dall'entropia del tempo. Da questo punto di vista non vi è differenza tra vita e letteratura. Se il paesaggio stesso è una mappa, una forma di scrittura, la vita si può rendere solo se la si sussume nelle forme del racconto. Leggiamo infatti, ancora da *Calende greche*: "Più comode le altre parti che recito a giorni alterni, un po' per far pratica di commediante, un po' per il gusto di promuovermi romanziere di me stesso".[62] Il racconto di una vita è il solo modo di possederla in pieno, di imporle una forma. Così il narratore, in virtù del suo potere di *mise en intrigue* degli autobiografemi e dei narratemi, può illudersi di essere l'artefice della propria storia personale: "Che se poi s'aggiunga il piacere di muovermi in un intreccio poco o molto falsificato, in un vizio e ironia di parole, in un'acquaforte morsa appena dall'acido del possibile; il piacere, cioè, di apparire pupo e puparo insieme in una delle tante Opre di Pupi dell'odiosamabile vita...",[63] così come leggiamo in *Argo il cieco*.

Analogamente a quanto riportato ampiamente anche dalla produzione saggistica di Consolo, la terra di origine, la cittadina della giovi-

---

[60] Ivi, p. 94.
[61] Ivi., p. 66. Per un'analisi dei rapporti tra unicità del soggetto e identità narrativa si veda lo stimolante studio di Adriana Cavarero, *Tu che mi guardi, tu che mi ascolti. Filosofia della narrazione*, Milano, Feltrinelli, [1997] 2003.
[62] Gesualdo Bufalino, *Calende greche* cit., p. 131. Sull'identità narrativa si consulti anche Paul Ricœur, *Soi-même comme un autre*, Paris, Seuil, 1990; trad. it.di D. Iannotta, *Sé come un altro*, Milano, Jaca Book, 1993.
[63] Gesualdo Bufalino, *Argo il cieco* cit., p. 46.

nezza plasmano in modo indelebile la storia del personaggio costruendone un sostrato storico-mitico a cui non è possibile sottrarsi. Così come leggiamo in uno dei capitoli centrali di quella sorta di autobiografia immaginaria che è *Calende greche*:

> Mai prima d'ora avevo raggiunto, né mai più raggiungerò, una simile euforia. Ed è forse per una grazia del luogo dove m'avviene di vivere, un paese in forma di melagrana spaccata; vicino al mare ma campagnolo; metà ristretto su uno sprone di roccia, metà sparpagliato ai suoi piedi; con tante scale fre le due metà, a far da pacieri, e nuvole in cielo da un campanile all'altro trafelate come staffette dei Cavalleggeri del Re. Oh, sventolio, quest'estate, di lenzuola da corredo per ronchi e vicoli delle due Modiche, la Bassa e la Alta [...].[64]

È significativo che questo medesimo brano si ritrovi, con qualche lieve variante, anche in *Argo il cieco ovvero I sogni della memoria*,[65] romanzo scritto qualche anno prima. Nell'*autofiction* bufaliniana le stesse metafore, gli stessi *loci* storico-mitici spesso suggellano gli autobiografemi fondamentali di una storia dove realtà e finzione si confondono, corroborandosi a vicenda.

Un racconto della propria vita, per quanto 'autofinzionale' si presenti, non sarà mai completo, nel senso che difetterà dei due autobiografemi fondamentali, vale a dire quello della nascita e quello della morte. L'una perché di essa non abbiamo memoria diretta, a meno di avvalerci della memoria che di questo evento ne forniscono gli altri, *in primis* i genitori, l'altra per la semplice ragione che non è possibile raccontarla, anche perché, paradossalmente, l'evento si identifica con la sua stessa assenza, in una vertiginosa aporia che annulla ogni possibilità di racconto personale di questo supremo evento, dove essere e non-essere si sfiorano per un istante, annullandosi a vicenda. La vita non è più ma anche anche la morte non è più, poiché è già avvenuta. Ecco perché in *Calende greche* Bufalino decide di inventare un'auto-

---

[64] Gesualdo Bufalino, *Calende greche* cit., pp. 103-104.
[65] Gesualdo Bufalino, *Argo il cieco* cit., p. 13.

finzione, che è un'autobiografia immaginaria, dove prima e terza persona si alternano in modo da poter dar conto di questa impossibilità del racconto di matrice autobiografica.

Per concludere, possiamo affermare che la narrativa bufaliniana, sviluppatasi in un arco di tempo piuttosto ristretto, si connota per la sua spiccata proliferazione autofinzionale. Realtà e invenzione si mescolano continuamente, propagandosi spesso da un libro all'altro. L'identità del narratore e del personaggio si declina su uno sfondo di una terra che si definisce ora in una dimensione materica e sensuale, ora in una metaforicità che, pur rimanendo estremamente localizzata nella sua straordinaria singolarità, nella sua *isolitudine*, assume un respiro universale. Ed è questa duplice valenza che forse rende conto del fascino particolare esercitato non solo dall'opera di Bufalino ma dagli scrittori siciliani in genere.

OPERE CITATE

Bufalino, Gesualdo, *Argo il cieco ovvero I sogni della memoria*, Palermo, Sellerio, 1991 (1984).

———. *Calende greche*, Milano, Bompiani, 1992.

———. *Cento Sicilie* (a cura di N. Zago), Firenze, La Nuova Italia, 1993.

———. *Diceria dell'untore*, Palermo, Sellerio, 1990 (1981).

———. *Il fiele ibleo*, Cava de' Tirreni, Avagliano, 1996.

———. *L'isola nuda. Aspetti del paesaggio siciliano*, Milano, Bompiani, 1988.

———. *L'isola plurale*, in Id., *Cere perse*, Palermo, Sellerio, 1985.

———. *La luce e il lutto*, Palermo, Sellerio, 1988.

———. *Museo d'ombre*, Palermo, Sellerio, 1982.

Claude Burgelin, *Pour l'autofiction*, in Claude Burgelin, Isabelle Grell, Roger-Yves Roche (sous la direction de), *Autofiction(s). Colloque de Cerisy 2008*, Lyon, Presses Universitaires de Lyon, 2010, pp. 5-21.

Cavarero, Adriana, *Tu che mi guardi tu che mi ascolti. Filosofia della narrazione*, Milano, Feltrinelli, [1997] 2003.

Consolo, Vincenzo, *La grande vacanza orientale-occidentale*, "Quaderns d'Italià" (2005) 10, pp. 11-17.

———. *Sirene siciliane*, in Id., *Di qua dal faro*, Milano, Mondadori, 2001 (1999).

Dainotto, Roberto, *The Importance of Being Sicilian. Italian Cultural Studies*, *Sicilitudine and* Je ne sais quoi, "Italian Cultural Studies", ed. by B. Lawton and G. Parati, Boca Raton, Bordighera, 2001, pp. 201-219.

Darrieussecq, Marie, *La fiction à la première personne ou l'écriture immorale*, in Claude Burgelin, Isabelle Grell, Roger-Yves Roche (sous la direction de), *Autofiction(s). Colloque de Cerisy 2008*, Lyon, Presses Universitaires de Lyon, 2010, pp. 507-525.

Di Prima, Alessandro, *Don Fabrizio e le "figure" della morte*, in Id., *La pagina a fianco. Saggi su scrittori e poeti contemporanei*, Caltanissetta-Roma, Salvatore Sciascia Editore, 2011, pp. 17-35.

Doubrovsky, Serge *Le dernier moi*, in Claude Burgelin, Isabelle Grell, Roger-Yves Roche (sous la direction de), *Autofiction(s). Colloque de Cerisy 2008*, Lyon, Presses Universitaires de Lyon, 2010, pp. 383-393.

_____. *Fils*, Paris, Galilée, 1977.

Fatta, Ilaria, *Insularità. Note sul rapporto fra gli scrittori siciliani e la loro terra*, "Carte italiane", 2,10, 2015, pp. 171-189.

Mann, Thomas, *Der Zauberberg* [1924], Frankfurt am Main, Fischer, 2002; trad. it. di E. Pocar, *La montagna incantata*, Milano, Corbaccio, 2011.

Mariani, Anna Maria, *Sull'autobiografia contemporanea. Nathalie Sarraute, Elias Canetti, Alice Munro, Primo Levi*, Roma, Carocci, 2012.

O'Rawe, Catherine, *Mapping Sicilian Literature. Place and Text in Bufalino and Consolo*, "Italian Studies", vol. 62, no. 1, Spring 2007, pp. 79-94.

Ricœur, Paul, *Soi-même comme un autre*, Paris, Seuil, 1990; trad. it. di D. Iannotta, *Sé come un altro*, Milano, Jaca Book, 1993.

Sciascia, Leonardo, *Opere 1956-1971*, Milano, Bompiani, 2003.

_____. *La Sicilia come metafora* (Intervista a cura di Marcelle Padovani), Milano, Mondadori, 1979.

Vittorini, Elio, *Conversazione in Sicilia*, Milano, Rizzoli, 2012 (1941).

INDEX OF NAMES

Abreu, José Antonio 65-68
Abu Ma'shar [Albumasar] 141, 153
Adams, Guy 104
Accorinti, Renato 189
Aeneas 72
Aeschylus [Eschilo] 44
Aesop 162-165
al-Bitruji [Alpetragio] 141, 153
al-Farghani [Alfragano] 141, 153
al-Ghazzali [Algazel] 141, 153
al-Kamil, Malek 143
Albanese di Kroja, Melhussi 11
Alberti, Rafael 69-72
Alfaquim, Abraham 144
Alfieri, Vittorio 3, 18
Alfonso, Pedro 160, 162
Alfonso V (King of Aragon) 36, 37
Alfonso X (of Castile) 142, 144-145, 154
Alicata, Mario 215, 223
Alighieri, Dante 1, 3, 6, 24-30, 141-152
Allasia, Clara 16
Altolaguirre, Manuel 70
Amelio, Gianni 230
Andreotti, Giulio 224
Anjou (House of) [Angioini] 34, 39
Angelopoulos, Theodōros 6

Apollonius (of Rhodes) 44
Arancio, Diego 12
Arcesilaus 74
Ariosto, Ludovico 1, 18, 151
Aristotle 40, 44, 60, 158. 235
Arselo, Alberto 66
Aurispa, Giovanni 35, 37-45
Azpeitúa, Antonio 86

Barlaam (of Seminara) 35
Barre, Siad 130
Barthes, Roland 87
Bassetti, Piero 207
Battaglia, Salvatore 160
Beatrice 148
Beccadelli, Antonio 38
Belpoliti, Marco 228
Benigni, Roberto 225
Bennett, Tony 114
Bentivoglio, Fabrizio 6
Bernari, Carlo 221
Bertolucci, Bernardo 217
Betchet, Giovanni 16
Bisazza, Felice 9, 14
Boccaccio, Giovanni 35
Bona, Mary Jo 50
Bonaparte, Napoleone 1
Bondanella, Peter 104
Bonifacio VIII (pope) 28
Bracciolini, Poggio 42, 43
Brancati, Paula 221

"Index"

Braucci, Maurizio 230
Braudel, Fernand 169
Brito, Caldas 78
Brugnolo, Furio 3
Bruni, Leonardo 40
Bueno, Javier 86, 91-92, 95-98
Bufalino, Gesualdo 233, 235-246
Burgelin, Claude 233. 235

Calderón de la Barca, Pedro 244
Callimachus 44
Calvos, Andreas 3
Camilleri, Andrea 237, 242
Campiano, Giovanni 38
Cardinale, Claudia 225
Cardini, Franco 142
Carpinato, Caterina 1
Carriero, Carolina 61-62
Casella, Max 105
Cassarino, Antonio 38
Cassiodoro, Aurelio 33
Cassius Dio [Cassio Dione] 40, 44
Castellani, Renato 222
Castellano, Richard C. 105
Castro, Américo 161
Catullus, Gaius Valerius 44
Caudet, Francisco 77
Cavalcanti, Guido 141
Celsus, Aulus Cornelius 44
Cernuda, Luis 70
Cerene, Giorgia 230
Cervantes, Miguel 158-165
Cesari, Antonio 17
Checco, Antonino 9
Chrisomallis, Stylianos 14
Ciardi, John 208

Cicero, Marcus Tullius 44, 158-159, 163
Clooney, Rosemary 114
Colonna, Vincent 233
Combierati, Daniele 210
Comencini, Luigi 221
Cometa, Michele 212-213
Conradin (King of Jerusalem) 34
Consolo, Ernesto 9
Consolo, Vincenzo 188, 237, 242, 244
Conte, Paolo 114
Coop, Ernesto 187
Cordaro, Carmen 190
Corti, Maria 146, 150
Crispus, Gaius Sallustius [Sallustio] 44
Crystal, Billy 105

D'Amore Vincenzo 188
D'Annunzio, Gabriele 215
D'Arrigo, Stefano 242
D'Onofrio, Joseph 106
Damiani, Damiano 226
Darrieussecq, Marie 233. 235
Dato, Eduardo 81
Davanzati, Giuliano 18
de Ayala, Pérez Ramón 82-83, 85, 87-98
De Biasi, Spiridione 8
De Flilppi, Antonio 11
de Garay, González 69
De Gubernatis, Angelo 15
De Julinetz, Arsenio 188
De Julinetz, Giorgio 188
de' Niccoli, Niccolò 40
De Niro, Robert 105

"Index"

de Sanctis, Francesco 216
De Santis, Giuseppe 215, 217, 223-225
De Sica, Vittorio 221
De Silva, Diego 228
de Staël, Germaine 16
De Stefano, George 110-113
degli Uberti, Fazio 146
Della Peruta, Franco 11
DeLillo, Don 208
Demosthenes 44
di Brabante, Sigieri 141
Di Giovanni, Antonino 64-65
Di Giovanni, Elena 115
di Mento, Francesco 10, 12-13
Díaz, Julián Isaías Rodríguez 65
Diogenes (Laëtius) 40, 44
Donatus, Aelius 44
Doubrovsky, Serge 233-235, 243

Empedocles 44
Euripides 35, 44

Fabrizi, Aldo 216
Fabrizi, Nicola 9
Fante, John 205
Fatta, Ilaria 236
Federick II (Holy Roman Emperor) 34, 142, 154
Ferdinand I (of the Two Sicilies) (*also* Ferdinand IV of the Kingdom of Naples) 186
Ferrandino, Francesca 197
Foscolo, Ugo 2-3, 15, 18
Francis (saint) 143
Franza, Raymond 106
Fregoso, Tommaso 40

Freud, Sigmund 114

Gabriel (archangel) 148-149, 155
Gagliardi, Giuseppe 230-231
Gallico, Paul 208
Gambino, Carlo 118
Garavelli, Bianca 150
García, González 83, 94
García, Martinez 78
Gardaphe, Fred 54, 103, 209
Garibaldi, Giuseppe 12
Garrone, Matteo 228
Gaudioso, Massimo 230
Germi, Pietro 222-223, 225
Getto, Giovanni 16
Giacci, Vittorio 219
Ginsborg, Paul 223
Gio, Frank 106
Giordani, Pietro 16-17
Giovanni VIII (Palaiologos) 40-41
Giudici, Paolo Emiliani 16
Gnisci, Armando 210-211
Gonzaga, Francesco 40
Gonzenbach, Laura 188
Goyri, María 70
Grano, Gaetano 9
Gregory of Nazianzus 44
Grill, Federico 188
Grilli, Giuseppe 66
Grisostomo, Giovanni (saint) 44
Guarini, Guarino 40, 41
Guillén, Nicolás 70

Hepburn, Audrey 131
Herodian [Erodiano] 40
Homer [Omero] 14, 150

"Index"

Horace (Orazio) 150
Hyperion 75

Ibn Rushd (Averroè) 153
Ibn Sina (Avicenna) 153
Incerti, Stefano 228
Isocrates 44

Jedlowski, Alessandro 228
Jesus 24, 27
Jovanotti 114

Kairophylas, Kōstas 11
Kardamis, Kostas 13
Khouma, Pap 207
King, Geoff 103, 125
Korais, Adiamantios 4
Kozloff, Sarah 121

La Farina, Giuseppe 9
La Fontaine, Jean de 162
La Paglia, Anthony 106
La Vien, Douglas 106
Labriola, Antonio 216
Lahiri, Jhumpa 208
Lakhous, Amara 207
Lakoff, George 84-85
Latini, Brunetto 142, 144-145
Lauro, Michele 132
Ledda, Giuseppe 28
León, María Teresa 69-72, 75-76
Leontius (Pilatus) 35
Leopardi, Giacomo 2, 6, 18
Levi, Carlo 217
Livius, Titus (Tito) 44, 159
Lizzani, Carlo 215, 218-219
Lonergan, Kenneth 105

Lucan, Marcus Annaeus 150
Lucian (di Samosata) 42, 44, 163
Luperini, Romano 228

Machiavelli, Niccolò 1
Machado, Antonio 70
Magalotti, Lorenzo 18
Makris, Theodor 8
Magalotti, Lorenzo 18
Magnani, Anna 216
Magno, Alberto 141
Maiorana, Patrizia 191
Mann, Thomas 239
Manuel, Victor 87
Manuel II (Palaiologos) 40
Mantzaros, Nikolaos 12
Manzoni, Alessandro 2, 18
Manzoni, Giacomo 10
Marinetti, Filippo Tomasso 135
Martinos, Nasos 10
Maronitis, Dimitris N. 11
Marotta, Giuseppe 221
Marrasio, Giovanni 38
Martialis, Marcus Valerius 44
Martin (King of Aragon) 39, 40
Martin, Dean 114
Massimo, Valerio 158
Mehmed (the Conqueror) [Maometto II] 42
Menestheus 69, 72-78
Mercati, Paolo 6
Morelli, Emilia 10, 12
Morelli, Giuseppe 9
Mongitore, Antonio 38
Montaldo, Giuliano 224
Montale, Eugenio 240
Mosse, George 93

"Index"

Muhammad (prophet) 143-151, 155
Mura, Gaspare 60-61
Mussolini, Benito 135

Naharro, Magdalena Jiménez 63
Napolean (Bonaparte) 186
Nebrera, Gregorio Torres 69-74
Neruda, Pablo 70
Niccolò III (d'Este) 41
Niccolò V (pope) 42

O'Rawe, Catherine 235, 238
Oddo, Maurizio 62-63
Oliva, Gaetano 11
Olmi, Ermanno 218
Ovid 150

Pacileo, Marino 228
Palacios, Miguel Asìn 143-144
Palminteri, Chazz 105
Pandolfini, Angolo 18
Panormita (Antonio Beccadelli) 38, 41
Papa, Juliet 106
Papapdopoulos, Thomas 13
Parati, Graziella 52, 211
Parini, Ilaria 114, 116
Pascoe, Peggy 50
Paul, Saint (the apostle) 24, 27
Pavarotti, Luciano 114
Pedrosa, José Manuel 93
Peri, Massimo 3
Pertusi, Agostino 35
Perugini, Laura 71
Peter (the apostle) 24-27
Peter (the Venerable) 145

Peteus 69
Petrarch, Francesco 6, 17, 35
Petri, Elio 225
Petsalis, Giannis 10, 13
Phaedrus, Gaius Julius 162
Phocylides [Focilide] 40, 44
Piccichè, Domenico 9
Pidal, Ramón Menédez 70
Pietrangeli, Antonio 215
Pindar 44
Piraino, Domenico 9
Pirandello, Luigi 187
Pirri, Rocco 38
Pirro, Ugo 224-225
Piscazzi, Anita 67
Pistone, Joe 113
Plato 44, 163
Pliny 44
Plotinus 44
Plutarch 42, 44
Politis, Lino 3-4
Polylas, Iakovos 14
Pompeiano, Stellonio 9-11
Pontani, Filippo Maria 3
Prima, Louis 114
Proclus (Lycaeus) 44
Propertius, Sextus 44
Puccini, Gianni 215
Pujol, Juan 86, 90-93, 97-98
Puzo, Mario 208

Quaglietti, Lorenzo 224
Quartano, Pietro 3, 7-19
Quasimodo, Salvatore 221
Quinctilius Varus 94
Quintilianus, Marcus Fabius 158

"Index"

Rago, Henry 208
Ragusa, Kym 50-57
Ramis, Harold 105, 110
Randi, Paola 229
Redi, Francesco 18
Regaldi, Giuseppe 9
Reich, Jacqueline 112
Ricci, Francesco 2
Ricoeur, Paul 60-61
Rigano, Joseph 105
Roidis, Dionisio 5
Rosi, Francesco 218, 226-227
Rossellini, Roberto 216
Rossi, Leo 105
Ruffino, Giovanni 170
Ruggeri, Alessia 66-67

Sabbadini, Remigio 38-39
Salerno, Dave 106
Salvini, Matteo 130
Samaniego 162
Sanderson, William 187
Sanì, Gino Mitrano 135
Sansone, Salvatore 230
Santisi, Nina 191
Santone, Laura 67
Sapegno, Natalino 26, 29
Sardo, Stefano 230
Sartre, Jean-Paul 137-139
Saviano, Roberto 228, 230
Scarry, Elaine 95
Scego, Igiaba 128-139, 207
Sciascia, Leonardo 221, 227, 235-237
Segre, Cesare 146
Servillo, Peppe 229
Servillo, Toni 229

Settimo, Ruggero 11
Shakespeare, William 14
Siclari, Mimmo 114
Silone, Ignazio 217, 218, 220
Silvestri, Laura 73
Sinclair, Alison 85
Sinopoli, Franca 210
Smith, Mack 36
Socrates 158
Solomòs, Dionisios 1-7, 10-14, 19
Sophocles 39, 44
Soutsos, Panagiotis 4
Speciale, Niccolò 43
Steinfield, Peter 105

Tamagnini, Giovanni 38-39
Taviani, Paolo 218
Terzachi, Antonio 15
Theoderic (the Great) 33
Theophrastus [Teofrasto] 40, 44
Thomas (saint) 141
Thucydides [Tucidide] 44
Tibullus, Albius 44
Tipàldos, Giulio 3
Tiraboschi, Girolamo 38
Togliani, Achille 114
Tolan, Peter 105
Tommaseo, Niccolò 18
Torre, Roberta 225
Trajan 44

Valjanos, Stefano 11
Valla, Lorenzo 40
Vallejo, César 70
Vancini, Florestano 225
Varro Atacinus 159
Verga, Giovanni 215-218

"Index"

Vilain, Philippe 233
Vilaràs, Ioànnis 4
Virgil 24-26, 44, 146-150
Visconti, Luchino 215
Viterelli, Joe 105-106
Vittorini, Elio 193, 221
Voigt, Georg 38
von Haller, Albrecht 151

Walser, Johannis 187
Ward, George 11
Wertmüller, Lina 225
West, Rebecca 213-214
Winspeare, Edoardo 230
Winwar, Frances 208

Xenophon [Senofonte] 44

Zaccagni, Gaia 3
Zalappa, Nicolò 2
Zamacois, Eduardo 82, 86-91
Zambrano, María 62
Zanotti, Francesco Maria 18
Žižek, Slavoj 228
Zoras, Gherasimos 3

SAGGISTICA

Taking its name from the Italian—which means essays, essay writing, or non-fiction—*Saggisitca* is a referred book series dedicated to the study of all topics and cultural productions that fall under what we might consider that larger umbrella of all things Italian and Italian/American.

Vito Zagarrio
  The "Un-Happy Ending": Re-viewing The Cinema of Frank Capra. 2011. ISBN 978-1-59954-005-4. Volume 1.
Paolo A. Giordano, Editor
  The Hyphenate Writer and The Legacy of Exile. 2010. ISBN 978-1-59954-007-8. Volume 2.
Dennis Barone
  America / Trattabili. 2011. ISBN 978-1-59954-018-4. Volume 3.
Fred L. Gardaphè
  The Art of Reading Italian Americana. 2011. ISBN 978-1-59954-019-1. Volume 4.
Anthony Julian Tamburri
  Re-viewing Italian Americana: Generalities and Specificities on Cinema. 2011. ISBN 978-1-59954-020-7. Volume 5.
Sheryl Lynn Postman
  An Italian Writer's Journey through American Realities: Giose Rimanelli's English Novels. "The most tormented decade of America: the 60s" ISBN 978-1-59954-034-4. Volume 6.
Luigi Fontanella
  Migrating Words: Italian Writers in the United States. 2012. ISBN 978-1-59954-041-2. Volume 7.
Peter Covino & Dennis Barone, Editors
  Essays on Italian American Literature and Culture. 2012. ISBN 978-1-59954-035-1. Volume 8.
Gianfranco Viesti
  Italy at the Crossroads. 2012. ISBN 978-1-59954-071-9. Volume 9.
Peter Carravetta, Editor
  Discourse Boundary Creation (LOGOS TOPOS POIESIS): A Festschrift in Honor of Paolo Valesio. ISBN 978-1-59954-036-8. Volume 10.
Antonio Vitti and Anthony Julian Tamburri, Editors
  Europe, Italy, and the Mediterranean. ISBN 978-1-59954-073-3. Volume 11.
Vincenzo Scotti
  Pax Mafiosa or War: Twenty Years after the Palermo Massacres. 2012. ISBN 978-1-59954-074-0. Volume 12.

Anthony Julian Tamburri, Editor
Meditations on Identity. Meditazioni su identità. ISBN 978-1-59954-082-5. Volume 13.

Peter Carravetta, Editor
Theater of the Mind, Stage of History. A Festschrift in Honor of Mario Mignone. ISBN 978-1-59954-083-2. Volume 14.

Lorenzo Del Boca
Italy's Lies. Debunking History's Lies So That Italy Might Become A "Normal Country". ISBN 978-1-59954-084-9. Volume 15.

George Guida
Spectacles of Themselves. Essays in Italian American Popular Culture and Literature. ISBN 978-1-59954-090-0. Volume 16.

Antonio Vitti and Anthony Julian Tamburri, Editors
Mare Nostrum: prospettive di un dialogo tra alterità e mediterraneità. ISBN 978-1-59954-100-6. Volume 17.

Patrizia Salvetti
Rope and Soap. Lynchings of Italians in the United States. ISBN 978-1-59954-101-3. Volume 18.

Sheryl Lynn Postman and Anthony Julian Tamburri, Editors
Re-reading Rimanelli in America: Six Decades in the United States. ISBN 978-1-59954-102-0. Volume 19.

Pasquale Verdicchio
Bound by Distance. Rethinking Nationalism Through the Italian Diaspora. ISBN 978-1-59954-103-7. Volume 20.

Peter Carravetta
After Identity. Migration, Critique, Italian American Culture. ISBN 978-1-59954-072-6. Volume 21.

Antonio Vitti and Anthony Julian Tamburri, Editors
The Mediterranean As Seen by Insiders and Outsiders. ISBN 978-1-59954-107-5. Volume 22.

Eugenio Ragni
After Identity. Migration, Critique, Italian American Culture. ISBN 978-1-59954-109-9. Volume 23.

Quinto Antonelli
Intimate History of the Great War: Letters, Diaries, and Memoirs from Soldiers on the Front. ISBN 978-1-59954-111-2. Volume 24.

www.ingramcontent.com/pod-product-compliance
Lightning Source LLC
Chambersburg PA
CBHW031805220426
43662CB00007B/535